어문학사

일본 외교사 150년

강철구 지음

어문학사

서두

외교는 직업 외교관과 엘리트 관료들만 하는 일이 아니다. 민간인들이 국내에서 외국인들과 만나는 것도, 해외여행에서 다양한 모임이나 이벤트에 참여하는 것도 일종의 외교이다. 해외 뉴스를 접하는 시청자들도 사람 사는 곳에서 일어나는 저 수많은 이슈와 사건 사고가, 비록 멀리 떨어진 대한민국의 어느 안방에 앉아있지만, 그것이 나와는 상관없는 일이 아니라는 것을 실감하는 시대에 살고 있다. 특히 한반도를 둘러싼 미국, 중국, 러시아, 그리고 일본은 우리의 주요 관심 국가이고 그중에서도 특히 가장 만만하게 여기는 일본과 관련된 뉴스나 유튜브는 항상 시청률이나 조회수가 높다.

왜 그럴까? 그건 역사상 한일 간에 발생했던 모든 전쟁과 갈등이 지금도 우리 삶의 현장에 고스란히 반영되고 있기 때문이다. 신문과 방송뿐만 아니라 교육 현장과 친구들과의 술자리에서도 일본과 관련한 뉴스는 끊임없이 재생되고 있다. 기성세대의 경우 대화의 절반 이상이 일본은 나쁜 나라이자 비열한 국가여서 '왜놈들 어쩌고…', '일본놈들은 강자에게 약하고 약자에게 강하고…' 하는 이야기이고, 나머지 절반은 일본은 비록 우리를 식민지 지배했지만 배울 점이 많다는 상반된 인식이 공존한다. 반면 MZ세대는 대부분 일본을 한국과 수평적인 관계로 여기며 여행하기 좋은 나라, 매너 좋고 음식 맛있는 나라, 장인정신이 깃든 장수 기업이 많고 첨단 산업도 발달한 나라로 인식하고 있다.

문제는 기득권을 갖고 있는 기성세대들의 민족 감정이 어느 순간 갑자기 나타난 것이 아니라 일본에 깨지고 피해를 봤다는 내재된 열등의식에서 비롯되었다는 점이다. 여기에 일부 지식인들이 반일과 혐일에 공조하거나 옹호하면서 방송과 유튜브 출연으로 돈을 벌고, 때로는 일부 정치인들이 지지층을 응집하기 위해 적극적으로 반일을 조장하기도 한다. 그래서 우리는 가끔 착각을 한다. 다른 나라 사람들도 우리와 똑같이 일본이 비열한 나라이며 일본놈들은 모두 얍삽한 민족이라고 생각할 것이라고.

우리는 강대국 이웃 국가들을 비하하길 좋아한다. 중국은 '떼놈'이나 '짱깨'[1]로, 러시아는 '짤스케'와 '로스케'[2]로, 미국은 조선 말기 '양놈'에서 군부 독재 정권 시절로 넘어가며 '양키'로, 그리고 일본은 '왜놈'에 더해 '쪽바리'라고 욕한다. 왜놈은 우리보다 작고 왜소하다는 인

---

1   '짱깨'는 중국 음식점에서 일하던 사람을 가리키는 말에서 변형되었다는 설과 중국(中国)의 중국어 발음(Zhōngguó)을 흉내내는 과정에서 변형되었다는 설이 있으며, '떼놈'은 떼(무리)와 놈이 결합된 표현으로 무리지어 다니는 야만적인 놈을 뜻한다. 둘 다 중국인 또는 중국 전체를 낮춰 부르는 인종적 비하 의미를 담고 있는 표현이다.

2   일본어의 경멸적인 접미사인 스케(-スケ)가 그대로 한국에 들어와 러시아인들을 조롱하는 표현으로 정착되었다. 참고로 일본에서 한국인을 비하할 때는 촌스케(チョンスケ)라고 한다.

종주의적 차별 용어이고, 쪽바리는 일본 버선인 '타비'의 모양이 돼지 족발처럼 보이는 데서 가져온 비하 개념이다. 이렇게라도 화풀이를 해야 한국인으로서의 자존심을 건질 수 있다고 생각한다면 그게 오히려 더 자존심 상하는 일이다. 그 결과 완전히 청산하지 못한 일제하의 식민주의는 전후 체제 속에서도 살아남아 '일본놈들'로 재탄생하여 한국적 특징의 이데올로기로 작동해 왔다.

돌이켜 보면 그럴 만도 하다. 한국 역사에서 조선이 일본에 식민지 지배를 당하기 전까지 외국 정상이 한반도를 직접 찾은 것은 1637년 병자호란 때 쳐들어온 청 태종 홍 타이지(崇德帝, 1592~1643, 재위 1626~1643)가 유일하다. 그마저도 삼궤구고두례(三跪九叩頭禮)라는 굴욕적인 장면을 역사에 남겼을 뿐 조선과의 대등한 외교 관계를 맺기 위해 온 국빈 방문이 아니었다. 그런 조선이 망하는 과정에서 일본은 절대적인 영향력을 미쳤다. 1905년 11월 17일, 러일전쟁에서 승리한 일본은 조선의 외교권을 박탈한 후 남산 자락에 설치한 통감부(統監府, 1906~1910)에서 조선의 외교 사무를 직접 관리했기 때문에, 1945년 8월 15일 해방될 때까지 대한민국의 외교는 사실상 존재하지 않았다.

이렇게 외교의 공백기가 지속되다 보니 우리 스스로 '외교란 무엇인가?'를 습득하여 내공을 쌓을 시간이 절대적으로 부족했다. 그 결과 우리는 거시적인 안목에서 지구본을 돌려가며 대한민국의 과거와 현재를 엮어 미래를 예측하거나, 또는 미시적인 다양한 각도에서 변수와 상수를 고려하여 국제 외교의 성공과 실패 사례를 분석하여 참고할 기회를 상실해 버렸다. 그래서 필자는 한반도를 무대로 발생했던 청일전쟁과 러일전쟁, 그리고 일본의 식민지 지배와 이후 한국전쟁에서 2019년 일본의 반도체 및 디스플레이 3개 품목 수출 규제에 이르기까지 근현대사에서 발생했던 수많은 사건 사고와 전 세계사적 이슈에 관한 반성과 교훈을 일본의 외교사를 되돌아보는 방법으로 접근해 보고 싶었다.

자, 이제 일본과의 관계를 뒤돌아보자. 젊은 사람들이 데이트할 때도 어떻게 표현하느냐에 따라 더 가까워지기도 하고, 반대로 표현이 서툴러 결국 이별로 끝나는 경우도 일상다반사이다. 국가 간 외교도 마찬가지다. 외교는 국가의 안전과 이익을 지켜내는 고도의 기술이자 치열한 심리전이다. 또한 외교는 갈등 속에서도 상호 신뢰와 협상을 통해 문제를 해결하는 강력한 도구이기도 하다.

그런데 우리는 일본의 장점은 감추고 단점은 노출시키면서 전 세계에 평화의 소녀상(위안부 동상)을 세우기에 여념이 없다. 미국 캘리포니아 글렌데일 시립 공원(Glendale Central Park)에도, 캐나다 토론토와 뱅쿠버에도 한인 사회 주도로 설치했으며, 독일의 베를린과 호주와 필리핀, 그리고 중국에도 조형물이 설치되어 있다. 이 중 필리핀 마닐라에 설치한 평화의 소녀상은 일본 정부의 강력한 압력에 의해 철거되었고, 2020년 베를린 미테구에 설치한 평화의 소녀상은 공공부지를 점유할 수 없다는 베를린 법원의 명령이 떨어지면서 2025년 10월 17일 강제 철거해야 했다.

한국에도 주한 일본 대사관 앞에만 있는 게 아니라 전국에 걸쳐 약 150여 기가 설치되어 있다. 필자가 살고 있는 대전에도 두 곳에서 찾아볼 수 있다. 2015년 대전광역시청사 바로 정면 앞 보라매 근린공원

입구에 설치했고, 2022년 8월 15일 광복절에는 전국 국립대 중 유일하게 충남대 교내에 평화의 소녀상을 기습적으로 세웠다. 대학 측은 불법 설치라며 철거하겠다고 했지만, 여전히 충대 서문을 지키고 있다.

　주한일본대사관 같은 상징적인 한 장소에 설치했던 때가, 이후 우리나라와 전 세계에 걸쳐 수백여 개를 설치하면서 그 가치와 의미를 희석시키는 것보다 훨씬 호소력이 강했다. 그러니 이런 한국을 일본이 좋아할 리 없다. 일본을 편들자는 게 아니다. 일본이 글로벌 세계에서 선진국으로 인정받는 이유는 경제력만의 힘이 아니다. 뛰어난 외교력과 글로벌 매너가 뒷받침해 준 덕분이다. 그리고 그 대부분의 외교력에는 상대를 인정해 주는 말솜씨도 포함된다. 국제 외교는 도덕이 지배하는 영역이 아니라 현실적 힘이 지배하는 세계이기 때문이다[3]. 그런데도 우리나라에서는 '반일 감정', '반일 정서'라는 정확하게 측량할 수 없는 개념을 임의로 가공한 다음 그것을 근거로 일본을 나쁜 나라로 평가해 왔다. 일본인들은 친절하고 괜찮지만 일본이라는 국가와 정치인들은 비열하다는 프레임을 기계적으로 대입하다 보니 정치적 콘텍스트만 남게 된 것이다.

　이제 우리나라도 선진국 반열에 올라와 있다. 2021년 7월, UN의 UNCTAD(무역개발회의)에서는 명실공히 대한민국을 B그룹으로 분리하여 선진국으로 공식 인정했다. 대한민국은 OECD 국가이자 G20에도 포함되어 있으며, 세계 10위권의 경제력을 갖추었을 뿐만 아니라 선

3　　　　김희교(2022), p.189.

진국 중에서 ABCD(Auto, Bio, Chip, Defence) 제조업과 기술력을 모두 갖춘 제조 강국이기도 하다. 이제 남은 것은 글로벌 시대를 읽을 만한 긴 안목과 지구본을 돌려가며 그랜드 플랜을 설계할 만큼의 역량 있는 시각, 그리고 외교력을 갖추는 일이다. 그래서 앞으로 한반도의 미래는 외교에 달려있다고 해도 과언이 아니다.

2025년은 한일 양국 모두 이벤트가 많은 해였다. 우선 일본에서는 1월 17일에 한신 대지진 30주년을 기념했고, 오사카에서는 4월 13일부터 10월 13일까지 6개월간 만국박람회를 개최했다. 6월 19일에는 도쿄 오타니 호텔에서 한일 국교 정상화 60주년을 기념했다. 일본에 앞서 6월 18일 한국의 롯데호텔에서 주한 일본대사관 주관으로 한일 국교 정상화 60주년을 개최했을 때 약 300여 명이 참여한 것에 비하면, 오타니 호텔에서는 현직 총리였던 이시바 시게루(石破 茂, 총리재임기간 2024. 11.~2025. 10.) 외에 직전 전임 총리였던 기시다 후미오(岸田文雄, 총리재임기간 2021. 10.~2024. 10.) 그리고 그 전임이던 스가 요시히데(菅 義偉, 총리재임기간 2020. 9.~2021. 10.) 전 총리까지 참여하면서 약 1천여 명으로 늘어난 대규모 행사로 진행되었다. 7월에는 참의원 선거 결과 자민당 참패로 이어져 중의원에 이어 참의원마저도 과반수를 넘기지 못하면서 전후 55년 자민당 체제가 무너지는 정치적 격변기를 맞이했고, 8월에는 종전 80주년을 기념했다. 그리고 9월에는 미국과의 관세 협상으로 25%에서 15% 합의에 이르렀고, 이를 주관했던 이시바 총리는 10월에 당의 분열을 막겠다며 사임했다. 2024년 하반기 중의원 선거와 2025년 7월 참의원 선거에서 집권 자민당의 의석수 과반을 잃는 심각한 패

배를 겪으면서 일본 정치 관례상 국정 운영에 책임을 지고 물러날 수밖에 없었던 것이다. 이시바 총리는 미일 무역 협상 같은 국가 현안들을 마무리하겠다는 이유로 즉각적인 퇴진을 미뤘지만, "후진에게 길을 양보할 시기"라며 사임을 결정한 것이다. 그리고 10월 21일에는 다카이치 사나에(高市早苗, 1961~)가 일본 역사상 첫 여성 총리로 등극하면서 '강한 일본, 풍요로운 일본(強い日本, 豊かな日本)'을 이끌어 내겠다며 사나에노믹스(Sanaenomics)라는 새로운 경제정책을 내세워 지금에 이르고 있다.

다카이치는 총리 취임 후 한 달도 안 된 11월 7일, 일본 중의원(하원) 예산 위원회에서 입헌민주당 소속인 오카다 가츠야(岡田克也, 1953~) 의원의 "대만 유사시(有事時) 일본이 어떤 대응을 할 수 있는가, 특히 집단 자위권 행사와 관련된 상황은 어떻게 되는가"라는 질의에 대해 놀랍게도 "대만 유사시 일본의 존립이 위협받을 수 있다"라고 답변했다. 그러나 이 발언이 트리거가 되어 중일 양국은 1972년 국교 정상화 이후 돌이킬 수 없을 만큼의 갈등이 시작되었다.

다카이치의 발언이 "중국이 대만을 공격하면 일본도 집단 자위권을 발동하여 무력 대응할 수 있다"라는 뜻으로 읽혀지면서 '하나의 중국 원칙'을 정면으로 건드렸다며, 쉬젠(薛健) 주중 오사카 총영사가 소셜미디어(x)에서 "우리는 바로 그 더러운 목을 주저 없이 자를 수 있다"라는 매우 공격적인 글을 올리는 등, 지금도 중일 간에는 사실상 재래식 전쟁에 버금가는 갈등이 끊임없이 재생되고 있는 중이다. 중국은 일본 여행 및 유학까지 금지시킬 만큼 '한일령(限日令)'을 본격화했고, 결국은 일본에 대한 희토류 수출 금지 카드까지 꺼내어 양국은 본격적인 치킨 게임에 들어섰다. 그렇다고 일본도 중국에 보복하기 위해 특별한 조치를 취하기는 쉽지 않다.

사실 중국이나 일부 한국의 과격한 시민단체들이 걱정할 만큼 일본이 지금 당장 자신의 힘만으로 군국주의를 부활시킬 가능성이 높지는 않은데도, 일본의 보수 세력은 점점 오른쪽으로 더 기울어지고 있다. 현재 진행 중인 중일 갈등 구조가 한국에 유리하게 보일 수는 있지만, 거기에는 전제가 따른다. 한국을 둘러싼 중국과 일본의 전략을 잘 읽고 이해하고, 그들보다 앞서 전략을 취할 정도의 외교 실력을 갖춘다면, 그리고 그 정도의 목소리를 낼 만큼 대등한 입장에서 정치적 파워를 발휘할 정도라면 어부지리(漁父之利)로라도 한국이 정치·경제적 이익을 가져올 수는 있을 것이다. 그러나 지금까지 한국이 앞장서서 주도적으로 중재자 역할을 하거나 또는 중국이나 일본에 뭔가 솔로몬의 지혜와 같은 해법이나 타협안을 제시한 적이 없으니 현재로서는 지켜볼 수밖에 없다.

지금 트럼프 행정부 2기를 맞아 미중 간에 벌어지고 있는 기술 패권과 무역 전쟁, 그리고 중일 갈등에 따른 동북아시아의 현실적 지형으로 볼 때 우리 대한민국이 독단적으로 국제 무대에서 외교를 펼쳐 나가는 일은 조금은 벅차다. 아직까지 우리는 한반도를 둘러싼 주변 국가들의 갈등이 있을 때마다 대개는 불똥이 튀지 않도록 조심하며 상황을 지켜볼 뿐이었다. 지금과 같은 중일 갈등 상황에서도 한국은 어떤 외교적 스탠스로 대처해야 하는지에 대한 깊이 있는 담론보다는 한국이 가져올 열매가 얼마나 될지, 반대로 피해는 어느 정도일지 계산해 보려는 시도 정도만 있을 뿐이다.

일본이 우리에게 역사적으로 고난을 준 나라이자 남북 분단의 원죄를 갖고 있는 나라인 것은 변함없지만, 한때는 주변국을 식민지화하고 전 세계를 상대로 전쟁을 일으킨 제국이었다는 사실도 동시에 존재하고 있다. 그런 일본에 우리가 배울 점은 없을까?

일본과 협력해서 글로벌 규범과 표준을 조성하고, 미국과 중국, 그리고 EU에 이어 G4로 나갈 수 있는 미들 파워(middle power)를 만들어 갈 수는 없을까? 지금도 한국의 기성세대에서나 작동하고 있는 '작은 섬나라에 불과한' 일본은, 우리가 함부로 얕잡아 봐도 될 만한 나라일까? 일본은 전쟁을 일으켰고 전후에 만든 평화헌법 제9조가 떡하고 버티고 있으니 절대로 군대를 가져서는 안 되는 나라여야만 할까? 항상 과거사의 원죄를 기억해서 우리가 화날 때마다 버튼을 누르기만 하면 지체 없이 사죄할 준비를 갖추어야 하는 국가여야만 할까?

이런 식의 질문은 끝이 없다. 그렇지만 우리가 가져야 할 자세는 일본을 객관적으로 평가하여 현상을 직시할 수 있는 힘이다. 적을 미워하면 판단력이 흐려지게 마련이다.[4] 누군가를 미워하면 우리가 해야 할 일들의 우선순위가 헷갈릴 수 있기 때문이다.

이 책은 해방 80주년, 한일 국교 정상화 60주년이 지난 시점에서, 메이지유신을 전후하여 오늘날에 이르기까지 일본 외교사의 일부를

---

4   1990년 영화 〈대부 3〉에서 대부 마이클 콜레오네(배우 알 파치노)는 경쟁 조직의 두목에게 화가 잔뜩 나있는 젊고 과격한 성격의 후계자, 조카 빈센트에게 호통을 치며 한마디한다. "절대 적을 미워하지 마라. 판단력이 흐려진다.(Never hate your enemies. It affects your judgement.)"

통시적으로 정리하는 작업을 통해 일본의 글로벌 시각을 재평가하고 우리를 성찰하는 동시에 일본과의 선린 우호적인 관계 개선을 맺고자 하는 도전적 시론이다. 필자는 평소 일본이라는 나라를 어떻게 받아들이고 이것을 어떻게 글로 담아낼 것인지에 대해 고민해 왔다. 일본과 비교하여 우리의 희로애락을 표현하고자 하는 것이 일상화되어 버린 자극적인 분위기에서 벗어나 편견 없이 객관화하여 성찰하고자 하는 기록이 필요하다고 생각했기 때문이다. 사실 이러한 생각은 필자뿐만 아니라 대부분의 일본 전문가들이 일본을 합리적으로 연구하기 위해, 그리고 한국 입장에서 전략적 이익을 추구하기 위해 고민해 왔던 공통된 시각일 것이다.

‘왜 일본 입장에서 생각하고 글을 쓰냐’라는 식의 오해를 받는 것에 부담을 느끼는 동료 학자들을 접한 적이 있다. 그렇게 되면 일본 전문가들은 위축된다. 한일 간 역사 문제가 얽히면 양국 모두 냉탕과 온탕을 오가다가, 결국은 보수와 진보를 막론하고 그 어떤 리더십도 타협하기 어렵게 만드는 반일 프레임에 갇혀버리기 때문이다. 정치인들이야 분위기를 살펴가며 때를 놓치지 않고 ‘한일 협력’이라든가 ‘미래 지향적’이라는 보기 좋은 단어를 사용하다가도 어느새 실리가 명분을 앞설 때는 원점으로 돌아가 반일을 내세워 강경한 자세로 맞서면서 국민 의견을 수렴하겠다는 핑계로 방향을 전환하기도 한다. 그러나 학자들은 다르다. 학자들에게만큼은 소신 있는 주장을 펼칠 수 있도록 열린 사회가 되길 바란다.

책을 읽다 보면 가끔 거친 언어로 우리를 비판하는 글이 등장하기도 하고, 반대로 일본의 외교 정책이나 사고 인식 체계가 훨씬 정교하고 고차원적인 것처럼 부각되어 보일 수도 있다. 이 두 가지 쟁점을 놓고 한 단면만 잘라내어 필자를 비난하지 않았으면 좋겠다. 바라는 바가 있다면, 독자들이 필자의 글을 생산적 논쟁이나 실천적 방법으로 받아들였으면 한다. 해방 80년, 한일 국교 정상화 60주년이 지나는 2025년을 기점으로 한일 양국 모두 새로운 리더십이 세워졌으니 일본과의 적대적 관계를 객관화하여 미국과 캐나다처럼, 호주와 뉴질랜드처럼, 그리고 우리가 자주 인용하는 독일과 프랑스의 사례처럼 선린이웃 국가로 개선되길 바란다.

책을 쓰는 데 도움을 받은 참고 문헌은 책 마지막에 정리해 두었다. 따라서 본문에서 인용하는 참고 문헌은 책의 가독성을 높이기 위해 저자와 연도 및 페이지 정도로 최소화하였으며, 정확한 정보는 제일 뒤의 참고 문헌에서 찾아보기 바란다. 인명이나 지명은 국립국어원 외국어 표기법을 기본으로 따르겠지만, 최근 언론과 방송에서와 같이 경우에 따라서는 가능한 원어에 가까운 발음을 따라 적은 경우도 있음을 미리 밝혀둔다. 아울러 한자는 모두 일본식 신자체(新字体)로 썼다.

목차

1.

메이지 이전의 일본 외교

1.
메이지 이전의 일본 외교

⁞ 감합무역(勘合貿易) ⁞

명나라는 건국 초인 14세기부터 황제의 권위를 높일 수 있는 조공 형태의 공무역만을 허락하고 그 외 사무역은 금지하는 해금 정책을 펼쳤다. 조공 무역은 종속적 관계임에도 불구하고 무역하는 당사자들에게는 많은 경제적 이익을 가져올 수 있는 특혜가 있기 때문에 주변 국가나 상인들은 자존심을 내세우기 보다는 오히려 조공 무역을 하고 싶어 했고, 그래서 직업 상인들과 해적들까지 조공을 위장하여 몰려들 정도였다. 그런데 14세기 후반 들어 왜구(倭寇)의 침입이 잦아지면서 명과의 관계가 악화되는 상황에 이르자, 명은 이를 통제하기 위해 새로운 형태의 무역 조건을 내세웠다. 그것이 감합 제도다.

감합(勘合)이란 조공을 원하는 주변국들에 감합이라는 표찰을 미리 발급해 주고, 명에 들어올 때는 감합의 진위를 확인해 일반 상인이나 해적들이 조공을 사칭하지 못하도록 방지하는 일종의 인증 제도다. 이

시기, 무로마치 막부(室町幕府, 1336~1573)의 3대 쇼군이었던 아시카가 요시미츠(足利義滿, 1358~1408)[1]는 1392년 남북조 통일을 이루고 난 후, 자신의 위신을 세우기 위해 명과의 국교 정상화를 추진했다. 남북조 통일 직후여서 권력 기반은 이미 강력한 상태였지만, 동아시아의 중심 국가인 명과의 관계를 통해 정통 권력으로서의 이미지를 강화하고 또 공식 무역을 통해 이익을 극대화하고 싶었기 때문이다.

1392년 일본의 남북조 통일을 이루고 무로마치 막부의 전성기를 이끈
아시카가 요시미츠(足利義滿, 1358~1408)

[출처: 일본 위키피디아]

---

1   교토의 금각사(金閣寺)는 요시미츠가 자신의 별장으로 지은 건축물이다. 명과의 감합 무역으로 얻은 부를 통해 금으로 덮은 화려한 별장을 지은 요시미츠는 이곳에서 외국 사신을 접대하고 자신의 권력을 정치적으로 과시했다. 금각사는 요시미츠 사후에 사찰로 바뀌어 오늘날 교토를 방문하는 대부분의 관광객이 들르는 가장 유명한 명소로 자리 잡았다.

그런데 당시까지만 해도 명은 북조나 막부 정권이 아닌 남조만을 정식 무역 대상으로 인정하고 있었던 데다가 천황을 일본의 왕으로, 쇼군과 막부 정권은 모두 천황의 신하로 인식하고 있었기 때문에, 왕의 신하를 무역 대상으로 삼을 수 없다며 요시미츠의 요구를 거부해 버렸다. 그러자 요시미츠는 기발한 아이디어를 고안해 냈다. 왕의 신하가 아닌 승려의 신분이라면 종교인의 입장에서 독립된 신분으로 감합무역을 요청할 수 있다고 본 것이다. 결국 1401년 명 황제 건문제(建文帝, 1398~1402)는 요시미츠를 일본 국왕(日本国王)에 책봉하여 요시미츠의 출가명(법명)인 겐 도오기(源道義)의 이름을 들어 "日本国王臣源道義(일본 국왕의 신하 겐 도오기)"라고 칭했고, 이때부터 일본은 명나라의 책봉 조공 체제로 전환되었다.

이로써 양국은 정식으로 국교를 수립하고 1404년부터 감합무역을 시작하면서 약 150여 년간 일본은 은과 유황, 부채, 검 등을 수출하고 중국으로부터는 비단과 도자기, 동화, 약재를 수입할 수 있었다. 명과 무역을 원활하게 하기 위한 요시미츠의 외교적 선택으로, 1404년부터 1549년에 이르기까지 약 19회에 걸쳐 감합무역을 통해 무로마치 막부는 막대한 이익을 얻을 수 있었지만, 시간이 지나면서 막부는 쇠퇴하고 무역의 주도권이 다이묘(大名)와 상인으로 옮겨가면서 분위기는 예전과 달라졌다.

일본이 전국시대로 접어들면서 내분이 격화되자 1547년 막부가 보낸 감합무역 사절단이 명에서 거절당한 것이다. 명이 일본을 공식 파트너에서 제외시켰고, 이로써 명과의 공적인 감합무역은 단절되고 다시 밀무역이 증가하게 되었다. 그러나 밀무역은 밀무역일 뿐이어서 감합무역이 중단되는 시점을 전후로 명과의 무역은 급격히 감소할 수밖에 없었다. 그런데 이 시점에서 우연인지 필연인지 명을 대체할 포르투갈 상인이 일본에 들어오면서, 이제 일본은 감합무역에서 남만무역으로 전환되었고, 이후부터는 압도적으로 조선을 능가하는 행운을 덤으로 얻게 되었다. 한일 역전은 이렇게 시작되었다.

⟨ 남만무역(南蠻貿易) ⟩

우선 남만무역이 시작되기 이전의 배경부터 살펴보자. 1298년 이탈리아의 베네치아 상인 마르코 폴로(Marco Polo, 1254~1324)의 이야기를 담은 『동방견문록』은, 비록 허구와 편견이 존재한다고는 하지만 서양의 시각에서 본 최초의 동양 가이드북이라고 할 수 있다. 이 책에서 마르코 폴로는 지팡구(ジパング)[2], 즉 지금의 일본을 황금의 나라로 소개했다. 황금의 나라이든 아니든 사실 여부와 무관하게 이 책은 유럽에서 널리 읽혔고, 서양은 일본을 잊지 않고 탐험의 대상에 이름을 올려놓았다.

마르코 폴로의 동방견문록 이후 245년이 지난 1543년, 포르투갈 상인들이 중국으로 가는 도중에 폭풍을 만나 일본 큐슈(九州)의 남단 가고시마(鹿児島)의 다네가시마(種子島) 섬에 표착하면서 일본은 유럽과 처음으로 조우(遭遇)하였다. 명나라가 감합무역을 금지한 이후 일본의

---

2   중국 원나라에서 약 17년(1275~1292)이나 생활했던 마르코 폴로가 일본국(日本国)의 중국어 발음을 Cipangu라고 음차로 적은 것이 지금의 일본 Japan이 되었다.

해외무역에 공백이 생기자 포르투갈이 그 자리에 끼어든 것이다. 당시에는 유럽 물품보다는 중국 상품이 거래의 대부분이어서 남만무역은 오히려 중개무역에 가까웠다. 그런 과정에서 포르투갈인들이 화승총(火繩銃) 두 자루를 16세에 불과한 젊은 영주 다네가시마 도키타카(種子島時堯, 1528~1579)에게 팔았는데, 이 중 한 자루는 무로마치 막부(室町幕府, 1336~1573)의 쇼군에게 바치고, 또 한 자루는 일본인 대장장이에게 복제를 부탁하면서 일본식 체형에 맞게 제조에 성공했다. 1592년 임진왜란에 이르기까지 제작된 조총은 무려 3만에서 5만 자루의 핵심 무기로 자리잡았고, 결국 그 험난했던 임진왜란 이후 조선과 일본의 역사가 동아시아에서 어떻게 전개되었는지는 우리가 알고 있는 그대로이다.

그로부터 또다시 5년의 세월이 흐른 1549년, 남만무역이 시작되고 서양에 대한 인식이 어느 정도 알려지기 시작한 시점에서, 드디어 포르투갈 상인의 무역선을 빌려 예수회의 선교사인 프란시스 자비에르(Francis Zavier, 1506~1552)가 가고시마에 도착하면서 포르투갈 왕실의 비호 아래 기독교 포교 사업을 시작했다. 동양의 사도로 불렸던 자비에르는, 콜럼버스가 신세계 아메리카 대륙을 찾아냈듯, 포르투갈 상인들을 끼고 그렇게 일본을 '발견'했고, 일본은 기독교 포교를 허용하면서 서양의 과학 문명을 받아들이기 위해 스스로 개종할 준비를 했던 것이다.

1557년 포르투갈이 일본 정부로부터 정식 교역 허가를 받은 이후, 특히 큐슈의 다이묘(大名)들은 서구와의 무역을 위해 교회 건립을 허용하는 등 적극적으로 포교를 허락하였다. 대표적인 인물이 히라도(平

메이지 시대에 일본 최초의 불화사전(仏和辞典)을 편찬한 라게 신부가 자비에르의 업적을 기리기 위해 자비에르 교회를 세웠지만 아쉽게도 제2차 세계대전으로 소실되었다. 1949년 자비에르 일본 도래 400주년을 기념하여 로마교황청의 기부를 바탕으로 근대 고딕 양식의 교회가 재건되면서, 이제는 옛 성당의 일부와 자비에르의 흉상을 나가사키의 자비에르 공원에서 볼 수 있다.

[출처: 가고시마현 공식 관광 사이트 홈페이지]

戸, 지금의 나가사키현의 북서부의 섬)의 다이묘(大名) 마츠우라 다카노부(松浦隆信, 1529~1599)다. 그가 세례를 받은 것은 아니었기에 신앙적 개종을 한 것인지는 확인되지 않지만, 그럼에도 불구하고 선교 활동을 허용했다는 것은 남만무역을 독점하고 싶었기 때문이었을 것으로 짐작된다.

그러나 이런 의구심과는 거리가 먼 다이묘도 있다. 1563년 발토로메오(Baltromeo)라는 세례명까지 받은 일본 최초의 키리시탄 영주인 오무라 스미타다(大村純忠, 1533~1587)는 나가사키항(長崎港)을 개항하고 예수회에 영지를 기증하여 일본의 가톨릭 확산과 유럽과의 교역 발전에

결정적 역할을 했다.[3]

일본 최초의 키리시탄 영주 오무라 스미타다(**大村純忠**, 1533~1587)

[출처: 오라쇼통신, 세계유산순례의길(https://oratio.jp/)]

2004년, 그러니까 이명박 대통령이 서울시장이던 시절, 서울 장충체육관에서 열린 기독교 청년·학생 연합기도회에 참석한 그는 '수도 서울은 하나님이 다스리는 거룩한 도시이고, 서울의 시민들은 하나님의 백성'이라며 수도 서울을 하나님께 봉헌한다는 취지의 봉헌사를 낭독한 적이 있다. 비록 이 발언이 서울시장이라는 공직자로서의 공식적인 선언이라기보다는 종교적 맥락에서의 표현이라는 것을 십분 이해한다고 하더라도 적절한 신앙고백은 아닐 것이다. 일부 종교 단체들

---

3   1587년 그가 사망한 직후 토요토미는 바테렌 추방령을 내리면서 나가사키(長崎)를 몰수해 직할지로 만들었고, 아버지 오무라와 함께 세례를 받은 아들 오무라 요시아키(大村喜前, 1568~1615)는 정치적으로 매우 곤란한 입장에서 자신의 가문을 유지하기 위해 기독교 후원을 중단하고는 불교도로 돌아섰다. 그러나 이런 상황에서도 큐슈에서만 14명 이상의 다이묘가 세례를 받았다고 하니, 이들이 모두 신실한 신앙인이었는지는 모르겠지만 당시 해외무역, 특히 서구와의 무역의 중요성을 깨닫지 않고는 쉽게 개종하기 힘들었을 것이라는 것은 충분히 짐작할 수 있는 대목이다.

이 "시장이라는 공적 위치에서 특정 종교적 표현을 사용했다"라며 종교 편향 논란을 불러일으켜 결국 사과해야만 했던 당시를 기억해 보자.[4] 이렇듯 오늘날에도 봉헌이니, 기증이니 하는 것이 사회 통념상 쉽지 않은 표현인데, 불교가 일본 사회를 지배하고 있던 16세기 중반에 나가사키를 기독교에 바치겠다는 것이 어떤 의미이고, 어느 정도의 신앙심인지 충분히 짐작이 갈 것이다.

그러니까 임진왜란 발발 43년 전부터 일본은 서구, 정확히는 유럽, 더 좁혀 들어가면 포르투갈과의 무역과 기독교 포교를 통해 세상이 어떻게 바뀌고 있는가를 눈치챘고, 이 시대에 벌써 '선진국 따라잡기(catch up)'를 해나간 결과, 조총이라는 신무기가 대중화될 수 있었고, 서구식 문명을 접하면서 '계몽(啓蒙)'의 눈을 뜰 수 있었던 것이다.

⁂ 키리시탄 금지와 박해 ⁂

그러나 배울 게 많은 서양의 문물과 달리, '키리시탄(キリシタン)'[5]이라는 '종교'는 일본식 봉건 체계와 막부에 결코 어울리지 않았다. 당시 일본에 건너온 서양의 선교사들은 약 300여 명으로, 적은 숫자는 아니다. 그리고 일본의 선교 활동을 독점하였던 예수회는 포르투갈 국왕의 보호를 받으며 무역까지 하다 보니 이를 원했던 일부 다이묘들은

4 　　경향신문(2014. 7. 14.), "이명박, 서울봉헌 발언사과" 기사 참고.

5 　　키리시탄(Kirishitan)은 포르투갈어 크리스탕(Kristang)에서 가져온 일본어로, 16~17세기 일본에서 천주교 신자를 지칭하는 역사적 용어로 사용되었다.

포르투갈 선박을 유인할 목적으로 영지 내의 백성들에게 기독교를 받아들이도록 강요하기도 했다. 특히 큐슈의 정치와 경제, 문화의 중심지였던 나가사키(長崎)는 이러한 영향으로 이국적인 정서가 넘치는 국제적인 도시로 변모하면서 동양의 로마로 정착되었던 곳이다.

기독교, 즉 가톨릭이 큐슈를 중심으로 뻗어나가던 당시, 나고야(名古屋) 지역의 군주였던 오다 노부나가(織田信長, 1534~1582)는 기독교 선교사들과 직무에 대해 호기심을 갖고 교토(京都)와 그 외 여러 지역에서 거주할 수 있도록 배려해 주었을 뿐만 아니라 기독교 포교를 할 수 있는 자유를 허락했다. 그리고 일본인이 갖추어야 할 의무와 세금을 면제시켜 주고 선교사를 괴롭히는 자가 있으면 처벌하겠다는 면허장까지 발부해 주는 특혜를 주었다. 1582년에 키리시탄 다이묘의 친척들로 구성된 14~16세에 불과한 4명의 소년을 로마 교황에 사절로 보낼 정도로 이국(異国)의 문화와 종교에 열려있었다는 점은 지금 시점에서도 놀랍기만 하다. 이들은 1582년 2월 20일, 나가사키항을 출발해 마카오와 인도를 거쳐 6개월 만에 포르투갈 리스본에 도착한 후 스페인을 거쳐 로마교황청에서 그레고리오 13세를 알현하고 8년 만에 귀환하여 일본 선교의 선구자가 되었다.

그러나 세상은 뜻대로 돌아가지 않는다. 이대로 일본에 기독교가 정착되었다면 오늘날 한일 관계는 완전히 다른 모습일 수도 있다. 그러나 역사에는 if가 없다고 했던가? E.H.Carr는 『역사란 무엇인가』라는 책을 통해, 역사란 이미 일어난 사건의 연속이고, 그 사건들은 당시의 정치, 경제, 사회적 원인들이 얽혀 일어난 결과라고 했다. 일본의 기독교가 초기 정착에는 성공했지만, 결국은 기독교 금지령을 맞으며 쇠퇴하게 된 과정을 되돌아보면 Carr의 관점이 틀리지 않다는 것이 입증된다. 전국시대 일본의 3대 쇼군을 중심으로 이 과정을 살펴보도록 하자.

우선 노부나가가 가톨릭에 호의적이었던 것은 당시 넓은 토지와 독자적인 승병까지 보유하면서 정치적인 권력을 갖고 있던 불교를 약화시키고 싶었기 때문이고, 또 당대 선교사들과 교류하는 것이 서양의 발달된 무기를 얻기 위한 통로였으며, 외국과의 무역을 통해 얻는 이익이 크기 때문이기도 했다. 그러나 노부나가는 자신의 오른팔이었던 부하 아케치 미츠히데(明智光秀, 1528~1582)에 의해 혼노지(本能寺)에서 암살당하면서 삶을 마감해야 했고, 기독교 역시 이때를 기점으로 서서히 일본의 역사에서 사라지는 수난을 겪게 된다.

토요토미 히데요시(豊臣秀吉, 1537~1598)는 기독교를 어떻게 받아들였을까? 토요토미도 처음에는 기독교에 호의적인 태도를 보였다. 그러나 1587년, 가고시마(鹿児島)를 토벌하기 위해 큐슈로 내려간 토요토미는 일부 도시가 교회령이 되어있고, 불교 사찰과 불상이 불태워진 것을 목격하며 기독교를 위험한 종교로 인식하기 시작한다. 토요토미는 전국 통일을 앞둔 상황에서 키리시탄 다이묘들이 봉기할 것을 두려워했고, 그 결과 기독교를 탄압하기에 이르렀다. 어쩌면 자신을 신격화해야 하는 상황에서 인간 평등을 설파하는 기독교의 가르침은 허용할 수 있는 범위가 아니었을지도 모른다. 결국 토요토미는 1987년 6월, 모든 예수회 수도사들에게 20일 안에 일본을 떠나라는 '바테렌 추방령(伴天連追放令)'을 발표했다. 그러나 추방령을 받들어 떠난 선교사들은 일부였을 뿐, 대다수는 큐슈 체류를 유지했고, 이에 토요토미는 본격적인 박해를 시작했다. 그럼에도 불구하고 외국 상선이 내항하는 것에는 반대하지 않았고 오히려 나가사키(長崎)를 직할령으로 만들어 무역을 독점하는 이중적 태도를 보였다. 좋게 말하면 실용 외교라고 할 수 있겠지만, 이 역시 오래가지는 못했다.

일본26성인기념관(日本二十六聖人記念館)

[출처: 일본26성인기념관 홈페이지]

1597년, 토요토미가 정유재란을 일으켰던 해, 프란시스코회 신부 6명과 일본인 신자 20명 등 총 26명이 사회질서 문란죄, 그러니까 사절단의 본분을 망각한 채 일본 땅에 머물면서 허가 없이 기독교를 전파했다는 죄명으로 나가사키에서 공개 처형되었다. 12세의 어린이부터 63세의 노인에 이르기까지 교토(京都)와 오사카(大阪) 등에서 붙잡혀 33일간 630여 km를 걸어 죽음이 기다리는 나가사키로 끌려와 처형당한 것이다.

로마교황청은 1862년 이들을 모두 성인으로 추앙하였고, 이후 100주년이 되던 해인 1962년에 나가사키에 기념관을 설립하였다. 혹시 이곳을 방문하고 싶으신 분들은 나가사키역 건너 NHK 방송국 뒤편의 나가사키공원으로 가시면 일본 기독교 탄압과 관련한 역사의 현장을 체험할 수 있을 것이다.

토요토미 사망 이후 정권을 잡은 도쿠가와 이에야스(德川家康, 1543~1616)는 초기에는 기독교를 용인했으나, 신자가 증가하자 막부의 봉건 체제에 위협이 된다고 느꼈다. 일본인이 외국인 지도자들에게 머리 숙이는 것에 불안감을 느꼈을 것이고, 선교사들끼리 경쟁 국가에서 일본을 침략할 의도가 있다고 소문을 퍼트린 점도 작용하여, 결국 1613년에 기독교 금지령을 내리고는 곧바로 선교사들과 일본인 천주교 신자 약 300여 명을 마카오와 필리핀의 마닐라로 추방했다. 이후 일본을 떠나지 않은 선교사들과 신앙을 버리지 않은 키리시탄들에 대한 박해가 가해지면서 나가사키(長崎)에서만 1619년 52명이, 1622년에 55명이, 1627년에는 운젠(雲仙)에서 16명이 순교하였다.

2025년 6월, 필자는 '한일학술문화 및 청소년교류사업'의 단장으로 101명의 한국 학생들을 인솔하여 8박 9일간 일본 큐슈 일대를 방문한 적이 있다. 당시 운젠온천 근방의 숙소에 머물던 중 새벽 시간에 온천 근방을 산책하다가 아주 우연히도 저 멀리 숲속에 작게 보이는 십자가를 발견하여 가까이 가서 살펴봤다. 이곳의 펄펄 끓는 노천온천에서 처형된 분들, 그리고 배교(背敎)에 대한 고문을 못 이겨 순교한 분들을 위해 2008년, 교황 베네딕토 16세가 이들 188명을 '복자 (Beatified)'로 선포하고 만든 십자가였다. 혹시 에도 시대 일본의 기독교 박해와 관련해서 자세히 알고 싶은 독자들은 엔도 슈사쿠(遠藤周作, 1923~1996)의 『침묵』이란 책을 읽어보길 권한다.

펄펄 끓는 유황 온천이 나오는 저 바위 너머 멀리 왼쪽에 십자가가 보인다.
[출처: 필자 촬영]

아무튼 에도 시대 당시 문헌으로 확인이 가능한 키리시탄 순교자만 대략 4천 명이 넘으며, 기록에 없는 순교자들까지 합하면 대략 4만여 명 정도라고 하니 놀랄 만한 숫자다. 에도 막부는 쇄국령을 통해 기독교를 완전히 금(禁)[6]하였지만 해외무역만큼은 포기하지 않았다. 왜냐하면 1639년 도쿠가와 막부가 포르투갈과 단교하기 까지 약 100여 년간의 무역과 교류를 통해 일본이 서구의 물질문명에 눈을 뜬 것 외

---

6   1873년 기독교 금지령이 법적으로 철폐될 때까지 일본은 기독교를 용인하지 않았다. 그렇다고 해서 서양과의 무역과 인적교류까지 쇄국으로 맞선 것은 아니다. 이 점이 조선과의 큰 차이다.

에도 섬나라를 벗어나 멀리 세계관을 확장할 수 있었다는 것을 알고 있기 때문이다.

일본이 기독교를 박해했다고 해서 서양의 물질문명마저 막아선 것은 아니다. 앞서 서양은 일본을 잊지 않았다고 했지만, 일본 역시 서양의 발달된 문명에 대한 호기심을 놓지 않았다. 나가사키(長崎) 앞바다에 인공적으로 만든 부채꼴 모양의 작은 섬 데지마(出島)는 1630년대 일본 막부가 포르투갈 상인들을 격리하기 위해 만든 무역 거점으로 자리 잡은 곳이다. 그런데 키리시탄 금지령을 내린 에도의 포문에 근거하여 포르투갈인들은 기독교를 전파한다는 이유로 추방되었고, 대신 네덜란드 동인도회사(East India Company, 1602) 상인들이 그 자리에 데지마 상관(出島商館)을 만들었다. 네덜란드가 장사(무역)만 하고 포교는 하지 않겠다는 입장을 밝혔기 때문에 정치적 위험이 사라졌다고 판단한 것이다.

이곳은 근대 이전, 에도 막부가 쇄국정책을 펴는 가운데 일본이 서양과 교류하며 새로운 문물을 받아들이는 유일한 창구였다. 일본은 주로 은, 구리, 도자기 등을 수출했고 네덜란드 상인들을 통해서는 의약품, 과학 기구, 천문학 도서, 화약 재료, 석영, 모직물 등을 수입했다. 데지마를 통해 들어온 네덜란드의 서적과 지도, 서양 화풍 등 각종 지식은 일본 지식인들에게 충격과 자극을 주면서 '난학(蘭学, 네덜란드 학문)'으로 정착되었고, 향후 메이지 시대를 거쳐 일본이 근대화로 이어지는 과정에서 지적 토대가 되었다.

의학자 야마와키 도요
(山脇東洋, 医家)

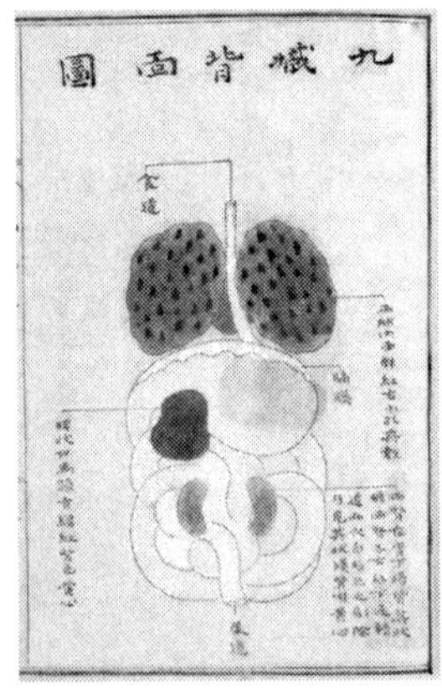

인체 해부 도감 『장지(藏志)』의
구장배면도(九臓背面図).
인체의 등쪽에서 바라본
아홉 가지 주요 장기의 위치와
형태를 그린 그림이다.

데지마 상관에 체류한 네덜란드 의사가 갖고 있던 근대 의학 서적, 그중에서도 해부학 서적은 호기심 많은 일본 의사들에게는 더할 나위가 없는 책이었다. 1754년 야마와키 도요(山脇東洋, 1706~1762)는 사형수의 시체 해부에 입회한 후 5년 뒤 일본 최초의 해부 실험 내용을 기록한 『장지(藏志, 1759)』라는 해부 도감을 출간했다.[7] 인체 해부에 대한 저항이 강했던 시기에, 그것도 서적까지 출간했다는 것은 야마와키 개인의 풍부한 지식과 대단한 용기 덕분이기도 하지만, 이를 수용할 만한 사회적 기반이 마련되어 있지 않았다면 불가능했을 것이다. 이후 스기타 켄파쿠(杉田玄白, 1733~1817)가 네덜란드 의학 서적을 동료 의사들과 함께 번역한 『해체신서(解体新書, 1774)』도 출간되면서 일본 의학은 동양의학에서 서양의 실증 의학으로 전환되는 계기를 맞게 된다.

한편, 섬나라 영국이 유럽에서 그러했듯 일본도 아시아에서는 최초로 자본주의 체제의 근간을 자연스럽게 만들어내기 시작했다. 이 과정에서 일본은 19세기 들어 조약을 맺은 각국의 정보를 얻기 위해 영사관(대사관)을 적극적으로

---

7   신상목(2017), p.131.

활용했다. 조약을 체결한 여러 국가에 대사관을 파견한 후 그곳에서 현지의 생생한 정보를 입수했고, 이 정보를 일본 국내의 관련 기업에 전달하면서 일본산 제품을 수출할 수 있게끔 시스템을 구축해 나갔다. 제2차 세계대전 이전까지 영사가 맡았던 정보 수집 업무는 이후 라멘에서 미사일에 이르기까지 거의 모든 분야의 다양한 상품을 취급하던 종합상사로 이전되었고, 이후 종합상사는 기술이 발전하고 산업이 세분화될수록 상품 생산 및 판매에 열을 올리기보다는 정보 자체를 활용하는 데 초점을 맞췄다.

이렇게 정보 활용에 익숙해진 종합상사는 제2차 세계대전 이후에도 일본 경영 구조의 중심으로 기능하며 전 세계에서 수집한 정보와 네트워크, 금융 인프라 등을 무기로 '연쇄사업투자'[8]라는 형태의 새로운 수익 모델을 창출해 냈다. 그리고 이를 통해 일본은 마침내 고도 경제성장을 이루며 세계 제2의 경제대국으로 등극할 수 있었다.

종합상사를 단순한 무역 회사라고 생각하면 안 된다. 전 세계 정보를 모으고 자본을 조달하고 리스크를 분산하기 위해 관련 사업을 묶어 수익을 확보하는 가치사슬을 만들어냈던 곳이 종합상사다. 지금도 일본의 대학 졸업생들이 취업하고 싶어 하는 최상위 기업이 금융기관이나 IT 벤처기업이 아니라 이토츄상사, 마루베니, 미츠이물산, 미츠비시상사, 스미토모상사 등 종합상사인 이유가 여기에 있다.

---

8   한 개 사업에 단발적으로 투자하는 것이 아니라 서로 연결된 여러 사업에 단계적으로 투자하여 가치사슬 전체를 장악하는 방식이다. 즉 해외에서 연료를 찾아내 생산 가공하고 이를 유통하고 판매하는 과정에서 금융과 물류까지 산업 생태계 전체를 묶어서 수익을 내는 구조이다.

⟨ 신뢰 외교의 대명사 아메노모리 호슈 ⟩

아메노모리 호슈
(雨森芳洲, 1668~1755)

한일 간 선린외교를 언급할 때마다 등장하는 인물이 조선 전문 외교관인 아메노모리 호슈(雨森芳洲, 1668~1755)이다. 아메노모리는 조선어뿐만 아니라 조선 문화에도 정통했고 조선의 관리 및 지식인들과의 교류도 깊었으며, 형식이나 권위보다는 실용적 외교와 상호 존중의 원칙을 강조한 외교 철학을 가졌던 인물로 알려져 있다. 26세의 젊은 나이에 관리로 첫발을 디딘 후 조선 외교를 담당하면서 외교문서 작성에 관여한 그는, 34살이 되던 해인 1702년 부산의 왜관(倭館)에 체류하면서 조선어를 배우고 또 이를 가르치기 위해 일본 최초의 조선어 입문서인 『交隣須知(교린수지)』를 집필하기도 했다. 그의 또 다른 저서인 『交隣提醒(교린제성)』에는 조선과의 외교에 대한 실무 지침으로 외교에서 사용되는 한문의 표현과 통신사의 접대 절차, 그리고 예우 등이 상세히 정리되어 있다.

"交隣之道 本於誠信(교린의 도는 성과 신이 근본이다)"
"誠信失ふときは、隣交之道絶ゆ(신뢰를 잃으면 교린은 망한다)"

그가 오늘날 한일 외교사에서 가장 이상적인 외교관의 표상으로 자주 언급되는 이유는, 당시 그의 기본 이념이 오늘날 그대로 적용해도 손색이 없을 만큼 교과서적이었기 때문이다. 상대방을 속이지 않고 진심으로 대하는 것이 신뢰 구축을 위한 외교의 바탕이요, 이익이나 위계가 아닌 상대 문화를 이해해야 한다고 강조한 것은 문화 외교의 기본이요, 스스로 조선어를 익히고 학습했던 것은 전문 외교관으로서의 자세이며, 상호 대등한 관계에서 존중과 예의를 지켜야 한다는 점을 강조한 것 역시 국제 규범 준수에 적용할 수 있다. 그래서 이 책이 단순한 외교 매뉴얼이 아닌, 외교적 윤리 교과서에 가깝다는 평가를 받는 것이다.

임진왜란 이후 닫혀있던 양국의 외교 관계는 1607년 이후 재개되기 시작했다. 조선에서는 일본이 임진왜란을 일으킨 침략자로 인식되었기 때문에 국교 재개에 극도로 소극적일 수밖에 없었지만, 당시 일본은 토요토미의 사망으로 내전 수습이 급급했던 시기였고, 새롭게 들어선 도쿠가와 막부가 대외적 정통성을 확보하는 데 있어 조선과의 관계 회복을 필요로 했기 때문에 외교에 적극적으로 나섰다. 일본이 먼저 손을 내밀기는 했지만, 조선은 외교를 재개하기 위한 명분과 체면이 필요했기 때문에 쉽게 응할 수는 없는 입장이었다. 이에 조선 측은 우선 1604년 사명대사(四溟大師, 1544~1610)를 일본에 파견하여 조선인 전쟁 포로 약 3천여 명의 쇄환(刷還)과 재침략 가능성이 없다는 도쿠가와의 확답을 받아내고 나서야 1607년 조선통신사 파견을 결정했고, 이때를 기점으로 한일 간 국교가 재개되었다.

이후 1811년에 이르기까지 원칙적으로 막부의 쇼군이 교체될 때마다 총 12차례에 걸쳐 통신사를 파견하였다. 조선통신사는 정사(正使, 사절단의 최고 책임자), 부사(副使, 정사를 보좌하는 부대표), 종사관(從事館, 외교문서 작성) 등을 비롯해 의원(医院)과 역관(駅官), 그리고 악사(楽士) 외에도 경호를 담당하는 군관과 하인, 마부 등 총 400명에서 500여 명에 이르는 대규모 사절단으로 구성되어 있다. 이들은 조선의 수도 한양을 출발하여 일본의 수도 에도(江戸)까지 반년 이상이 소요되는 왕복 약 4,500km의 기나긴 여행을 함께 했다. 일본도 명·청 교체기의 국제 환경에 적극적으로 대응하고, 외교를 통해 정권의 권위를 과시하여 자국 내 주요 세력의 지배를 굳게 결착시키기 위해 조선과의 외교 관계에 많은 관심을 기울이고 있을 때였다.

아메노모리는 1711년, 1719년 두 차례에 걸쳐 조선통신사 사절단과 함께 활동했다. 그가 1711년 조선통신사와 함께 에도 막부에 도착했을 때, 당시 막부의 최측근이었던 아라이 하쿠세키(新井白石, 1657~1725)가 조선통신사를 일본 국왕에게 조공 오는 사절단처럼 연출하고 싶어 막부 쇼군을 '일본 국왕(日本国王)'으로 지칭하라고 강요하는 일이 있었다. 이때 아메노모리는 그런 표현은 조선을 굴욕시키는 것이며 외교적 실례라고 주장했다. 무사 정권이던 당시, 최고 권력자의 참모에게 바른말을 한다는 것이 어디 쉬운 일이었겠는가? 그가 얼마나 큰 위험을 무릅쓰고 그런 주장을 펼쳤는지를 생각해 보면, 조선과의 신뢰와 외교적 예의를 지키고자 했던 그의 부단한 노고를 헤아릴 수 있을 것이다.

1719년 4월, 두 번째 조선통신사와의 동행에서도 아메노모리의 성신 외교는 이어졌다. 조선통신사 474명의 일행을 대마도에서 맞이해 에도에 이르는 9월까지 약 5개월을 동행하고 국서를 교환한 조선통

신사 일행이 뒤돌아 올 때, 하필이면 교토의 숙소가 히데요시의 명으로 건립된 호코지(方広寺)였다. 이게 왜 문제인가 하면, 그 절 앞에는 임진왜란 당시 자신들의 공적을 자랑하기 위해 조선인들의 목 대신 귀와 코를 베어 보내 그것들을 묻은 귀 무덤(耳塚)이 자리하고 있었기 때문이다. 아메노모리는 그의 저서 『交隣提醒(교린제성)』에서 "이런 짓을 한다면 우리 나라의 학문의 빈곤과 무지를 드러낼 뿐이니, 반드시 중단해야 한다"라며 자책과 부끄러움이 뒤섞인 심정(忸怩たる思い)을 표현했다. 상대 국가를 업신여기려는 일본인의 어리석음을 비판하며, 이웃 나라와의 대등한 입장을 중시하고 평등과 호혜를 주장했던 것이다.

조선통신사의 행렬 모습
[출처: 한국 유네스코위원회 홈페이지]

그러나 조선 후기로 접어들면서 조선통신사의 본래 역할은 점차 사라지고, 대신 선진 문물의 전달 창구로서의 역할이 강화되면서 통신사가 방문하는 지역마다 서화와 시문 등 많은 작품을 남겼다. 귀국 후에는 일본에서의 경험을 『海行總載(해행총재)』라는 견문록으로 엮어 출간하기도 했다. 이 책은 통신사들이 일본을 오가는 여정과 외교 의

식, 그리고 일본 사회의 모습과 문화 교류 등을 기록한 일종의 견문록
이자 외교 기록집으로, 당시의 한일 관계와 두 나라 간의 외교적인 역
할 및 문화 교류의 실상을 자세히 보여주는 내용이 포함되어 있다. 예
를 들어 조선보다 인구와 상점이 많고 거리 정비가 잘 되어있으며, 생
선을 많이 먹고 음식이 비교적 담백하다는 점, 그리고 수백여 명의 조
선통신사 행렬이 지나가는데도 질서를 잘 지키고 치안이 좋아서 그런
지 물건을 떨어뜨려도 훔쳐가는 사람이 거의 없다는 점 등이 기록되
어 있다.[9]

당시 일본은 군사적인 힘이 막강했지만, 섬나라라는 한계 탓에 자
력으로 문화를 만드는 데는 어려움이 따랐다. 네덜란드와 무역을 한다
고는 했지만 어디까지나 제한적이었기 때문에 서구 문물이 일본 전역
으로 퍼진 것도 아니었고, 중국과는 공식적인 감합무역도 중단되고 거
리상 멀리 떨어져 있어 빈번한 왕래가 쉽지 않았다. 그래서 조선통신
사가 한번 다녀가면 일본 내에는 조선 붐이 일고, 일본의 유행이 바뀔
정도였다는 말이 과언이 아니었을 것이다. 게다가 당시 조선은 일본에
대한 문화적 우월감이 있어 선진 문물을 전달해 주는 데 인심이 후했
으니, 과장된 표현일지는 모르겠으나 오늘날 일본에서도 한류가 전 세
대에 걸쳐 거부감 없이 대유행하는 이유가, 17세기 조선통신사가 토대
를 닦아놓았던 덕분이 아닐까 싶기도 하다.

그러나 시간이 흐르면서 일본 내에서는 통신사가 일본을 정탐할지

---

9   조선통신사와 관련한 책으로는 우에노 도시히코의 번역서인 『신기수와 조선통신사의
     시대』(논형, 2023), 김경숙의 『일본으로 간 조선의 선비들』(이순, 2012), 한태문의 『조
     선통신사의 길에서 오늘을 묻다』(경진, 2016) 등 다수가 있다.

도 모른다는 의심과 더불어 대국인 청나라 사신의 접대비보다 소국인 조선의 통신사 접대비가 더 많이 드는 것이 사리에 맞지 않다는 불평이 늘기 시작했다. 이러한 불평이 억지는 아닌 것이, 역지사지(易地思之)로 생각해 보면 오늘날도 그렇지만 지위에 따라 또는 계급에 따라 식사와 숙박의 대접도 달라야 했고, 또 약 400~500여 명의 조선통신사에 더하여 이들을 수행하고 안내하는 대마도인들과 지역의 관계자까지 합하면 대략 1천여 명이 훌쩍 넘을 때도 있어 접대비만으로도 지역 재정이 압박받을 정도였으니, 그들의 불평을 이해 못 할 바는 아니다. 게다가 시간이 흐를수록 조선에서 들어오는 문물이 비슷해지면서, 그렇게까지 큰 비용을 들일 정도의 가치가 있는지에 대한 의구심도 싹트기 시작했다. 막부에 이런 불만을 담은 상소문이 올라오고, 또 일본의 국력이 점점 강해지면서 굳이 조선으로부터 배울 만한 것이 없다는 판단에 따라 1811년을 마지막으로 조선통신사는 대마도에서 푸대접을 받으며 일본 본토에 들어가지도 못한 채 되돌아왔고, 그다음부터는 일본 측에서 요청하지도 않았고 조선에서도 보내지 않으면서 양국의 외교와 문화 교류는 단절되고 말았다.

아메노모리 호슈가 한일 양국에서 본격적으로 알려지기 시작한 것은 1990년 5월, 일본을 국빈 방문한 노태우 대통령이 궁중 만찬 연설에서 그의 이름을 거론하면서부터다.

"270년 전 조선과의 외교에 관여한 아메노모리 호슈는 '성신(誠信)과 신의(信義)의 교제'를 신조로 삼았다."

죠슈인(長寿院)에 잠들어 있는 아메노모리 호슈의 묘비

[출처 : 재일대한민국민단신문(https://www.mindan.org/index.php, 2018. 7. 11.)]

이후 2017년 10월, 조선통신사가 유네스코 세계기록유산에 등재되는 과정에서 아메노모리의 서한과 서문 등 다양한 자료가 재조명되며 그가 한일 양국 선린외교의 대표 인물로 언론에 자주 거론되기 시작했다. 그의 묘는 지금 대마도(対馬) 이즈하라(厳原)의 죠슈인(長寿院)이라는 사찰에 있지만, 한국인들은 그 의미를 잘 알지 못하기 때문에 방문하는 관광객이 많지 않아 조금은 안타깝다.

사람 관계도 그렇지만, 국가 간에도 교류의 단절은 싸움으로 치닫기 십상이다. 단절이 있다 해도 아메노모리 같은 성신 외교를 주장하는 외교관이 있다면 이야기는 또 다르겠지만, 조선통신사의 단절 이후 조선은 일본을 잊었다. 아니, 어쩌면 일본과의 단절을 아쉬워 하거나 재개하려는 노력보다는, 발가벗은 몸에 마와시(廻し)나 걸치고 스모나 하는 미개한 섬나라와의 외교가 필요하지 않다고 여겼을지도 모른다.

광복 80주년을 맞이했던 지난 2025년, 양국은 이제 1천 500여 만 명이 오가는 인적교류를 달성했다.[10] 특히 젊은 세대들의 상대국에 대한 호감도는 기성세대의 두 배에 이를 정도로 시대가 바뀌었다.[11] 일본 공익재단법인 신문통신조사회에 따르면, 2014년 조사 시작 이후 한국인의 대일 호감도가 50%를 넘은 것은 2025년이 처음이라고 한다. 연령대별로 보면 50대가 45.6%로 가장 낮았지만, 10~30대가 평균을 끌어 올리면서 56.4%를 기록했다.

전통적으로 일본의 대한 인식보다는 한국의 대일 인식이 부정적이지만, 2023년 이후부터 양국의 상호 인식, 선호도는 긍정적으로 변하기 시작했고 그 중심에는 20~30대가 자리 잡고 있다. 아산정책연구원의 최은미 박사는 한일 간의 갈등이 20~30대의 대일 인식에도 영향을 미치기는 하지만, 일본과의 인적 및 문화 교류의 영향이 이를 압도할 만큼 크다고 해석했다.[12]

한일 간의 갈등을 없애고 싸움을 멈추기 위해서는 교류가 필요하다. 조선통신사의 단절은 한일 관계사뿐만 아니라 외교적으로도 아픈 교훈을 남겨주었다. 특히 인적교류에서 그렇다. 조선의 선의(善意)나 관례(慣例)에만 의존한 관계가 위태롭다는 것을 교훈으로 삼아야 한다.

---

10 2025년 방일 한국인은 950만 명, 방한 일본인 관광객은 360만 명에 이른다. 지역별로 볼 때, 일본 방문 국가 순위는 한국이 전년 대비 7.3% 증가한 948만 명, 중국 909만 명, 대만 676만 명, 미국 330만 명으로 한국이 1위이다(닛폰컴, 2026. 1. 21. 기사 참고, https://www.nippon.com/ja/japan-data/h02673/).

11 국민일보(2026. 2. 8.), "일본 좋아한다는 한국인 56%… 젊을수록 높았다" 기사 참고.

12 최은미(2025) 참고.

조선통신사 마지막 행렬의 1811년 전후에는 서구 열강의 이양선이 동북아시아 해안에 빈번하게 나타나기 시작하던 시기였다는 점을 조선은 눈치채지 못했을 것이다. 일본이 단순히 경제적 부담 때문에 조선통신사의 왕래를 중단했다고 잘못 판단했을 수도 있다. 조선통신사는 교류에만 초점을 맞추지 말고 상대국과 주변의 정보망을 얻어 우리의 것으로 소화하는 기회로 삼았어야 했는데, 일본이 근대화의 길로 들어서는 징후를 놓친 것이 결국 훗날 국권 피탈의 원인으로 작용한 것은 아닌가 확대해석을 해볼 수 있다. 통신사 중단이 어쩔 수 없었다면 다른 방법을 모색해야 했다. 일본의 변화를 조금 더 적극적으로 탐색하고 정보를 얻기 위해 노력하여 이후의 외교적 공백기를 메꾸었어야 했는데, 그렇게 하지 못한 점이 그로부터 60여 년이 지나 결국 강화도조약(1876)과 같은 불평등한 한일 관계로 이어진 것이다.

일본이 조선으로부터 얻을 만한 경제적 이익, 문화적 혜택이 없다고 판단했기 때문에 교류를 중단했다는 측면에서 본다면, 우리 역시 주려고만 하는 것이 아니라 받아야 했다. 경제적 상호 의존도가 낮아질수록 외교 문턱은 낮아지게 마련이다. 외교는 한 번으로 끝나는 게임이 아니다. 외교는 '51대 49의 예술'이라고 하는 이유가 여기에 있다. 우리가 100을 다 가져오거나 상대방을 0으로 만드는 것이 결코 성공한 외교가 아니라는 의미이다. 상대가 49를 가져가야만 그 합의가 유지되고 다음 협상 테이블에 상대방을 다시 앉힐 수 있다. 완승이나 완패가 되지 않도록 상대방의 체면(49)을 세워주면서 우리의 실리(51)를 챙기는 노련함과 균형을 유지해야 했다. 1811년, 조선통신사 단절에 대한 대가는 우리의 생각보다 아프게 다가왔다.

2.

메이지유신과 일본 외교

2.
메이지유신과 일본 외교

메이지유신 지도자들의 대외 인식은 에도 시대(江戶, 1603~1608) 대외 팽창론의 영향을 크게 받았다. 에도 후기부터 막부 말기에 걸쳐 국학자들은 아마테라스 오미카미(天照大神)의 자손인 천황이 일본을 다스린다는 황국사관(皇国史観)을 만들어나갔고 이를 바탕으로 외정론(外征論)이 전개되었다. 외정론이란 한자 그대로 일본 바깥(外)을 정벌(征)해야 한다는 주장으로, 단순히 다른 나라를 침략하는 데 머무르는 것이 아니라 '신이 다스리는 특별한 나라인 일본이 마땅히 그렇게 해야 한다'고 여기는, 일종의 이데올로기이다. 즉, 이때 당시 일본에서는 고대의 건국 신화와 진구황후(神功皇后)의 '정한(征韓)' 전설, 그리고 토요토미 히데요시(豊臣秀吉)의 조선 침략 등을 바탕으로 '신주일본(神州日本)'에 대한 우월감과 아시아인에 대한 멸시 사상 등이 급속도로 퍼지기 시작했다.

일본 역사서인 일본서기(日本書紀, 720년)에 의하면, 야마토(大和, 250~710)

왕권 초기의 여왕으로 알려진 진구황후가 일본군을 이끌고 백제와 가야로 추정되는 한반도 남부를 원정할 때 신의 계시로 초자연적인 도움을 받아 승리한 후 조공 관계를 맺었다는 기록이 있지만, 학계에서는 황후의 지혜와 용맹을 강조하기 위한 신화의 영역일 뿐 당연하게도 팩트로 인정하지는 않고 있다. 그렇지만 이러한 설들은 일본서기에 등장하는 '팔굉일우론(八紘一宇論)'에서 출발하여 결국 '정한론(征韓論)'에 이르게 된다.[1] 원래의 의미는 일본의 초대 천황인 진무천황(神武天皇)이 나라를 세울 때 도읍을 확장하여 팔굉(八紘), 즉 온 세상을 하나의 가족, 하나의 집(一宇)으로 만들겠다는 의미에서 유래한다. 이 용어가 무서운 이데올로기로 변질된 것은 1930~1940년대 일본이 군국주의 시대로 접어들면서 대외 팽창과 침략 전쟁을 정당화하기 위해 사상적 슬로건으로 내세웠기 때문이다. 즉 전 세계가 하나의 집이기에 세계만방이 모두 천황의 지배하에 있다는 황국사관의 근본 사상이자 일본 천황제 파시즘의 핵심 통치 이념으로 자리 잡은 것이다.

1945년 패전 이후 연합군최고사령부(GHQ)는 이 용어가 국가신도와 군국주의를 선동하는 초국가주의적 용어라고 판단하여 공식 문서에서의 사용을 금하였지만, 그 전으로 거슬러 올라가면 이러한 사상을 안에서 밖으로 끄집어낸 인물이 바로 요시다 쇼인(吉田松陰, 1830~1859)이다.

---

[1] 1940년에는 일본 건국 2600년(황기 2600년)을 기념하여 일본 제국주의 당시 일본에 속하거나 일본의 영향력이 미쳤던 한국과 중국 등에서 가져온 돌을 합쳐 미야자키시(宮崎市)에 '팔굉일우탑'을 세웠다. 당초 제국주의적 이념 아래 일본 천황을 중심으로 아시아와 세계 통합을 상징하는 건축물로 세워졌지만, 패전 후에는 연합군의 요청으로 '평화탑(Peace Tower)'으로 이름을 바꿨다.

요시다 쇼인(吉田松陰)

메이지유신에 관심을 갖고 있는 한국분들은 대부분 알고 있는 인물이기도 한 요시다 쇼인은 막부 말기 메이지유신의 정한론에 가장 영향을 미친 인물로, 어려서 병학과 포술을 배운 뒤 에도로 나가 사쿠마 쇼잔(佐久間象山, 1811~1864)에게서 양학(洋学)을 배운 열렬한 존황 사상가이기도 하다. 요시다는 고사기(古事記, 712)와 일본서기(日本書紀, 720)에 야마토 왕권의 권위를 과시하기 위해 묘사되었던 진구황후의 '삼한 정벌'을 신념처럼 믿고 있었다. 아니 어쩌면 일본의 민족 공동체를 하나로 묶기 위한 정신적 기반으로, 국가 정체성과 결속을 다지기 위한 정신적 프레임으로서 천황제를 이해하려고 했을 수도 있다.

4세기경의 일본은 한반도 전체를 복속시킬 만한 국가체제나 군사력을 갖추지 못했을 뿐만 아니라 실존 여부 자체가 불확실한 진구황후가 신의 계시를 받아 바다 건너 서쪽 나라인 신라, 가야, 백제를 항복시켜 공물과 조공을 바치게 했다는, 신화적으로 과장된 서사를 사실로 믿었다기보다는 이데올로기로 믿고 싶었던 것이다.

프랑스의 사회학자 에밀 뒤르켐(David-Émile Durkheim, 1858~1917)이 그랬던가? '종교의 본질은 초자연적인 신이 아니라 집단적 결속(사회통합)에 있다'라고. 요시다 쇼인도 '신도(神道)'라는 종교를 사회학적 기능으로 생각한 것은 아니었을까?

요시다는 1854년 미국의 페리 제독에 의해 미일화친조약을 맺은 후 강제 개항했던 우라가(浦賀), 나가사키(長崎), 시모다(下田) 등의 항구도 직접 견문해 서양 열강의 위력을 통감하고 부국강병과 해외 침략론을 주장하기도 하였다. 그는 시모다에 와있는 미국 함선을 타고 밀항하려다 해외 도항 금지의 '국금(国禁)'을 어긴 죄목으로 투옥되었지만, 미국, 러시아 등 서양 열강에 강요당한 불평등조약의 불이익을 조선, 중국 등 아시아 나라들에 똑같이 적용하며 보상받으려는 전략을 구사하면서 옥중에서 『유수록(幽囚錄)』을 집필하였다.

"지금 급히 무비(武備)를 닦아 즉각 에조(蝦夷, 지금의 동북지방 및 홋카이도)를 개간해 제후에게 봉건하고 틈을 보아 캄차카, 오오츠크를 빼앗고 유구(琉球)를 타이르고 … 조선을 다그쳐 인질을 보내게 하고 옛 성사(盛事)와 같이 조공하게 한다. 북으로는 만주 땅을 할양하고 남으로는 타이완, 여송(呂宋, 지금의 필리핀)의 여러 섬을 공격해 점차 진취의 기세를 보여야 할 것이다."

"조선은 예로부터 우리에게 신속(臣属)하였다. … 군대를 일으켜 삼한(三韓)의 무례를 공격하고 … 국위를 해외에 펼치는 것이 어찌 장대하지 아니한가?"

"기회를 보아 에조를 개간하고 유구(琉球)를 공격하고, 조선을 취하며 만주를 억누르고 제압하고 인도(印度)로 나아가야 한다. 진취의 기세를 펴고 퇴수(退守)의 기반을 굳건히 해 진구황후가 아직 이루지 못한 것을 이루고 토요토미가 아직 이루지 못한 바를 이루어야 한다."[2]

즉, 강력한 서양 세력에는 맞서지 말되 그 사이에 국력을 길러 힘이 약하고 취하기 쉬운 조선과 중국, 아시아 나라들을 수중에 넣어 서구 열강에 빼앗긴 손해를 회복해야 한다는 팽창주의를 내세운 것이다. 서양 열강이 아시아를 침략하고 있는 상황에서 토요토미의 조선 침략은 오히려 국체(国体)에 맞는 것이라고 주장하면서 이를 실현하기 위한 구체적인 군사전략도 제시했다. 1858년 2월 19일 가츠라 고고로(桂小五郎, 1833~1877)[3]에게 보낸 편지에서는 "원대한 전략의 시작은 쵸슈(長州)에서 조선, 만주로 나아가는 것이 좋다. 조선, 만주로 나아가려면 죽도(竹島, 독도)가 하나의 중간 기지이다. 이것이 오늘날의 하나의 기책(奇策)이라고 생각한다"[4]라고 하였다.

요시다의 해외 팽창 구상은 그의 문하생인 기도 다카요시(木戶孝允)로 이어져 유신 직후부터 '정한론'을 주장했다. 그렇지만, 그가 한때는 정한론을 반대했다가 다시 정한론자로 돌아서는 태도의 변화를 보면, 정한론의 본질이 결국 메이지 신정부 안에서 리더십 간의 주도권을 잡기 위한 정치투쟁의 프로파간다였을 가능성이 높다고 볼 수 있다.

---

2   奈良本辰也(2013), p.158.

3   훗날 기도 다카요시(木戶孝允)로 개명한다.

4   『吉田松陰全集』第6巻, 岩波書店(1934), pp.11~12.

⹂ 기도(木戸)의 대조 외교 ⹂

메이지 정부는 도쿠가와 막부 시절에 체결했던 서구와의 국제 조약을 수정하거나 개정 없이 그대로 계승하기로 했지만 조선과의 외교(이하 대조 외교)는 다른 이야기다. 1868년 보신전쟁(戊辰戦争)이 발발하자 조선과 특별한 외교 조약을 체결할 시간적 여유가 없다고 판단한 메이지 정부는 오래전부터 조선과 빈번한 관계를 유지해 왔던 대마번(対馬番)에 외교 일체를 위임했다. 그러나 보신전쟁이 1년 만에 종식되고 판적봉환(版籍奉還)으로 중앙집권화가 정착된 이후부터는 향후 조선과의 수호조약과 통상조약 체결을 염두에 두고 신정부가 직접 주도하기 위한 준비에 돌입했다.

그렇지만 조선과의 조약을 체결할 때 혹시라도 서구 열강이 일본을 얕잡아 보지 않도록 하기 위해서는 막부 때처럼 주먹구구식으로 할 것이 아니라 '황국의 성문(皇国の御声聞)'에 따라 만국공법의 절차를 밟아 공식적인 외교를 해야 한다고 주장했다.[5] 또 지금 조선과 조약을 체결하지 않으면 서양 열강에 조선을 빼앗길 수도 있으니 일본에 '영세의 대해연미의 급(永世の大害燃眉の急)'이 될 거라는 이유를 들이밀면서 조약 체결에 정당성을 부여했다. 조선은 당장은 조용해 보여도 장차 일본에 영세(永世)에 걸친 큰 해악(大害)이 될 수 있는, 눈앞에 닥친 급박한 위협(燃眉之急)이라는 거다.

하지만 그 논리가 참으로 비약적이다. 조선이 잠재적으로 위협을 가할 수 있는 국가이기 때문에 일본의 선제 공격이 불가피한 선택이

---

5 심기재(2006), p.43.

라는 논법이 과연 맞는 말이기는 한 것인가? 이는 토요토미 히데요시의 임진왜란 당시와 유사한 인식 구조이다. 즉 전국시대를 막 끝낸 토요토미는 아직 남아있는 대규모 무장 세력의 시선을 외부로 돌리고 대내적인 불안을 잠재우기 위해 명으로 진출할 필요가 있는데, 이때 일본에 복종하지 않는 조선은 잠재적인 적이 될 수밖에 없다는 논리를 내세웠다. 그리고 이러한 토요토미의 인식 구조를 정한파들이 그대로 따른 것이다. 게다가 신정부는 대마번이 조선과의 무역에서 손해를 보고 있다며 대마번과 조선과의 관계를 의심하고 있었던 참이었다.

그렇지만 대마번을 폐지하고 전권대사를 조선에 파견하여 조약을 체결하기에는 아직 해결되지 않은 여러 문제가 남아있었다. 첫째, 대조 외교는 황국 일본의 체면을 세우기 위해서라도 근대 국제법 원리에 근거하여 방향성을 제시해야 한다는 것이고, 둘째, 외무성이 무력을 동반하는 전권대사의 파견을 염두에 두면서도 '종가사교(宗家私交)'[6]를 강제로 폐지할 경우 구 대마번이 반발하거나 대조 외교 교섭의 주도권을 둘러싸고 중앙정부에 반발할 수도 있다는 것이다.

1868년, 기도는 신정부 지도자 가운데 가장 먼저 조선에 왕정복고를 통보할 사절단을 파견해야 한다고 건의하는 한편, 조선을 황국의 판도에 넣고 일본부(日本府)를 세워야 한다며 조선 침략을 주장한

---

6   대마도를 대대로 통치해 온 소(宗)씨 가문이 사적으로 조선과 맺어온 교류를 의미하며, 이는 메이지유신 초기, 일본과 조선 사이의 외교적 특수성을 이해하는 데 매우 중요한 개념이다. 대마도는 지리적 특성상 농사가 어려워 결국 조선과의 무역을 통해 쌀과 콩 등을 지원받는 대신 막부로부터는 외교 대행권을 인정받아 생존해 왔던 특수한 지역이었다.

인물이기도 하다. 1869년 2월 1일, 기도는 이와쿠라 도모미(岩倉具視, 1825~1884)에게도 '조선에 대한 정책에 관해 건의하는 건(朝鮮国ニ對スル政策ニ關シ建言ノ件)'의 서한을 보내면서 정한론을 주장했다.[7]

"정한(征韓)이라고 하더라도 처음부터 무력으로 정벌하자는 것이 아닙니다. 황국 일본의 국시(国是)에서 정한 바에 따라 우내(宇內)의 조리(條理)를 가지고 추진한다는 의미이며, 이를 거스른다면 무력으로 정벌하여도 지극히 지당한 일이라고 생각합니다."

"조선은 원래 산물과 금이나 은 등의 이익이 없어 오히려 손실일 수 있으나 황국의 큰 방향에서 볼 때 억만창생(億萬蒼生)의 시야로 내외를 일변시켜 육해군의 제기예(諸技芸)를 자리 잡게 하고 훗날 황국을 크게 발전시키고 오래도록 유지시키는 데 별도의 다른 방책은 없습니다."

"조선에 손을 대어 일단 전쟁에 이르더라도 반드시 급박하게 추진하지 말 것이며, 하나의 지반을 차지한 후에는 대략 1년을 예정하고는 있지만, 게으름을 피우지 않는다면 반드시 2, 3년 내로 천지대일변의 실행이 나타나 만세불발(萬世不拔)의 황국의 기초는 마침내 자리 잡을 것입니다."

---

7   한국사데이터베이스(국사편찬위원회, 검색일 2026. 2. 28.), https://db.history.go.kr/joseon/level.do?levelId=sk_004_0010_0020_0010_0010

정한론을 주장했던 기도 다카요시(木戸孝允)

기도는 일본 전체가 소막부(小幕府)의 상태로 분열되어 있다고 보고, 이를 극복하기 위한 방법으로 정한론을 건의했지만, 그렇다고 명분 없이 무력으로 침략하는 것이 아니라 근대 국제법(만국공법)의 외교 원리에 의한 국교를 수립하되 만약 조선이 이를 거부하면 그때 정벌하자는 논리를 내세웠다. 조선 침략이 일본에 경제적 이익을 줄 만큼의 실익을 가져다주는 것은 아니지만 황국 일본의 토대를 세우고 발전시키기 위한 절호의 방책이니, 우선 부산만이라도 개항시키고 이후 2~3년 안에 정한의 효과가 나타나면 황국의 기초가 세워지면서 영구히 발전할 수 있기 때문에, 조선 정벌은 북해도 개발론이나 과거 토요토미가 무계획적으로 침략한 것과는 다르다는 주장이었다.

그 결과 1869년 12월 3일, 신정부는 기도를 청국과 조선에 파견할 전권대사로 임명했지만, 이제 막 출범한 신정부는 우선 해결해야 할 국내 문제가 많다는 논리로 기도가 주장했던 대조 외교에는 소극적인 자세를 취했다. 그럼에도 불구하고 기도는 조선에서 귀국한 대마번의 오시마 도모노조(大島友之允, 1826~1882)로부터 정부 보고에 한발 앞서 조선 상황을 보고받을 정도로 구 대마번 측과 빈번히 접촉을 시도하면서 조선의 최근 움직임을 청취하기도 했다. 그러나 기도가 조선 문제에 대해 병적으로 집착하면서 열심히 뛰어다니고 싶어도 체력이 따라주지 않았다. 과도한 음주 습관과 지속적인 피로 누적에 더해 결장암까지 발병하면서, 그의 조선에 대한 야망은 살아생전에 이루지 못했다.

⁂ 메이지 지도자들의 대외 인식[8] ⁂

메이지 시대 지도자들의 공통적인 대외 인식은 어땠을까? 한마디로 국가가 독립을 유지하기 위해서는 주변 지역을 일본의 세력 범위에 두는 것이 불가피하다는 대외 인식을 갖고 있었다. 메이지유신을 주도하고 메이지 정부의 실권을 장악한 지도자들은 서구 열강의 식민지화에 대한 위기의식을 제거하기 위해서는 징병제를 실시하고 군비를 증강시켜 부국강병을 만들어 침략 정책을 추진해 나가야 한다는 굳건한 믿음이 있었다. 그러나 1868년 1월, 신정부의 외교 원칙을 집약한 기본 방침인 태정관(太政官) 포고문을 살펴보면, 이러한 강경한 대외 인식과는 달리 대외화친(対外和親), 국위선양(国威宣揚)을 핵심 키워드로 내세우고 있는 것을 확인할 수 있다. 이에 따라 구 막부가 서구 열강들과

---

8   방광석(2025)의 논문 참고.

조약을 체결하는 과정[9]에서 치외법권을 인정하고 관세자주권을 박탈당했던 불평등한 조약은, 신정부가 그대로 이행하는 것이 열강의 무력 개입에 대한 위협을 최소화할 수 있으니 그대로 두겠다는 것이다. 불평등한 조약이더라도 그대로 존중한다는 모습 자체가 국제사회에서 문명국으로 받아들여질 것이라는 순진한 발상을 택한 것이다. 다만, 장기적 측면에서는 만국공법에 바탕을 두어 개정할 수 있도록 외교 방침을 세웠다. 이러한 대외화친은 정치적 선언이면서도 정권 안정과 국제 정치에 대응하기 위한 오개조서문(五箇條の御誓文)에 잘 나타나 있다.

> "구래의 악습을 타파하고 천지의 공정한 도리(公道)에 바탕을 둔다."
> "세계의 지식을 구하여 크게 황기(皇基)를 진기(振起)시킨다."
> "모든 정사를 여론을 모아 공정하게 결정한다."
> "상하 신분 차별 없이 관민이 국가 운영에 참여한다."
> "모든 백성이 자기 뜻에 따라 자유롭게 직업을 선택하게 한다."

물론 이것은 서문이기 때문에 법적 구속력이 약할 수밖에 없지만, 메이지 신정부의 기본 철학과 정신이 반영되면서 근대국가를 설계하는 기본 원리로 활용되었을 뿐만 아니라 일본이 근대국가에 진입했다는 메시지를 서구에 보여주려고 노력했다는 것을 알 수 있다.

---

9   이 부분에 대한 자세한 내용은 제9장 '대미 외교'의 '일본을 개항시킨 미국'에서 다루었으니 참고하기 바란다.

한편, 지금의 국제법(International Law)에 해당하는 만국공법은 헨리 휘튼(Henry Wheaton, 1785~1848)의 『Elements of International Law(국제법의 요소)』를 1864년에 『萬国公法(만국공법)』으로 번역한 것으로, 메이지 지도자들은 이를 서구 열강들과의 외교 관계에서 필요한 국제 규범으로 받아들였다. 당시 일본은 국제법을 배워야 문명국으로 인정받을 수 있고, 일본이 당했던 것처럼 일본이 향후 주변국들과도 불평등조약을 추진할 수 있다는 논리하에 이를 근거로 삼아 조선과 청과의 관계도 서구식 국제법 원리에 맞춰야 한다고 주장했다. 결과적으로 만국공법은 단순한 법률서가 아니라 동아시아 전통 질서를 무너뜨리고 일본 제국주의를 정당화하는 사상적 무기가 된 것이다.

⟨ 만국공법이 만능은 아니다 ⟩

메이지 신정부의 지도자들이 만국공법에 대해 높은 관심을 보인 이유는, 만국공법을 국제법규로만 받아들인 것이 아니라 국제 관계를 규율하는 자연법적 조리 이상으로 받아들였기 때문이다. 그렇다고 메이지 정부 지도자들이 만국공법을 절대적으로 신뢰하거나 의지한 것은 아니었다. 19세기 당시의 국제법, 즉 만국공법의 대등하고 평등한 질서는 오로지 서구 열강들 사이에서만 적용되어 그들에게 유리하게 이용될 뿐, 이외 국가들은 사실상 배제된 수준이었다. 국가 간의 외교라는 것도 결국은 약육강식(弱肉強食)이라는 힘의 논리에 의해 작동하고 있다는 것을 눈치챈 일본은 서양 열강의 압박 때문에 어쩔 수 없이 만국공법을 준수하는 척할 뿐, 기회만 주어진다면 자국 또한 서구 열강과 마찬가지로 주변 아시아 지역에 대한 국권을 확장시키는 정책을 펼쳐야 한다는 논리가 대세를 이뤘다.

요코하마(橫浜) 항구에서 출발한 이와쿠라 사절단(岩倉使節団, 1871. 12.~1873. 9.)에 탑승했던 메이지 지도자들은 미국과 유럽 12개국을 시찰하는 동안 서구의 발달된 물질문명에 감탄하는 것에 그치지 않고 만국공법이 불평등한 법적 체계, 즉 서구가 일본이나 조선을 포함한 비문명국의 주권을 제한하고 영토를 획득하는 것을 합리화시키는 수단임을 간파해 냈다. 그리고 일본이 월등히 열세라는 점도 덤으로 자각했다. 이러한 인식 체계의 전환은 향후 일본의 의사 결정에 중요한 영향을 미쳤다. 즉, 이웃 국가들에 대한 국권 확장 논리는 구미 열강과 대등한 지위에 오르고 싶다는 일본의 강한 의욕이 실제적인 계획으로 구체화된 것이라고 볼 수 있다.

한편, 천황 중심의 신정부에서 권력을 장악한 주요 번(藩) 출신의 번벌 관료들 중에서는 요시다 쇼인(吉田松陰, 1830~1859)의 영향을 받아 일본의 근대화를 이끈 지도자들이 다수 있다. 앞서도 등장했던 인물이기는 하지만 정리하는 차원에서 한번 더 소개하자면, 우선 조슈(長州) 출신으로는 기도 다카요시(木戸孝允, 1833~1877), 이토 히로부미(伊藤博文, 1841~1909), 야마가타 아리토모(山縣有朋, 1838~1922) 등이 있고, 사츠마(薩摩) 출신으로 사이고 다카모리(西郷隆盛, 1828~1877), 오쿠보 도시미치(大久保利通, 1830~1878) 등이 있다.

이들 중 야마가타 아리토모는 근대 일본 육군의 아버지로 불리는 인물로서, 막부와의 전쟁에 직접 참가했고 신정부 수립 후에는 오무라마스지로(大村益次郎, 1825~1869)의 뒤를 이어 군대 창설의 핵심 역할을 맡았다. 그는 처음부터 국내의 치안 유지가 목적이 아니라 대외 팽창용 군대를 만들기 위한 구상을 갖고 있었기에, 메이지유신 직후 프랑스와 독일로 군사 시찰을 다녀와 '군비의견서(軍備意見書, 1871. 12.)'를 제출해 근대적 군대 건설을 주장했다. 그리고는 이 보고서를 바탕으로 국민들의 반발을 물리치고 1873년 프랑스식 징병제를 본떠 징병제를 제정하였다. 그러나 청나라 군사력에 비하면 메이지 정부의 지상군 숫자는 4만여 명에 불과하다는 점에서 부족하다고 느낀 야마가타는, 육해군 병력을 확대하고 여기에 더해 군함과 각종 무기 수입을 증강해야 한다고 주장했다. 야마가타를 근대 일본 육군의 아버지로 부르는 이유가 여기에 있다.

앞서 하급 사무라이 출신의 기도 다카요시에 대해서 설명했지만, 그는 존왕양이론을 지지한 산조 사네토미(三條實美, 1837~1891)와 이와쿠라 도모미에게 보낸 서한(1868. 1. 4.)에서 "조선 정도는 황국(皇国)의 판도로 추가하여 조선에 일본부(日本府)를 만들어두어야 한다고 생각한다"[10]라며, 요시다의 팽창론을 조선 침략론으로 구체화시킨 인물이기도 하다. 기도는 1868년 11월 8일 일기에서도 다음과 같이 주장했다.

"황국(皇国)의 병력이 서양 강국을 대적할 수 있을 만큼 갖추어지지 않으면 만국공법도 믿을 수 없다. 약자에 대해서는 크게

---

10   『木戸孝允文書』第3, pp.72~75.

공법의 이름을 빌려 이득을 꾀하는 것이 적지 않다. 따라서 만국 공법은 약자를 빼앗는 하나의 도구이다."[11]

그리고는 다음 해 다시 산조와 이와쿠라에게 서한(1869. 2. 1.)을 보내 막연한 침략론을 조금 더 구체화한 정한론을 제안하였다.

"이전에도 말씀드렸듯이 정한일건(征韓一件)을 잘 생각하신 다음 결단해 주시기 바랍니다. 정한이라 하더라도 처음부터 무력으로 정벌하는 것은 아니고 황국의 국시(国是)로 정해진 것을 가지고 세계의 조리(條理)를 추진해 이에 거스를 때는 즉각 무력을 통해 정벌하더라도 당연한 것이라 생각합니다. … 마침내 정한을 결단하여 하코다테(函館)를 평정한 다음 정한의 준비에 착수해 실력으로 조선의 부산 쪽에 항구를 개항하기 바랍니다. … 황국의 대방침을 세워 억만창생(億萬蒼生, 모든 백성)의 눈을 내정에서 외교로 돌리고 육해군의 군사적 기능도 착실히 높여 황국을 크게 흥기(興起)하여 만세에 유지하는 것 외에 다른 방책은 없습니다."[12]

결국 1875년 9월 일본은 군함 운요호(雲揚号)를 보내 조선을 도발하고 포함외교(砲艦外交)로 강화도 사건을 일으켰다. 1811년 일본 본토에

---

11   妻木忠太編(1932), p.138.

12   妻木忠太編(1932), pp.237~243.

도착하지도 못한 채 대마도에서 급하게 돌아온 조선통신사 이후 단절되었던 양국의 공식 외교가, 강화도 침략이라는 아픈 역사를 통해 강제로 재개되기까지 65년이 걸렸고, 그 사이 우리는 일본을 연구하지 않았다.

주지하듯 일본이 군함 6척을 이끌고 와 수교를 강요한 '조일수호조규'(1876. 2.)는 이러한 노골적인 군사행동과 압력을 배경으로 이루어졌다. 조약의 제1조에 "조선국은 자주지방(自主之邦)으로 일본국과 평등한 권리를 보유한다"라고 규정하여 류큐(琉球)와 함께 조선을 청국의 번속국에서 분리시켰다. 1854년 미국을 시작으로 일본이 서양 열강과 불평등하게 맺었던 조약을 조선에 그대로 강요한 것이다. 만국공법이라는 글로벌 스탠더드로 절차에 하자가 없는 정당한 방법이라며…….

1876년 2월 27일, 강화도 연무당에서 조선 외교 대표가 조약을 체결하는 모습

⁂ 류큐처분 ⁂

일본은 전통적으로 청국과 종속 관계를 유지해 왔던 류큐를 강제

로 병합하는 '류큐처분(琉球処分)'을 실시했다. 류큐처분은 일본 최초의 근대적 영토 병합이자 근대국가 통합의 상징적 사건으로 기록되면서 이후 대만과 조선의 식민지 지배로 이어지는 첫 단추를 여민 신호라고 볼 수 있다. 류큐는 오랫동안 왕통을 이어오면서 언어, 풍속, 종교, 학문 분야에서 상대적으로 독자성을 갖고 있으며 17세기 이후 청국과 일본에 양속(兩属)하는 독립 왕국이었다. 그러나 메이지유신 이후 신정부는 1875년 청과의 조공, 책봉 관계를 중단할 것을 명령하고, 1879년에는 군과 경찰을 류큐에 파견하여 류큐 왕국의 마지막 국왕인 쇼타이왕(尚泰, 1843~1901)을 폐위해 도쿄로 강제 이주시킨 후 화족(華族) 신분으로 강등시키고는 후작(侯爵)에 봉했다. 그리고는 류큐를 오키나와현(沖縄県)으로 승격하여 일본 행정 체제에 편입시키고 중앙정부의 관료를 파견하여 직접 통치하기 시작하였다. 청이 전통적 조공국 지위를 주장하고는 이를 승인하지 않았지만, 당시 두 차례의 아편전쟁에서 패배한 데다 양무운동으로 혼란했던 시기와 겹치면서 일본에 군사적 대응이나 항의를 하기에는 벅찬 상황이었다. 따라서 일본은 사실상 청의 주장을 무시할 수 있었고, 이로써 약 450여 년 이어진 류큐 왕국은 역사 속으로 사라졌다.

그러나 갑작스레 끼어든 영국의 류큐 분할 통치라는 새로운 류큐 분도안(琉球分島案)이 타협안으로 제시되면서 일본 내에서는 대청강경론이 거세졌다. 1882년 임오군란 때 청국이 조선에 군대를 파병하여 대원군을 연행하고 군대를 주둔시키는 사태를 지켜본 메이지 지도자들은, 언젠가는 청과의 충돌이 불가피할 것으로 짐작하고는 육해군을 확장해 나갔다. 당시 참사원장 야마가타는 군비확장의견서(軍備拡張意見

書)를 제출하여 "유럽 열강과는 서로 멀리 떨어져 있어 직접 위협은 급박하지 않지만", "이전에 우리를 멸시한 인접한 외환"은 매우 급하다며 청국과의 전쟁에 대비하기 위한 군비 확장의 필요성을 주장했다.[13]

결과적으로 일본은 운요호 사건 이후 조일수호조규를 체결하는 과정에서 향후 청국과의 대결은 필연적일 수밖에 없을 것이라는 결론을 내리고 군비 확장을 진행시켰다. 이러한 대외 인식과 정책 노선이 정착되면서 메이지 지도자들은 대부분 해외 진출을 자연스럽게 받아들이게 되었고, 이후 야마가타가 제시한 '이익선(利益線, Line of Interest)'론을 국시(国是)로 확정했다.

야마가타는 일본의 안전을 위한 두 개의 선을 제시했는데, 하나는 일본의 법적 국경선인 주권선(主權線, Line of Sovereignty)이고, 또 하나가 '이익선'이다. 여기서 이익선이란 외부 세력으로부터 주권선을 보호하기 위해 사전에 영향력을 확보해 두어야 하는 국경 밖의 범위를 포괄하는 선, 다시 말해 주권선이 뚫려 국가 존망의 위기가 발생하는 일이 없도록 실질적으로 방어해야 하는 한계선을 의미한다. 즉, 일본의 생존과 안전에 절대적으로 필요한 최소한의 안전 경계선을 설정하고, 이 영역 안에서는 국가 이익을 위해 무력 사용을 포함하여 모든 수단을 동원할 수 있으며, 반대로 이 영역 밖에서는 무리한 팽창이나 간섭을 피하고, 외교·경제적 방법으로 대응하자는 군사 외교적 논리라고 할 수 있다. 한마디로 국경선인 주권선만 지켜서는 나라를 지킬 수 없으니 필요하다면 군사력을 동원해서라도 개입하거나 통제해야 하는 국

---

13   日本史籍協會 編(1966), p.118.

경 외부 지역을 구분 짓겠다는 사고이며, 당시 일본이 생각했던 이익선의 핵심은 결국 조선이 되는 것이다.

> "조선은 일본의 목을 겨누는 단검과 같다(朝鮮ハ日本ノ咽喉ニ刺サ
> ル短刀ナリ)"

이때 당시 나온 논리 중 하나가 '한반도 흉기론'이다. 한반도는 일본을 겨누는 흉기(칼)와 같은 위치에 있으니, 만약 다른 강대국이 한반도를 차지하면 일본의 심장부가 위협받기 때문에 일본이 한반도를 먼저 지배하거나 통제해야 일본의 안전이 보장된다는 침략 논리다.

요컨대 이익선론은 다른 강대국(청·러시아)이 조선을 장악하면 일본 본토 방어가 거의 불가능하다는 판단하에, 당장은 아니더라도 언젠가는 반드시 조선을 통제해야 한다는 이론인 셈이다. 이는 방어라는 이름으로 침략을 정당화하려는 시도이며, 일본이 주권 보호라는 명분 아래 언제든 이익선을 조선에서 만주와 중국 대륙으로 확장할 수 있다는 점에서 상당히 위험한 신념 체계이기도 하다. 결국 이익선론은 일본 근대 외교 정책의 원리적 기초가 되면서 청일전쟁(1894~1895)과 러일전쟁(1904~1905) 등에서 일본의 국익 목표 설정에 영향을 주었을 뿐만 아니라 오늘날 일본의 국가 전략에서 방어와 확장의 균형을 정하는 의사결정에도 영향을 미쳤다.

류큐(琉球) 합병, 타이완 침공, 강화도 사건 등을 거치며 형성된 일본의 과잉 방어적인 대외 팽창 노선은, 주권선을 방어하기 위해서는 이익선을 확보해야 한다는 전략으로 확대해석되면서, 결과적으로는 근

대 일본의 제국주의로 정착되어 갔다.[14]

2025년 11월, 다카이치 사나에 총리가 국회의 중의원 예산위원회 답변에서, 대만 유사시 중국의 무력 개입이 발생한다면 이는 일본의 집단적 자위권 발동 요건에 해당하는 '존립 위기 사태'에 해당할 수 있다고 언급한 것을 떠올려 보자. 이 발언은 대만 문제에 대한 일본의 실질적 개입 가능성을 직접화법으로 표현하면서 기존의 일본 정부 방침을 벗어나려는 시도로 받아들여졌고, 일본 안팎에서도 논쟁이 일어났다.

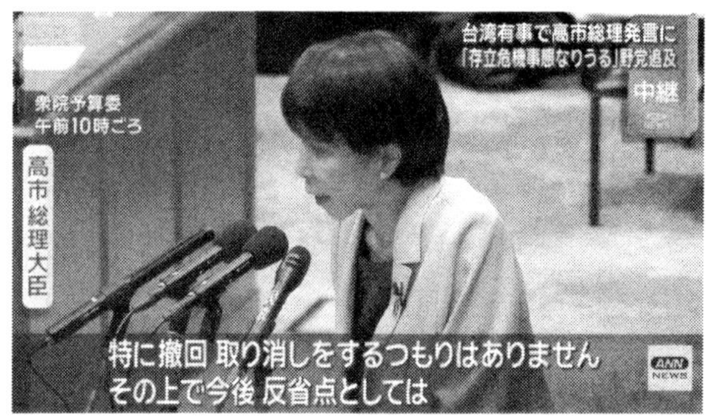

대만 유사시 중국의 무력 개입이 일본이 존립 위기 사태에 해당한다는 발언 이후,
이를 철회할 생각이 있느냐는 질문에 그럴 생각은 없다고 답변하는 다카이치 총리
[출처: TV 아사히 계열 뉴스네트워크인 ANN 보도 캡처(2025. 11. 10.)]

필자는, 과거 제국 일본이 이익선을 근거로 일본 내부의 방어에만 국한하지 않고 주변 지역을 포함하여 자국 안보의 범위로 봤듯이, 오

---

14   藤村道生(1961) 참고.

늘날 대만 문제도 자국의 안보와 직접적으로 연결 지으려는 역사적 연속성의 가능성 측면에서 바라보고 있는 것이 아닌가 하는 합리적인 의심이 든다. 일본식 지정학적 사고의 근본이 19세기 말 야마가타의 이익선과 어느 정도 유사한 측면이 보이기 때문이다. 아니 어쩌면 그 연장선상이 아닌가 하는 우려를 감출 수가 없다. '대만 유사시는 곧 일본 유사시일 수 있다'라는 식의 다카이치 총리의 발언은 바로 이 논리를 가장 노골적으로 언어화한 것이다.

오늘날 동아시아 안보 환경에서 논의되는 대만 유사시 문제를 일본이 자국의 안보와 직접적으로 연결시키려는 인식 역시 일정 부분 이러한 지정학적 사고와 유사한 측면을 보이고 있다. 즉 일본이 대만 해협에서의 군사적 충돌 가능성을 단순한 지역 분쟁이 아니라 자국의 안보와 직결되는 사안으로 바라보는 시각은, 과거 제국 일본이 주변 지역을 자국 방어의 전략적 범위로 간주했던 사고방식과 일정한 연속성을 지니는 것처럼 보일 수 있는 것이다. 마치 일본 본토의 주권선을 지키기 위해, 그리고 한반도와 대만 등 주변 지역의 이익선을 안정시키기 위해 사전에 개입이나 통제가 필요하다고 주장했던 야마가타의 과거 제국주의적 팽창 논리가 오버랩되는 것은 너무 과한 우려인가?

⚜ 쇼윈도 외교의 대명사, 로쿠메이칸 ⚜

1941년에 철거되면서 지금은 사라진, 일본 쇼윈도 외교의 대명사라고 할 수 있는 로쿠메이칸(鹿鳴館). 시경(詩経)의 '녹명의 시(鹿鳴詩)'에서 유래한 로쿠메이(鹿鳴)란, 세상에서 가장 아름다운 사슴의 울음소리처럼 먼 타국에서 오는 손님을 그렇게 대접하겠다는 의미다. 로쿠메이칸은 메이지유신 이후 새롭게 들어선 신정부가 1883년 도쿄역 근방의 히비야(日比谷)에 외빈 접대를 위해 프랑스 르네상스식 석조 건물로 지어 메이지 정부의 서구화, 그리고 외교 전략을 상징하는 장소로 활용했던 곳이다. 이날 낙성식에 약 1천 2백여 명이나 초대받았다고 하니 당시 로쿠메이칸의 위상이 어느 정도였을지 짐작이 간다.

메이지 신정부 리더들은 서구 열강과 체결했던 불평등 조약을 개정하기 위해서는 군사, 경제뿐만 아니라 사회 문화적 이미지까지도 서구의 눈에 맞출 필요가 있다는 엉뚱한 생각을 했다. 원래는 국빈을 맞이하기 위해, 그리고 외교관을 접대하기 위한 사교장으로 건립하면서 1층에는 호텔의 기능을, 2층에는 바와 당구장까지 마련하였지만, 이러한 고유의 목적과는 별개로 이곳에서는 연일 유럽식 연회와 무도회가 열렸고, 일본 고위층과 관료들은 남녀 불문하고 서양식 문물을 익히고 즐기기에 여념이 없었다.

19세기 로쿠메이칸의 모습. 그러나 외국 귀빈의 숙소 등 외교 시설로서의 기능이 1890년 개관한 제국호텔로 이전되면서 1941년 철거되었다.
[출처: NHK 다큐멘터리]

당시 일본 외교의 목적은 오로지 이 조약을 평등하게 개정하는 것에 모든 힘을 쏟았는데, 이를 책임진 외무대신이 바로 이노우에 가오루(井上 馨, 1836~1915)였다. 그가 자신의 생일에 맞추어 로쿠메이칸 낙성식을 추진한 것은, 문명화된 일본의 모습을 외부에 보여주면 이를 본 서양 열강들이 일본을 서구와 동등한 국가로 인정할 것이라고 생각했기 때문이다. 이노우에는 로쿠메이칸을 외교 무대의 장으로 활용하려고 했던 것이다.

이렇게 소위 엘리트라고 자부하는 사람들이 서양식 예절과 패션, 그리고 댄스를 무리하게 익혀가며 서구 열강들 앞에 일본이 얼마나 문명화됐는지 보여주기 위해 애를 썼다는 점이 지금 시점에서는 유치하게 보일 수도 있다. 게다가 그들 대부분은 서구식 무도회의 매너도 모를 뿐만 아니라 어떤 순서로 포크와 나이프를 들어야 하는지조차 몰랐으니, 당시 연회에 참여했던 서구인의 시각에서 볼 때는 정말 가관이었을 것이다. 아무리 일본이 서양식 건물을 세우고 드레스와 연미복을 입고 치장한들, 서구인의 우월 의식과 인종차별이 만연했던 19세기 말엽의 분위기에서, 아시아 국가라는 지정학적 위치와 차별을 깨기에는 한계가 있었다. 게다가 일본의 국수주의자들도 로쿠메이칸을 퇴폐 문화의 소굴이라고 공격했던 시절이었으니, 이노우에의 생각이나 의도와는 달라도 너무 달랐던 것이다.

결과적으로 1858년에 서구 열강 5개국과 불평등하게 맺었던 안세이5개국조약(安政五個国條約)의 개정은 실패했고, 이에 책임을 느낀 이노우에는 외무대신을 사직해야 했지만, 그렇다고 로쿠메이칸식 외교마저 실패했다고는 볼 수 없다. 알맹이 없는 건축 양식이나 무도회를 따라 하는 것이 그저 서양 흉내나 내려는 원숭이(monkey show)처럼 보였을지는 몰라도, 국제사회, 더 정확히는 서구 열강의 힘의 논리와 약육강식의 국제사회를 이해하는 발판을 마련했다는 점은 부정할 수 없기 때문이다.

로쿠메이칸 무도회의 실제 모습을 풍자화한 우키요에.
일본 상류층이 서양식 드레스를 입고 왈츠를 추는 장면이다.

이후 메이지 신정부 관료들은 군사력과 법률 시스템을 체계화해야 한다는 절실함을 느꼈고, 경제구조와 인프라를 구축하여 근대화를 추진해야 한다는 교훈을 얻어냈다. 그리고 1889년 메이지 헌법을 제정하면서 근대 법률 체제를 완성하였고, 1894년에는 영일 통상항해조약을 체결하면서 불평등하게 조약했던 치외법권을 폐지할 수 있었으며, 이후 1911년에 이르러서는 미국과의 불평등 조약을 폐지하고 관세자주권을 회복할 수 있었다.

어찌 되었든, 로쿠메이칸이 일본의 국수주의자들 눈에는 부끄러운 외교처럼 보였을지 모르겠으나, 그럼에도 불구하고 유럽 흉내를 멈추지 않은 덕분인지, 훗날 다이쇼 시대(大正時代, 1912~1926)로 접어들면서 모던걸과 모던보이로 연결되는 대중문화의 토대를 만들어 냈다. 나아가 일본은 지금도 유럽식 외교의 전통을 중시하는 경향이 강해 일본의 국빈 만찬 참석자들은 턱시도 정장을 의전상 관례로 여기고 있으며, 식사 또한 대부분 일식이 아닌 양식 메뉴이다. 내각을 구성할 때 모든 대신이 연미복을 입고 총리관저 계단에서 사진을 찍는 것도 우리의 시각에서는 '서양 따라쟁이'처럼 보일 수 있지만, 그렇다고 로쿠메이칸의 역사적 의미마저 평가절하할 수는 없다. 그것이 긍정적이든

제2차 다카이치 내각이 구성되고 국무대신 임명식(2026. 2. 18.) 후에 총리관저 계단에서 기념촬영을 하고 있다. 남성의 경우 연미복을, 여성의 경우 원피스 드레스를 착용하는 것이 오래된 관례이다.

부정적이든, 자국이 처한 불평등한 조약을 개정하려는 노력의 일환으로서 외교 협상을 위한 발판을 마련하는 데 기여했다는 점은 부정할 수 없기 때문이다.

그에 비해 오늘날 일본의 외교는 그리 뛰어나게 평가받고 있지는 않은 듯하다. 트럼프와의 관세 협상에서 보여준 이시바 내각의 준비 부족과 트럼프와의 어색한 대화와 표정, 그리고 미흡했던 전략적 대응이 비판을 받았던 점을 떠올려 보면 그렇다. 2025년 10월 31일, 경주 APEC에서 시진핑 국가주석과 만난 다카이치 총리의 굳은 표정도 마찬가지다. 로쿠메이칸의 역사적 경험이 오늘날 일본 외교의 교훈으로 이어지지는 못한 것 같다.

반대로 우리나라는 로쿠메이칸과 같은 유무형의 오래된 유산은 없을지라도 지금은 뛰어난 외교력을 펼치고 있다. K-문화에 더해 스포츠와 예술 분야에서 전 세계를 상대로 활약하고 있는 인재들 덕분에 한국에 대한 긍정적 이미지와 더불어 뛰어난 첨단 산업과 제조 역량이 뒷받침되면서 외교 협상에서도 유리한 고지를 얻어낼 힘을 발휘하고 있다. 그중에서도 K-방산은 단순히 무기만 파는 수준을 넘어 글로벌 주요 무기 수출국으로 자리 잡아가고 있다는 평가가 나올 정도다.

2023~2025년 한국 방위산업 수출은 약 1,300억 달러 수준의 연간 계약을 체결했으며, 2025년 수출 계약 금액은 약 130~140억 달러로 보도된 바 있다. 수출 대상 국가도 점차 확대되면서 최근에는 폴란드, 사우디, UAE, 노르웨이, 핀란드 등 유럽과 중동 국가까지 이르고

있고, 그중에서도 폴란드는 2025년에만 약 65억 달러 규모의 K2 전차 (180대) 공급 계약을 체결하면서 한국 방산 수출에서 압도적인 비중을 차지했다. K9 자주포뿐만이 아니다. FA-50 경공격기, K239 천무 다연장 로켓 등도 한국 방산 수출의 핵심 거래로 꼽힌다.[15] 이런 흐름 때문에 국내에서도 'K-방산 산업이 국가 전략 산업으로 평가받고 있다'라는 긍정적 평가가 많다.

세상은 끊임없이 변하면서 새로운 질서를 만들어가고 있다. 한 시대에 형성된 역사적 경험과 과거의 유산은, 때로는 오늘을 살아가는 우리에게 중요한 자산이자 힘이 될 수 있다. 그러나 그러한 유산이 부족하거나 존재하지 않는다고 해서 반드시 뒤처지는 것은 아니다. 중요한 것은 과거 그 자체가 아니라, 변화하는 환경 속에서 현실을 정확히 읽고 새로운 길을 모색하려는 의지와 역량이기 때문이다.

따라서 역사적 경험과 자산은 그 나름대로 중요하게 여겨야 하겠지만, 그것에 지나치게 얽매이기보다는 끊임없이 변화하는 국제 질서 속에서 자국의 이익과 역할을 냉정하게 판단하고 능동적으로 대응하는 지혜가 필요하다. 이러한 균형 잡힌 인식과 역량이 준비되어 있다면, 향후 국제 외교 무대에서 국익을 우선적으로 고려하면서도 책임 있는 역할을 수행하는 데 중요한 힘으로 발휘될 수 있을 것이다.

15　　네이트뉴스(2026. 1. 19.), "LIG넥스원, 협력사 기술개발 판로 지원… K방산 수출 날개" 기사 참고.

3.

일본의 외교 정책

3.
일본의 외교 정책

'외교 정책의 기조'란 그 나라의 국내 상황과 국제적 흐름이 동시에 반영된 것으로, 자국의 이익을 최대로 확보하기 위해 취하는 대외 정책의 기본 원칙을 말한다. 따라서 어느 한 나라의 외교 정책을 파악하기 위해서는 우선 외교 정책의 원칙과 기조를 공부해서 그 나라의 근본적인 외교의 방향이 무엇인지를 살펴볼 필요가 있다.

일본이 지금과 같은 글로벌 위상을 갖추게 된 것은 서구 선진국들과 적대 관계를 만들지 않으면서 동시에 상호 의존적 국제 관계를 잘 활용해 국제 교역 환경을 원만하게 조성하기 위해 노력했던 외교적 성과이기도 하다. 우리 시각으로는 일본 외교가 선진국 눈치나 보는 비겁한 행동처럼 보일 때도 있지만, 외교의 본질은 이상적 가치나 도덕적 기준만으로 판단하는 데 있지 않다. 국제사회는 서로 다른 이해관계와 힘이 교차하는 공간이기 때문에, 현실 속에서 작동하는 힘의 균형과 국가 간 역학 관계를 냉정하게 파악하고 그에 맞게 대응하는 능력이 무엇보다 중요하다.

이러한 점에 비추어 볼 때 일본 외교는 성리학적 질서가 지배했던 조선 사회처럼 선과 악의 도덕적 기준을 중심으로 세계를 이해하고 판단하려고 하지 않는다. 물론 도덕적 가치와 명분을 완전히 배제할 수는 없지만, 국제 정치의 실제 작동 원리는 궁극적으로 국가의 이익과 힘의 관계 속에서 결정되는 경우가 대부분이기 때문이다.

따라서 성공적인 외교를 수행하기 위해서는 국제 질서 속에서 작용하는 다양한 힘의 논리를 분별하고, 변화하는 상황에 맞추어 유연하고도 현실적인 대응을 모색할 필요가 있다. 이러한 역량은 단순히 일시적인 대응 능력에서 비롯되는 것이 아니라, 국가가 장기적으로 어떤 방향을 지향할 것인지에 대한 명확한 외교 정책의 기조를 확립하는 데서 출발한다. 국가가 설정한 외교 전략과 정책의 기본 틀이 분명할 때 비로소 외교적 선택과 행동도 일관성을 유지할 수 있기 때문이다. 그런 점에서 일본이 패전의 고통을 뒤로하고 국제 무대에 진출하기 위해 초창기 단계에서 정립한 주요 세 가지 외교 정책 기조의 특징을 정리해 보도록 하자.

첫째, 전후 일본 외교 정책의 기조는 미국이 중심이기는 하지만, 서방 국가와도 유대를 강화하고 안보를 유지하여 경제 발전을 달성하자는 일명 '국제주의 외교'로 요약될 수 있다. 이는 일본과 정치 이념이나 경제, 그리고 사회 체제를 달리하는 국가들이라고 해서 외면하지 않고, 가능한 모든 국가들과 우호적으로 관계를 유지해 나가겠다는 외교 노선이다. 이러한 외교 노선을 취하려는 이유는 단순하다. 전후 일본이 당면했던 시급한 과제는 독자적인 군사력 확대가 아니라 국제 협력과 동맹을 통한 안보 확보라는 외교 노선을 통해 경제 부흥을 하고자 했기 때문이다. 문제는 에너지 자원이 절대 부족한 일본이 경제 성장에 제약을 받지 않기 위해서는 상호 의존적인 국제 환경을 효율적으로 이용해야 했고, 그래서 전방위 외교와 등거리 외교, 그리고 평화 외교라는 구체적 방식으로 접근하고자 했던 것이다.

전후 일본 재건에 있어 명분보다 실리를 추구했던 요시다 시게루(吉田 茂, 1878~1967), 후세들은 그래서 그를 '슈퍼 현실주의자', '안보 무임승차론자'라고 불렀다.

[출처: 일본국립국회도서관]

이러한 외교 방식을 적극 실천한 인물이 바로 요시다 시게루(吉田 茂, 1878~1967)이다. 요시다는 총리 재임(1차 1946. 5.~1947. 5., 2차 1948. 10.~1954. 12.) 시 미국이 요구하는 대규모 재군비에 응할 경우 일본의 국력이 쇠퇴할 것이라는 이유로 반대 입장을 취한 인물로, 서방 국가들과의 유대 관계를 중시하고 안보는 미국에 의존하면서 최소한의 방위력을 유지한 채 경제 외교는 중시하겠다는 기본 원칙을 내세웠다. 패전 후 인프라가 무너진 상황에서 경제 중심주의를 외교의 기초로 설정한 일본이, 이데올로기가 첨예하게 대립된 미소 양극 체제하에서 자국의 안보 유지를 미국에 절대적으로 의존하여 일본의 방위비 지출을 줄이는 대신 경제 부흥이라는 과제를 해결할 수 있다고 계산한 것이다.

둘째, 이런 상황에서 일본의 외교 원칙은 '유엔과 아시아 중시'의 조항이 첨가되는 변화를 보이기 시작했다.[1] 유엔을 중시하는 이유는 1956년 일본이 소련과 국교 정상화 이후 유엔에 가입하고 국제사회의 일원이 되면서 유엔을 통한 집단 안전보장을 기대했기 때문이다. 더 나아가 일본은 미국을 통해 얻게 되는 경제적 이익과는 별개로, 외교의 자율성까지 제약받으면서 일방적으로 미국에 의존하는 안보가 아니라 국제기구인 UN을 통한 다원적 형태의 안보를 원했다. 즉, 국제 무대에서 단독으로 행동하는 것보다는 WTO, G7 등 국제기구 중심의 외교, 다자주의 중심의 외교 등을 선호하고 국제 규범과 질서를 강조해 왔다.

아시아의 일원으로서의 입장 견지라는 조항을 첨가한 것도 비슷한 맥락이다. 제2차 세계대전에서 패배한 이후 아시아에서의 일본의 영향력은 과거 제국이었을 때와는 확연히 달라졌기 때문에 아시아에서 일본의 위치를 재확인하고 싶어 하는 동시에 아시아에 대한 지도력도 회복하고자 한 것이다.

셋째, 일본 외교의 기조를 이루는 또 하나의 원칙은 '소극적 평화주의, 소극적 국제 개입'이다. 우선 전쟁을 하지 않음으로써 평화를 유지한다는 소극적 평화주의는 전후 일본헌법 제9조와 깊게 연결되어 있다. 일본헌법 제9조의 골자는 전쟁을 국가의 수단으로 쓰지 않겠다는

---

[1]　1958년 외교청서에 나타난 변화이다. 일본의 외교청서는 기본적으로 전년도 국제 정세에 관한 인식을 바탕으로 일본의 외교 활동을 정리하고 앞으로 어떻게 전개해 나갈 것인가를 전망하지만, 예외적으로 연초의 사항을 포함시키기도 한다.

것, 무력을 이용한 분쟁 해결을 최대한 피하겠다는 것, 그리고 일본과 직접적인 관련이 없는 국제 분쟁에는 개입하지 않겠다는 것이다. 이를 '일본식 평화주의'로 해석하기도 하는데, 무력을 써서 평화를 만드는 것이 아니라 애초부터 싸움에 끼지 않는다는 방침이기 때문에 무력이나 국제 개입도 불사하며 평화를 지키려는 적극적 평화주의[2]와 대비되기도 한다.

소극적 국제 개입 역시 일본의 국익이나 안전과 직접적인 관련이 없는 국제 분쟁에는 깊게 개입하지 않겠다는 일본식 외교 안보 차원에서의 행동 원칙이다. 그러니까 혹여라도 다른 나라에 내전 및 지역 분쟁이 발생하더라도 군대를 보내지 않을 뿐만 아니라 혹시라도 어쩔 수 없이 참여를 강요받게 되더라도 비전투, 후방 지원 위주로 참여하겠다는 것이다. 동맹인 미국이 국제사회에서 발생하는 다양한 형태의 분쟁에 개입하는 군사행동을 하더라도 일본이 직접 참전하기보다는 재정 지원이나 기지 제공 정도에 머물러왔던 이유 역시 이러한 원칙에서 기인한다. 즉, 일본의 입장은 제2차 세계대전 이후 동서 냉전 체제하에서 발생하는 각종 국제 분쟁에 개입될 수 있는 여지를 미연에 방지하되, 대신 인도적 지원과 경제 원조, 또는 재건을 지원하는 비군사적 기여 정도는 가능하다는 것이다. 이는 소위 정경 분리 원칙을 근거로 삼아 상당히 오랫동안 일본이 견지해 왔던 원칙이기도 하다.

---

2   그러나 이러한 소극적 평화주의는 2012년 제2차 아베 내각이 출범하면서 바뀌게 된다. 아베는 집단적 자위권 허용과 방위 예산 증액, 무기 수출 3원칙 완화, 그리고 안보 관련 법제 일괄 재개정 등 적극적 평화주의를 국정 기조로 채택했다.

그렇다면 국제사회의 시각은 어땠을까?

일본의 안전보장 문제는 미국이 담당해 왔기 때문에 '안보 무임승차'라는 비난을 피할 수는 없었지만, 대신 미국의 군사적 보호하에 세계 제2의 경제대국의 반열에 오르면서 결과적으로는 '냉전의 최종 승자는 일본'이라는 비아냥을 칭찬으로 들어야 했다. 독일의 싱크 탱크인 국제안보연구소(SWP)의 한스 마울(Hanns W. Maull)은 일본이 군사력을 동반하지 않은 부드러운(soft) 대국으로의 성장이라는 독특한 성격을 지녔다는 의미에서 독일과 더불어 일본을 'Civilian Power(시민적 강국)'라고 칭했다.[3]

일반적으로 지금까지의 전통적인 강대국은 군사력과 경제력을 중심으로 국제 질서를 주도해 왔지만, 21세기에 들어서면서부터는 경제력과 도덕, 그리고 신뢰와 규범 등이 국제사회에 영향력을 미치는 핵심 요소로 부각되었다는 의미다. 한스 마울은 군사력에 의존하지 않고, 외교·경제·도덕적 권위 등을 통해 국제 질서에 영향을 미치고자 하는 독일과 일본이 이 개념의 대표 국가라고 제시하면서 이들이 보여주는 국제적 행동 패턴에 주목했다.

그렇다면 왜 일본이 'Civilian Power'국인가? 그건 제2차 세계대전을 일으킨 일본이 전후 헌법 제9조에서 전쟁과 군사력 사용을 명시적으로 금지하며 전후 국제사회에서 '평화 국가'로서의 정체성을 강조해 왔고, 또 ODA(공적개발원조) 세계 상위권 국가로서 국제사회에서 미국에 버금가는 영향력을 행사해 왔을 뿐만 아니라, 유엔평화유지

---

3   이기완 외 공저(2005), p.140.

활동(PKO)의 비전투 부문에도 참여해 왔기 때문이다. 다시 말해, 일본이 과거와 같은 총과 탱크가 아닌, 경제력과 협력이라는 비군사적인 수단을 활용하여 국제 질서에 기여하는 방식을 선택했다는 의미에서 'Civilian Power'국이라고 평가받은 것이다.

§ **일본 외교 원칙의 변화** §

이러한 일본의 외교 원칙은 1990년대 냉전 체제가 붕괴되고 국제 환경도 변하면서 점차 수정되기 시작하였다.

첫째, 일본은 미일 안전보장 체제를 안정적으로 유지함으로써 자국의 방위정책을 미일 동맹이라는 제도적 틀 안에서 운영하고, 그 범위 내에서 필요 최소한도의 방위력을 보유하면서 동시에 평화와 번영을 누리기 위해 미일 안보조약에 입각한 미국의 억제력(Deterrence)을 필요로 해왔다. 이는 일본이 독자적으로 군사력 경쟁에 나서기보다는 동맹을 기반으로 안보 비용을 분담하여 군사적 긴장을 완화하고, 동시에 경제 발전과 사회 안정이라는 평화적 번영을 추구해 온 전후 국가 전략과도 밀접하게 연결되어 있다. 이러한 맥락에서 보면, 미일 안보조약에 입각한 미국의 억제력은 단순한 군사적 지원을 넘어, 외부로부터의 무력 공격 가능성은 차단하고 잠재적 위협 행위자에게는 명확한 신호를 제공하는 구조적 장치의 일종이라고 해석할 수 있다. 다시 말해, 미국의 확장억제는 일본이 자국의 방위력을 일정 수준으로 제한하면서도 안보는 보장받을 수 있도록 하는 핵심 기반인 것이다.

더 나아가 미일 안보체제가 일본의 안전 보장에 그치지 않고, 아시아와 태평양 지역의 평화와 안정을 유지하기 위해서도 필수적인 요소라고 제시하면서, 미일 안보체제가 여전히 일본 외교의 변함없는 기조임을 확인해 주고 있다. 즉, 미일 동맹의 존재 자체가 역내 분쟁의 억지 요인으로 작용하는 한편, 해양 교통로의 안전 확보와 지역 질서를 예측 가능하게 해준다고 믿기 때문에 일본이 마음 놓고 경제 활동을 해왔다는 논리이다. 이러한 인식 아래 미일 안보체제는 단순한 양자 간 군사 협력의 틀을 넘어, 역내 다자 안보 협력과 규범 형성에도 일정 부분 영향을 미치는 핵심 축으로 자리매김해 왔다. 다시 말해 미일 안보체제는 시대적 환경 변화에도 불구하고 일본 외교·안보 정책의 근간을 이루는 변함없는 기조이자, 향후에도 미국과는 동맹 중심의 안보 전략이 지속될 것임을 시사해 준다.

둘째, 적절한 방위력 정비이다. 첫 번째 조항과는 달리 지금까지 미국의 군사력에 일방적으로 의지해 왔던 안보 정책에서 벗어나 이제는 자체 방위력을 증강시켜 나겠다는 것이다. 1976년에 결정된 '방위계획대강'을 20여 년 만인 1996년 '방위계획대강(신방위계획대강)'으로 전면 수정하면서 일본은 이것을 일본 방위 정책의 기본으로 삼았다.[4]

4　　일본은 국제안보 환경 변화에 따라 방위계획대강을 유동적으로 개정해 오고 있다. 그 중 큰 변화를 보면, 2013년 아베 정권 시기에 미일 동맹을 강화하는 '통합기동방위력(統合機動防衛力)'으로 대대적인 재정비를 하였고, 2022년에는 방위비를 대폭 증액하고 중국과 북한의 위협을 명확하게 하기 위해 '반격 능력(敵基地攻擊能力)'을 명시하면서 일본 안보정책의 큰 전환점을 가져왔다. 이에 대해서는 뒤에서 다시 설명하기로 한다.

우선 미소 대립 구조 가운데 냉전이 고착되던 시기인 1976년의 방위계획대강을 살펴보자. 일본의 중장기 군사·안보 정책의 기본 방향을 제시하는 국가 전략 문서인 방위계획대강이 발행되던 1976년 10월 시점에서는 특정 국가를 가정한 전쟁 대비가 필요한 때도 아니었고, 또 대규모 전쟁 억지보다는 현상 유지용 방위력을 필요로 했기 때문에 외부로부터의 침략을 받지 않을 정도의 최소 방위력을 유지하는 철저한 전수방위로 충분했던 시대였다. 물론 냉전은 그대로이고, 소련은 군사력을 강화했지만, 아직은 일본이 스스로 공격적인 군사력을 갖기보다는 기본적인 방위 능력만 유지해도 되었기 때문이다.

그러나 1990년 소련이 붕괴되고 해체되면서 냉전은 종료되고 안보 환경은 완전히 바뀌었다. 직접적인 대규모 지상 침공의 가능성은 감소한 대신, 중동에서 발생한 걸프전에 대한 충격과 그 외 국지적인 무력 충돌 가능성이 점점 커지면서 기존의 최소 방위력만으로는 일본 본토를 방어하기 어렵다고 판단했던 것이다. 북한도 핵미사일을 개발하기 시작하면서 이제는 1976년식 소극적 방위를 벗어나 새로운 안보 환경에 대응하기 위해서는 제한적이나마 현실적인 대응 방위로 수정할 필요를 느꼈고, 일본 주변 지역에서 발생할 수 있는 어떤 특정의 유사 사태가 일본의 평화와 안전에 미치는 영향을 공식화하기에 이른다. 즉 일본의 방위 정책을 외교 전략 및 국제사회에서 책임 있는 국가로의 도약과 연결할 필요성이 대두된 것이다.

미국 역시 일본에 더 큰 역할 분담을 요구해 오고 있었기 때문에 일본으로서는 헌법 제9조를 개헌하기 어려운 상황에서도 미국의 동맹으로서 요구되는 국제사회를 향한 기여는 확대할 수밖에 없는 딜레마에 직면하게 된 것이다. 냉전 시기에는 미국이 전면 방어를 하고 일본이 후방 지원을 하는 형태였다면, 이제는 본토 방어를 중심 수행하던 자위대에 해외 활동을 (일부이긴 하지만) 허용하기 위해서라도 미군과의 협력을 강화하는 시대가 왔다고 판단하였다. 따라서 제한적이긴 하지만 적극성을 갖춘 안보 국가로서의 전환을 위해 신방위계획대강(1995)을 선언하였고, 이때 '주변사태(周辺事態)'라는 개념이 등장하였다. 이는 일본이 직접 공격을 받지 않아도 일본 주변 지역에서 분쟁이 발생하면 미일 동맹 차원에서 후방 지원이 가능하다는 의미다.

다카이치 총리가 2025년 11월 7일, 국회 예산위원회에 출석한 오카다 가츠야(岡田克也) 입헌민주당 의원의 '중국이 타이완 해상을 봉쇄하는 상황이 오면 그 사태를 어떻게 인식하고 규정할지'라는 질문에 대해, "전함을 사용한 무력행사까지 수반하는 것이라면, 이것은 어떻게 보더라도 (일본의) '존립 위기 사태'가 될 수 있는 경우라고 저는 생각합니다"라고 답변한 것이 바로 이를 근거로 삼고 있으며, 일본 입장에서 틀린 말은 아니다.

물론 일본은 '전수 방어'[5]라는 헌법의 기본 이념에 따라 타국에 위협을 주는 군사대국화는 추진하지 않겠다고는 하지만, 냉전 체제가 붕괴되고 난 이후 일본도 자국의 경제력과 정치력에 걸맞은 방위력을 보유하고 싶어 했고, 또 국제사회에서 명실상부한 강대국으로서의 일본의 위상을 확고히 하겠다는 의지를 보여주고 싶어 했다. 그래서 2013

5 　일본이 상대로부터 무력 공격을 받았을 때 처음으로 방위력을 행사하고, 그 방위력의 행사 규모도 자위를 위한 필요 최소한의 것으로 제한하며, 또한 보유 방위력 역시 자위를 위한 필요 최소한으로 제한하는 등 헌법 정신에 따른 수동적인 방위 전략이다.

년 아베 정권 당시 방위의 공간을 해상과 우주, 사이버로 확대한 방위 대강, 그리고 2022년 기시다 정권 시절에는 일본의 '반격 능력'을 명문화하기 위해 '안전보장 3문서'를 개정하면서 전수방위 원칙은 사실상 실질적 변화를 가져왔다. 변화의 가장 큰 틀이라고 할 수 있는 반격 능력은 일본이 적국의 미사일 공격이 임박했거나 이미 발생했을 때 상대의 군사 거점(미사일 기지 등)을 공격할 수 있는 능력을 의미한다. 과거에는 일본이 공격을 받았을 때 상대의 미사일 기지와 지휘 시설 등을 공격하여 추가 공격을 막는 '적 기지 공격 능력'으로 표현했지만, 2022년 12월 16일, 국가 안전보장 전략, 국가 방위 전략, 방위력 정비 계획 등 3개 핵심 문서를 통해 '반격 능력' 보유를 공식 정책으로 명시하였다. 당시 기시다 정부가 이를 제시한 이유는 글로벌 안보 환경이 변했기 때문이다. 즉 북한의 탄도미사일 개발, 중국의 군사력 확대, 러시아의 군사 활동 등이 일본의 안보에 영향을 미친다고 판단했던 것이다. 이에 따라 기존의 전수방위가 일본 영토 방어 중심으로 사실상 공격 능력이 없는 반면, 이제는 상대방의 미사일 공격이 임박하면 상대 기지를 공격할 수 있는, 즉 방어 목적의 '선제적 반격'이라는 개념이 추가되었다고 보면 된다.

　최근(2026. 3. 31.) 일본 방위성은 구마모토(熊本)에 처음으로 반격 능력(적 기지 공격 능력)을 갖춘 장거리 미사일을 배치할 예정이라고 발표했다.[6] 그럴 경우 중국의 동부 연안 지역과 북한 전역이 사거리 내에 진입하게 된다. 일본 방위성은 이를 향후 10년에 걸쳐 전국 여러 지역에 배

6　　産経新聞(2026. 3. 31.), "長射程ミサイルを31日に国内初配備熊本·建軍駐屯地中国の沿岸部や北朝鮮が射程に" 기사 참고.

치하여 일본의 미사일 네트워크 구축을 가속화할 계획이라고 발표했다. 이는 단순한 무기 배치가 아니라 사실상 타격 능력을 공식적 운용 단계로 끌어올리는 '질적 변화'를 의미한다. 당연히 중국은 자국 본토가 사정권에 포함되기 때문에 강하게 반발할 것이고, 북한 역시 민감한 사안으로 받아들여 미사일 개발의 명분으로 삼을 것이다. 결국 일본의 정책 변화가 동북아의 군비 경쟁을 촉진하여 전쟁 가능성을 높이는 건지, 아니면 힘의 균형으로 억제력을 강화하는 것인지는 두고 봐야 하겠지만, 이로 인한 안보 딜레마(Security Dilemma)의 긴장은 더 강하게 작동될 수 있다.

셋째, 국제 평화와 안전을 확보하기 위한 외교 노력이다. 일본은 자국의 안보와 지역의 평화를 확보하기 위해 미국과의 동맹을 전제로 개개의 분쟁을 해결하기 위한 노력은 하겠지만, 아시아와 태평양 지역의 안전을 유지하기 위해서는 관계국 간의 대화와 지원과 협력도 이루어져야 한다고 믿고 있다.

최근 미국 우선주의를 내세운 트럼프 대통령은 미국의 이익에 부합하지 않는다는 이유로 약 66개의 국제기구와 협약, 조약에서 탈퇴하거나 중단 조치를 취했다. 이 수치는 유엔 산하 기구 31곳과 비(非)유엔 국제기구 35곳을 합친 숫자인데, 이것이 심각한 이유는 단순 탈퇴 문제라기보다는 자금 지원까지 중단되기 때문이다.[7] 이제는 트럼프

---

7   조선일보(2026. 1. 8.), "트럼프, 유엔기구 등 66개 국제기관 자금 지원 중단 서명" 기사
     참고.

식 고율 관세 정책과 글로벌 외교의 근간을 이루었던 다자주의 틀이 깨지면서 국제 질서의 축이 양자주의로 급속히 이동하고 있다. 트럼프는 재집권 직후 다자무역주의의 상징인 세계무역기구(WTO)를 '국익에 반하는 실패한 시스템'이라고 비판해 왔고, 최근에는 자신을 통제하고 멈추게 할 수 있는 건 국제법이 아니라 도덕성뿐이라며, 민주주의의 핵심 원리를 정면으로 부정하고 '도덕'마저 사유화해 버렸다.

이제는 국제 규범과 법치가 아니라 자국의 이익 여부와 정치적 영향력에 따라 무역 분쟁이 결정되는 구조가 고착화되면서 당사국들이 안보와 경제적 실익을 직접 조율하는 양자 외교가 갈수록 공고화되고 있다. 다카이치 총리의 '대만 유사시' 발언으로 촉발된 중일 갈등이 지속되고 있지만, 일본의 바람과는 달리 미국이 구두 개입조차 하지 않았다는 점에서도 이를 확인할 수 있다. 오히려 트럼프는 언론 인터뷰에서 재중국 오사카 외교관이 다카이치를 '참수'하겠다고 위협한 사건이 제기되었을 때 "중국보다 동맹국들이 무역에서 우리를 더 이용했다"라는 엉뚱한 발언(2025. 11. 10.)으로 일본을 당황하게 만들었고, 마코 루비오(Marco Antonio Rubio) 미 국무장관도 급격히 악화된 중일 관계에서 일본을 편들기는커녕 "일본, 중국과 동시에 잘 지낼 수 있다"라는 모호한 발언(2025. 12. 19.)으로 일본 정부의 애를 태웠다. 동맹이라고 철저히 믿어왔던 미국이 일본에 '불필요한 갈등은 일으키지 않았으면 좋겠다'라는 무언의 경고로 들렸을 것이고, 일본은 이런 미국식 상황주의 외교 태도를 지켜보면서 결국 양자 외교를 택할 수밖에 없다고 판단했을 것이다.

이제 일본은 한국의 눈치를 보고 있다. 중·일 갈등으로 고립돼 있는 일본은 한국과의 관계 악화를 원치 않을 것이고, 그래서 다카이치 총리는 2026년 2월 22일 시마네현(島根県) 마츠에시(松江市)에서 개최한 '다케시마의 날' 행사에 자신이 평소 주장해 왔던 장관급 인사가 아닌 차관급 내각부 정무관인 후루카와 나오키(古川直季)를 참석시켰다.[8]

일본 시마네현 마츠에시에서 열린 '2026년 다케시마의 날' 행사
[출처: 연합뉴스(2026. 2. 22.)]

이런 일본의 외교 변화를 대하면서 우리는 좋아할 필요도 없고, 일본이 변했다고 공격할 필요도 없다. 일본 정부는 공식적으로 '다케시마는 일본 고유의 영토'라는 입장을 지속적으로 되풀이해 왔고, 또 평소의 다카이치 총리의 발언 수위에 비춰 보면 다케시마의 날 행사에 장관급을 보냈을 터인데 그렇게 하지 않았다는 것은 지금의 한일 관

8　　이와는 달리 독도홍보대사인 가수 김창렬의 일본 입국(2026. 2. 22.)을 거부한 것은 이율배반적이다.

계를 안정시키기 위한 일시적인 정치적 상황 판단일 뿐이지, 앞으로도 그렇게 할 것이라는 기대는 하지 말아야 한다. 독도 행사에 차관급을 보낸 지 불과 한 달도 채 안된 2026년 3월 12일, 중의원 예산위원회에 참석한 다카이치 총리는 "독도가 (한국 땅이 아닌) 일본의 영토라는 인식을 국제사회에 알려나가는 자세가 중요하다"라고 주장했던 것을 기억해야 한다. 그러니 독도 문제와 역사 문제로 우리가 일희일비(一喜一悲)할 필요가 없다. 왜냐면 일본은 늘 그래왔기 때문이다.

⸸ 상황주의 외교 ⸸

여기에서 우리가 주목해야 할 것은 초기 일본 외교에서 주장했던 국제 분쟁에 대한 비개입 원칙이 변경되었다는 점이다. 1990년 8월, 이라크가 쿠웨이트를 침공하면서 걸프전쟁이 발발했을 때 다국적군은 걸프전쟁에 참전했지만, 일본은 헌법 제9조(전쟁 포기 및 전력 보유 금지)를 근거 삼아 군사적 파병이 사실상 불가능하다는 핑계로 참전하지 않았다. 이에 미국을 비롯한 서방 국가들이 일본을 상대로 경제대국으로서의 책임을 다해야 한다며 일본을 압박하자, 일본은 국제사회의 여론을 살펴보다가 전쟁 총 비용의 20%에 달하는 130억 달러라는 막대한 전비를 부담하는 식으로 참여했다. 전쟁이 끝난 후에는 쿠웨이트 해역에 소해정도 파견하였으니, 아마 할 일은 했다는 안도감을 느꼈을 것이다.

그러나 이런 안도감이 무색하게, 이후 일본에 돌아온 것은 쓰라린 평가였다. 걸프전 이후 쿠웨이트는 참전 국가와 국제사회에 감사를 표

하는 신문 광고 등을 게재했는데, 당시 일본이 미국 다음으로 큰 재정
지원을 부담했음에도 불구하고 일본에 대한 감사는 찾아볼 수 없었다.
일본의 지원이 너무 늦게 이루진 점도 있지만, 파병도 전쟁이 끝난 후
여서 실질적 기여도가 낮다고 본 것이다.[9] 국제사회에서는 일본이 최
대한의 '비군사적 지원'을 한 것 정도는 인정해 주었지만, 결과적으로
'수표 외교(Checkbook Diplomacy)'라는 비판과 "돈만 내고 피는 흘리지 않
았다(Paying but not bleeding)"라는 냉정한 평가를 수용할 수밖에 없었다.

일본은 이때를 교훈 삼아 1992년 6월에 '국제평화협력법(PKO 협력
법)'을 통과시켜 일본 자위대의 해외 활동을 합법적이면서도 제도적으
로 뒷받침하는 기반을 마련했고, 이제는 UN의 요청에 따라 일본 자
위대를 유엔평화유지활동(PKO)에 파견할 수 있게 되면서 같은 해 9월
UN 캄보디아 잠정통치기구에 전후 처음으로 1천 200여 명의 자위대
를 파견하기도 했다.[10]

한편, ASEAN을 중심으로 다국 간 안전보장의 움직임이 나타나자
일본은 1994년에 시작된 ASEAN 지역 포럼(ARF) 성립 과정에도 적극
적으로 관여했다. 어떤 원칙이나 신념에 입각했다기보다는 그때그때
주변 상황에 맞게 대세 순응적으로 대처하는 상황주의 외교를 보여준

9　2011년 4월, 쿠웨이트 정부는 동일본 대지진의 아픔에 대한 위로와 과거 쿠웨이트를
　도와준 감사의 차원에서 원유 500만 배럴을 무상 공여했다.

10　단, 다음과 같은 5원칙(PKO 참여 5원칙)을 충족해야만 파견이 가능하다. 당사국 간
　정전 합의가 있을 것, 모든 당사국이 일본의 PKO 참가에 동의할 것, PKO 활동이 중립
　성을 유지할 것, 필요시 일본이 철수할 수 있을 것, 무기 사용은 자기방어 범위에 한정
　할 것 등이다.

것이다.[11]

미국이 중국에 접근했을 때 일본이 빠르게 방향을 선회하며 중국과 국교를 맺은 것도 상황주의 외교의 대표적인 사례이고, 위안부 문제 해결에 그렇게도 강경했던 아베 정권이 박근혜 정부가 들어서자 갑자기 태도를 바꿔 합의를 했던 것도 상황주의 외교이다. 이러한 상황주의 외교는 과거 제국주의 시절 워싱턴 체제(군축 협정, 국제연맹)하에서 서구와 협조하는 모습을 보이다가 1930년대 들어 만주사변 이후에는 협정을 깨고 독자 노선을 추구했던 사례에서도 나타난다. 상황에 따라 협조도 하지만 언제든 이탈하기도 하는 외교 방식이다.

이들 각각의 사례에 대해서는 뒤에서 자세히 다루겠지만, 나쁘게 해석하면 일관성이 결여된 전략 부재이고, 좋게 이야기하면 현실주의적 유연성을 발휘한 외교라고 할 수 있겠다. 그러니까 상황주의 외교 자체에 대해 좋다, 나쁘다라고 판단할 문제는 아니다. 즉, 일본은 일관된 원칙이나 가치를 주장하면서 고집부리기보다는, 국제 정세의 흐름과 강대국의 입장, 그리고 경제 상황 등에 따라 유연하게 외교 방향을 정하는 태도를 취하는 것이다.

사실 이러한 외교 방식은 장점도 있지만, 외교적 리더십 부족이나 전략적 모호성이라는 비판을 받기도 한다. 기본적으로 국제사회에서 발생하는 다양한 문제에 관해 자국의 정책이나 의견을 먼저 발표하기보다는 강대국의 정책이나 국제 여론의 동향과 추세를 살펴가면서 적

---

11   일본 외교에서는 '대세순응주의' 또는 '무원칙 실리주의'라고도 한다.

절하게 대응해 나가는 외교 방식이다 보니, 다른 나라의 시각에서 볼 때는 줏대가 없는 것처럼 보이기도 한다. 주로 국제사회에서 강력한 발언력을 갖고 있는 미국을 비롯한 서방 국가들의 결정에 대해서는 추종 내지는 순응하는 외교를 취하는 태도에 대해서 일본 내에서 '자존심도 없는 나라'라는 비판을 받는 것도 그런 이유에서이다.

결과적으로 초기 일본 외교에서 주장했던 국제 분쟁에 대한 비개입 원칙은 사실상 국제 환경이 변하고 국제사회에서 차지하는 일본의 비중이 커지면서 유명무실해졌고, 오히려 유엔평화유지활동(PKO)에 참여하는 형식을 빌려 국제 분쟁 해결에 적극적으로 개입하는 방침을 취하기 시작했다. 이러한 과정에서 과거 일본의 수동적이면서 객체적 외교의 형태는 서서히 능동적이면서 주체적 외교로 전환되는 중이며, 이러한 변화는 또한 필연적이기도 하다.

그렇다면 일본은 왜 상황주의 외교를 취해왔을까? 나름의 이유가 있다. 첫째, 전후 헌법 제9조에 따라 군사력 사용이 제한되어 왔기 때문에 외교력에서 활용할 만한 자율적 강압 수단이 충분하지 못했고, 이를 만회하기 위해서는 자체적으로 힘을 키우기보다 차라리 미국의 외교 노선에 편승하는 것이 유리했기 때문이다. 둘째, 경제력만으로 쓸 수 있는 외교 카드는 태생적 한계가 존재하기 때문이다. 1950년대 이후 일본은 외교의 1차 목표를 경제 재건과 고도경제성장으로 설정했고, 그래서 정치적 주장이나 이념 투쟁보다는 자원 확보와 시장 개척에 초점을 둘 수밖에 없었다. 셋째, 정치 리더십의 불안정성 때문이다. 내각책임제의 특성상 잦은 총리 교체와 관료 주도의 정책 결정

구조를 갖고 있다 보니 국제 외교 무대에서 일관성을 유지하기 어렵고, 따라서 그때그때마다 상황 변화에 따라 조정하는 것이 편하기 때문이다.

글랜 후쿠시마(Glen S. Fukushima)[12]는 일본의 상황주의를 "일본 외교는 직접적인 충돌보다 조율을 택하는 정치적 현실주의(political realist)"라고 해석했다. 즉, 가치 충돌을 피하고 국제 공조를 우선하며, 자국에 유리한 '전략적 틈새'를 활용한다는 의미이다. 이러한 상황주의 외교는 아베와 기시다로, 그리고 이시바 총리에서 다카이치 사나에 내각에 이르기까지 연속선상에서 이어져 왔다. 아베는 강경 보수이자 강력한 카리스마를 무기로 헌법 개정을 할 수 있을 것 같았지만, 일본 외교의 기본 공식인 상황주의를 뛰어넘지는 못했다. 총리가 아무리 독자적인 방향으로 '튀는 외교'를 하려고 해도, 국제 규범과 동맹을 중심으로 다자주의 틀 속에서 행동하려는 관료들이 훨씬 장기적 시야에서 상황주의적 방침을 고수하려고 하기 때문이다. 그래서 2022년 9월, 아베 사망 후 현재의 다카이치 총리에 이르기까지 불과 4년 만에 총리가 네 번이나 바뀌었어도 자신들이 내세우는 정책 언어만 바뀌었을 뿐 행동 방식은 거의 그대로 유지되고 있는 것이다.

12　　미국 통상대표부(USTR)에서 일본과 중국 담당 부차관보로 활동하며 미일 통상협상의 실무를 주도한 인물로, 2013년 8월 29일 Discuss Japan의 인터뷰에서 언급했다. https://www.japanpolicyforum.jp/politics/pt201308291910471776.html?utm_source

일본은 패전 후 일미 동맹, 국제 협조, 아시아 국가 중시 등 세 개의 기둥으로 외교의 기반을 지탱해 왔고, 이에 대해서는 제3장의 '일본 외교 정책의 기조'에서 소개했다. 여기에는 정치적으로는 민주주의를, 경제적으로는 자본주의라는 두 가지 사상과 체제를 바탕으로 일본의 가치 외교(value-oriented diplomacy)가 평화와 행복을 추구하며 일본인들의 생활 속에 깊이 투영되기를 바라는 의지가 포함되어 있다고도 할 수 있겠다. 즉, 특정 가치를 외교 정책에 반영하여 이를 국제사회에서 대변하고 증진하며 실천하는 외교라고 정의할 수도 있고, 자유, 민주주의, 법치, 인권, 시장경제 등을 강조하는 외교라고 정의[13]할 수도 있다. 그렇다고 '가치중립적인' 의미에서의 '가치' 외교라는 의미는 아니다.

전후 일본 외교는 1957년 9월에 발표한 '우리 외교의 근황(『わが外交の近況』, 지금의 외교청서)'에서 '유엔중심주의, 아시아의 일원으로서의 입장 견지, 자유주의 제국(諸国)과의 협조'라는 일본 외교 3원칙을 대외 전략으로 내세웠고, 그래서 전후 일본이 국제 무대로 진출하기 위한 첫 번째 단계로 UN 가입을 추진했지만, 그때마다 소련의 반대가 있다 보니 이를 우선시하는 외교방침을 정하고 소련과 국교 정상화를 추진했던 것이다.[14]

아시아 중시 외교 역시 마찬가지다. 다나카 가쿠에이(田中角栄, 총리재

13　　　김태환(2019), p.53.

14　　　기타오카(2009), p.72.

임기간 1972. 7.~1974. 12.) 수상은 1974년 1월 동남아시아 순방차 인도네시아 자카르타에 도착했을 때, 대규모 반일 시위를 보고 상당히 긴장했던 경험이 있다. 지금까지 동남아에 집중해 왔던 ODA 사업을 통해 일본의 이미지가 개선되어 공항에서 자신을 반길 줄 알았는데, 오히려 반대 시위대와 마주칠 줄이야 상상을 했겠는가? 아직까지도 동아시아 지역에서는 제2차 세계대전 당시 일본군의 잔혹한 행위에 대한 피해국의 상처가 매우 깊다는 것에 충격을 받고는 아시아를 중요시하는 정책을 더 강조했던 것이다.

1977년 8월 18일, 이번에는 후쿠다 다케오(福田赳夫, 총리재임기간 1976. 12.~1978. 12.) 수상이 아세안 5개국을 방문했다. 이때 마지막 방문지였던 필리핀의 마닐라에서 이른바 '후쿠다 독트린'으로 알려진 일본의 새로운 동남아시아 정책을 발표했다. 내용을 살펴보면 일본은 군사대국이 되지 않을 것이며, 광범위한 분야에서, 그리고 대등한 협력자로서 아세안 국가들과 상호 신뢰 관계를 구축하고 협력하는 한편 동남아시아 전역의 평화와 번영을 구축하는 데 기여하겠다는 내용이다. 베트남 전쟁에 패배한 미국의 공백을 일본의 경제력과 ODA를 구심력으로 아세안 국가들과 연대하여 가치 외교의 지평을 확대하려는 전략이라고 할 수 있다.

1957년에 발표했던 일본 외교 3원칙은 한두 해의 선언으로 끝나는 것이 아니라, 일본식 전방위 외교를 완성하기 위한 노력의 결과였다. 이는 또한 데탕트 시대를 거쳐 오늘날 신냉전 체제에 이르는 미중 기술 패권 전쟁에 이르기까지, 일본이 국제 정세의 변화 속에서도 가치 외교에 바탕을 두고 장기적 전방위 외교를 펼친 결과이기도 하다.

한편 2006년 11월, 아소타로(麻生太郎, 1940~) 외무상은 민주주의 국가의 연결, 해양 전략 등을 핵심으로 하는 '자유와 번영의 호(Arc of Freedom and Prosperity)'라는 가치 외교를 제시하였는데, 이는 보편적 가치를 공유하는 유라시아 대륙 외곽의 국가들과 협력을 강화하자는 것이 기본 개념이다. 즉 북유럽에서 시작해 동유럽과 중동, 중앙아시아와 인도차이나반도를 거쳐 동북아시아에 이르는 지역을 하나의 '호(Arc)' 형태로 연결하겠다는 큰 그림을 보여준 것이다. 중국을 명시하지는 않았지만 지도를 보면 사실상 중국을 포위하는 형세를 띠고 있어 중국의 영향력을 견제하려는 의도로 풀이되면서 아베 총리 1기 내각의 핵심 외교 노선으로 채택되었고, 이 구상이 향후 FOIP(Free and Open Indo-Pacific)의 기본 토대가 되었다.

아베 총리 또한 2007년 1월 제16회 국회 시정방침 연설에서 일본 외교의 신기축으로 가치 외교를 제시했다. 2007년 8월 인도 의회에서는 인도양과 태평양을 하나의 전략 공간으로 인식하는 '두 바다의 합류(Confluence of the Two Seas)'를 주제로 연설했는데, 이때 '인도-태평양(Indo-Pacific)' 개념이 정치적 용어로 처음 등장하게 된다. 그러나 총리 1년 만에 궤양성 대장염을 핑계로 사임하면서 아베의 가치 외교는 제대로 실현되지는 못했다는 평가를 받았다.

2012년 12월 26일에 출범한 제2기 아베 내각은 '전후 체제로부터의 탈피'와 '전략적 외교 추진'을 전면에 내세워 평화헌법 수정 및 각종 사회제도적 장치를 강화하는 정책을 펼치기 시작했다. 외교의 핵심을 '가치'로 두고 자유, 민주주의, 기본적 인권 등의 가치관을 공유하는 국가와는 관계를 강화하고 외교를 통해 가치를 공유하겠다는 것이다.

연합뉴스(2012. 12. 29.)는 아베가 중국을 견제하기 위해 아시아 지역에서 힘의 균형이 중요하다고 발언했다는 요미우리신문(読売新聞)의 기사를 인용해 "아베 "아시아 힘의 균형 회복이 중요" 중국 견제"라는 제목으로 보도했다. 해당 보도에서는 아베가 발언한 "일본과 가치를 공유하는 국가, 전략적으로 중요한 국가와 신뢰 관계를 구축하는 것으로 (중국과의 관계도) 새로운 전기를 열 수 있다고 생각한다"라는 내용을 전달하는 한편, 일본이 미국과 중국의 주변 국가와 안보 협력을 강화하면 그것이 중국에 압력으로 작용해 중일 관계 개선으로 연결될 수 있다는 해석을 실었다. 당시 아베는 자신의 지론인 '가치관 외교'에 대해 "자유와 민주주의, 기본적 인권이라는 가치관을 공유하는 국가들과 관계를 심화하고, 그런 가치관을 아시아에서 확산하는 것이 기본적 이념"이라고 설명했다.

아베는 일본과 가치를 공유하면서도 전략적으로 중요한 국가를 미국 외에도 인도와 인도네시아, 호주, 베트남 등을 꼽았다. 동남아시아의 경우, 중국과 인도 사이에서 지정학적 우위성을 갖추고 있기 때문에 일본의 경제와 안보 측면에서 중요성이 높기 때문이다. 실제로 아베는 2012년 12월 취임 이후 한 달도 지나지 않은 2013년 1월 16일부터 18일간 베트남과 태국, 인도네시아 등 첫 해외 순방지로 동남아시아를 방문했고, 이후 취임 1년 이내에 아세안 10개국을 모두 방문했다. 아베가 이토록 아세안을 중시한 이유는 대중국 포위망을 구축하

기 위해서였고, 아세안 지역과의 협력이 일본의 국익에 부합하기 때문이기도 했다. 그리고 이때 인도네시아 자카르타에서 '일본 외교의 새로운 5원칙(日本外交の新しい五原則)'을 발표했다. 즉 1) 사상과 표현, 언론의 자유 등 보편적 가치 수호, 2) 힘이 아닌 법과 규칙에 의한 해양질서 유지, 3) 자유롭고 열린 바다를 공공재로 보호, 4) 해양 안보 협력 강화, 5) 경제 협력과 교류 확대 등을 강조하였으며, 그 내용을 간추려 보면 다음과 같다.

"일본의 국익이란 만고불역·미래영겁, 아시아의 바다를 철저히 개방하여 자유롭고 평화로운 것으로 하는 것에 있다. 법의 지배가 관할하는, 세계·인류의 공공재로 계속 유지하는 데 있다. 우리 일본은 바야흐로 이 목적을 달성하기 위해 20세기 후반부터 오늘에 이르기까지 일관해서 두 가지 일에 힘을 쏟아왔다.

하나는 바다에 둘러싸여 있고, 바다에 의해 살아왔고, 바다의 안전을 스스로의 안전이라고 생각하는 지리적 필연이었다. 이는 시대가 변해도 변하지 않는 것이다. 다른 하나는 미국과의 동맹이다. 세계 최대의 해양 세력이자 경제대국인 미국과 아시아 최대의 해양 민주주의이자 자유 자본주의 국가로서 미국에 버금가는 경제를 가진 일본이 파트너를 이루는 것은 당연한 이치이다. 지금 미국 자신이 인도양에서 태평양에 걸쳐 두 개의 바다가 만나는 곳, 바로 우리가 지금 서있는 이곳으로 중심이 이동되고 있을 때 일미 동맹은 이전보다 더욱 중요한 의의를 갖게 된다."

특이한 점은, 2013년도판 외교청서에서 일본이 '해양 국가(maritime nation)'라는 점을 강조하면서 인도-태평양 외교 구상을 확대해 왔다는 점이다. 이때 아베는 세계 지도 전체를 보는 시각을 갖고 바다에서의 협력을 기반으로 인도양과 태평양을 하나의 전략 공간으로 연결하는 네트워크를 강조했으며, 이것이 2016년 아베 시대에 FOIP 구상으로 이어졌다고 볼 수 있다. 인도양의 인도, 그리고 태평양의 호주와 협력하면서 태평양에서 인도양으로 가는 길목의 아세안 10개국과 협력하겠다는 지구본을 그린 것이다. 그리고 2016년 8월, 케냐의 나이로비에서 열린 TICAD(아프리카개발회의)[15]에서 FOIP 전략(Free and Open Indo-Pacific Strategy)을 발표했다.[16]

아베는 '자유롭고 열린 인도-태평양 전략'과 인도의 '신동방정책(Act East Policy)'을 연계시켜 지역의 연계성 및 해양 안보 분야 등을 비롯한 구체적인 협력을 강화하기 위한 목적으로 2017년 9월 인도를 방문했다. 그리고 같은 해 11월에 트럼프 미국 대통령이 일본을 방문했을 때 일본이 주도하는 형태로 미일 양국이 공동으로 '자유롭고 열린 인도-태평양 전략'을 추진하기로 합의한 것이다.

---

15 TICAD는 1993년부터 일본이 주도해서 아프리카 개발과 협력을 논의하는 외교 플랫폼으로, 아프리카 개발 협력과 경제 투자 확대, 인프라 개발과 정치 안보 협력 등을 목적으로 아프리카 정상들이 모이는 국제회의이다. 중국의 일대일로(一帶一路)와 경쟁적인 성격을 갖고 있다.

16 일본 외무성 자료(https://www.mofa.go.jp/mofaj/press/enzetsu/25/abe_0118j.html)

오모테나시(お持てなし)라는 단어가 한국에서도 일반명사처럼 사용되기 시작한 것은 2013년, 당시 2020 동계 올림픽 유치를 앞둔 시기부터다. 오모테나시란 '환대', '극진하고 융숭한 대접' 등을 뜻하는 단어로서, 올림픽 유치 캠페인 때 일본 측이 내세운 핵심 캐치프레이즈이기도 했다. 당시 프랑스계 일본인 아나운서 크리스텔 다키가와(滝川クリステル)가 'o-mo-te-na-shi(おもてなし)'를 한 글자씩 끊어 읽으며 소개한 IOC(국제올림픽위원회) 총회 최종 프레젠테이션은 IOC 위원들과 언론으로부터 호평을 받으며 화제를 불러일으켰는데, 어찌나 강한 인상을 남겼는지 도쿄 올림픽 유치에 결정적 영향을 주었다는 극찬을 들을 정도로 높이 평가받았다.

'오모테나시 연설'을 맡았던 다키가와는 프랑스인 아버지와 일본인 어머니 사이에서 태어나 일본 방송사에서 뉴스 캐스터로 활동하며 지적이고 세련된 이미지로 인기를 얻은 인물로, 유치위원회에서 'Cool Tokyo' 홍보대사 역할을 맡았다. 그러한 명성과 지적 이미지 덕분인지 다키가와는 차기 총리 후보로 유력한 고이즈미 신지로(小泉進次郎, 1981~ , 현재 일본 방위상)와 2019년 결혼해 두 아이의 엄마로, 그리고 정치인의 아내로서 내조에 충실하고 있다. 고이즈미는 환경 정책에 관심이 많았고, 타키가와는 동물 보호, 환경 보호 활동에 꾸준히 참여해 오던 중 가치관과 관심사에서 상호 공감대가 형성되며 결혼까지 이어졌기 때문에 정치적 계산이나 정략에 의한 결혼은 아닌 것으로 알려져 있다.

오모테나시를 설명하는 크리스텔 다키가와
[출처: 올림픽 홈페이지(https://www.olympics.com/ja/news)]

원래 오모테나시(お持てなし)는 일본의 전통 다도 문화에서 비롯된 개념으로, "대접하는 마음에 계산이나 숨은 의도가 없다", 그러니까 겉과 속이 다르지 않은 진심 어린 배려의 의미가 핵심이다. 일본은 이러한 특유의 환대 문화를 외교에 활용하는 경우가 많다. 의도적이라기보다는 그냥 오모테나시를 하는 것뿐이라지만, 외국 정상이나 국제 인사를 맞이할 때 형식적인 외교 의전뿐 아니라, 세심한 일정과 지역 특색을 살린 환대, 그리고 손님 개인의 취향을 고려한 맞춤형 접대를 받게 되면 아무래도 일본에 대한 호감과 신뢰가 높아지는 것은 어쩔 수 없는 인지상정일 것이다.

사실 오모테나시 외교의 대표적인 인물은 아베 신조 전 총리이다. 2019년 트럼프 대통령을 일본에 초청해 골프 동반 라운딩을 하고, 스시와 와규(和牛)로 만찬을 준비하고, 그 바쁜 시간에 짬을 내어 스모(相

撲) 관람까지 체험하게 하는 등 단순 의전의 차원을 넘어선 일본식 브랜드 외교 전략을 선보인 것은 유명하다. 자칫 '저런 아부형 대접이 일본식 오모테나시 외교라는 거야?' 하고 비아냥 받기 딱 좋은 모습이기도 해서, 실제로 이러한 오모테나시 외교에 대한 비판도 따른다. 주로 지적되는 비판은 실질적 외교 성과보다 이미지 정치에 치우친다는 점, 외교 갈등을 근본적으로 해결하지는 못한 채 과도한 의전 중심의 외교라는 점에서 그렇다. 게다가 이러한 오모테나시 외교는 서구 선진국, 또는 일본보다 강국의 정상들에게나 해당될 뿐이라는 비판도 강하게 제기되고 있다.

이에 대해 독자들이 공감할 수 있는 사례를 일본의 대한국 외교 전략에서 찾아보도록 하자. 2019년 7월 일본이 대한국 반도체·디스플레이 핵심 소재 3품목에 대한 수출 규제를 강화하며 화이트리스트(수출 간소화 대상국)에서 제외하고 양국 관계가 크게 악화되었을 때를 돌이켜 보면, 일본의 오모테나시 외교는 일관성이 없어 보인다. 일본의 수출 규제와 관련하여 한일 통상당국 간 실무 회담이 도쿄 경제산업성 별관에서 열렸는데, 당시 일본 측이 한국 대표단을 맞이한 장소와 태도는 혀를 내두를 정도였다.

허름한 창고 같은 회의실은 그렇다 치고, 한국 대표단이 입장할 때 인사나 악수도 없을 뿐만 아니라 오차 한 잔 준비하지 않았다.[17] 심지

---

17   서울신문(2019. 12. 16.), "'창고'서 물 한 잔 없이 냉대한 日… 이번엔 공손히 맞았다"
      기사 참고.

어 일본 대표단은 넥타이 없는 반소매 와이셔츠 차림으로 회의 시작 전부터 자리에서 일어나지도 않고 우리 측 대표를 맞이하는 과정에서 눈도 마주치지 않았다. 물론 당시는 한일 간 과거사 문제가 빌미가 되어 수출 규제라는 극한으로 치닫던 시점이었고, 일본 정부가 수출 규제 자체에 대해 "협의 대상이 아니다"라는 강경 입장을 견지하던 때여서 외교적 긴장감이 반영된 것이라고는 하지만, 아무리 그렇더라도 정치가가 아닌 관료들이 이 정도로 외교의 기본 자체를 지키지 않았다는 비판은 피할 수 없는 태도였다.

오차 한 잔 없이 마주 앉은 한일 수출 규제 실무 협의 대표들.
양복을 입은 한국 산업통상자원부의 전찬수 무역안보과장, 한철희 동북아 통상과장과
달리 일본 측은 반소매 와이셔츠로 맞이했다.

[출처: 서울신문(2019. 12. 16.)]

그런데 이제 대한민국의 위상이 과거와 달라졌다. 아니, 2019년 최악의 한일 관계 때와는 확연히 다른 위치에 올라섰다. 2021년 7월, 유엔무역개발회의(UNCTAD)에서는 한국의 지위를 선진국으로 변경했다. 1964년 UNCTAD가 설립된 이후 개발도상국에서 선진국으로 지위

가 전환된 최초의 사례가 대한민국이다. 2023년에는 1인당 GDP에서 한국(34,654달러)이 일본(34,554달러)을 앞섰다. 나라마다 다른 물가 및 환율 수준을 반영해 국민의 구매력을 측정하는 PPP 기준 1인당 GDP에서는 2020년 이후 우리나라(42,136달러)가 일본(41,502달러)을 추월했다. 2020년 기준 한국의 글로벌 수출액은 5,125억 달러로 3.1%를, 일본은 6,414억 달러로 3.9%를 차지했지만, 2025년 말 기준 대한민국은 전 세계 6번째로 7천억 달러를 달성했다. 일본이 7천억 달러를 달성하지 못한 상황에서 일군 성적이다. 미국발 관세 충격과 전 세계적인 보호무역주의 장벽에도 불구하고 대한민국은 자동차(Auto), 바이오(Bio), 반도체(Chip), 방산(Defence) 등 강한 ABCD 제조업 기반으로 일본과의 차이를 좁혔다. 한국이나 일본 모두 무비자 여행국은 190국으로 동일하지만 여권 보유율에서는 우리나라가 60%에 비해 일본은 17.5%에 불과하다.[18]

이제 일본은 대한민국을 무시할 수 없다. 이는 절대 국뽕이나 과장된 자신감이 아니다. 일본이 또다시 2019년과 같은 경제보복 조치를 취한다거나 일방적인 선진국 행세만 해서는 글로벌 시장에서 손해볼 수도 있다. 2025년 8월, 도쿄에서 열린 한일 정상회담 후 저녁 만찬에서 이시바 전 총리는 이재명 대통령의 고향을 상징하는 특선 메뉴로 안동찜닭과 안동소주를 내놓았다. 여기서 그치지 않고, 김치 고명을

곁들인 한국식 장어구이, 한국 김자반(국산 김) 등 한식 반찬이 사이드로 제공되었고 이 대통령이 좋아하는 흰 복숭아를 후식으로 제공할 정도로 오모테나시 외교에 신경썼다.[19]

2026년 1월 나라(奈良)에서 열린 한일 정상회담 기간에도 다카이치 총리는 이재명 대통령을 맞이하고 일정을 함께하면서 일본식 오모테나시 외교를 이어갔다. 다카이치 총리가 대통령 숙소 앞에서 직접 영접한 것은 물론이고, 607년 건립돼 1,300년 이상 버틴 목조건물로 유네스코 세계유산에 등재된 호류지(法隆寺) 사찰을 방문한 것 역시 우리나라를 배려한 측면이 강하다. 왜냐하면, 역사학계에서는 호류지의 목조건축 구조와 공법이 백제식 건축과 매우 유사해 백제 출신 장인들

이재명 대통령과 다카이치 총리가 호류지에서 열린 친교행사에서 손을 마주 잡고 있다.

[출처: 뉴시스(2026. 1. 14.)]

19　　　매일경제(2025. 8. 24.), "테이블엔 안동소주·돗토리현 맥주 나란히… 양국 정상 내외 서로 배려한 만찬" 기사 참고.

이 건립과 재건에 깊이 관여한 것으로 보고 있기 때문이다. 또한 일반인의 관람이 통제된 수장고를 개방하여 고구려 승려 담징이 그렸다는 설이 제기되는 '금당벽화' 원본을 이 대통령 부부에게 보여준 것도 그만큼 일본이 삼국시대 한반도와의 인연이 깊다는 점을 강조하기 위함이다. 이런 장소를 한일 정상 친교 장소로 선택하고, 심지어 먼저 도착해 이재명 대통령 부부를 맞이한 것은 일본 입장에서 단순한 의전 수준을 넘어 친밀한 관계를 형성하고 싶다는 의지와 환대 의사를 표현한 것이다. 이 정도면 대접받는 측에서는 감동이다. 불과 4~5년 전의 대한민국을 대하는 태도와는 완전히 다른 대접이다.[20]

오모테나시 외교라고는 하지만, 그렇다고 모든 국가 정상들에게 이렇게 하는 것은 아니다. 일본의 태도가 달라진 이유는 한국의 위상이 달라졌기 때문이며, 결국 국력의 토대인 경제력에서 나오는 국격 덕분이다. 이것이 협상 테이블에서 높은 바기닝 파워(Bargaining Power)를 발휘할 수 있기 때문에 이렇게 대접하고 또 이렇게 대접받을 수 있는 것이다. 미 정치학자인 조지프 나이(Joseph Samuel Nye)식 표현을 빌리자면 강한 국가는 두려움을 만들고, 위대한 국가는 매력을 만든다고 하는데, 지금의 대한민국을 일본이 그렇게 보고 있다.

---

20   2026년 2월 23일 국빈 방한한 브라질 룰라 대통령이 유튜브에 '한국과 브라질의 관계 격상'이라는 쇼츠를 게시해 화제를 모았다. 동작동 국립현충원을 방문했을 때 참배에 앞서 미리 준비된 왼쪽 장갑에 새끼손가락 부분이 없었던 것에 감동한 것이다. 룰라 대통령은 열아홉 살 때 금속 공장에서 일하다 왼쪽 새끼손가락을 잃는 사고를 당했다. 이제 우리나라 외교에서도 세밀한 부분까지 상대를 배려할 정도의 여유가 생겼다.

4.

한국 시각의 과거사, 사죄의 시간

4.
한국 시각의 과거사, 사죄의 시간

2023년 3월 6일, 윤석열 정부가 강제징용 해법으로 제시했던 '제3자 변제'는 야당과 진보 시민단체로부터 '굴욕 외교'라는 저항과 더불어 저평가를 받았다. 지금까지 취해왔던 국익 중심의 실용 외교를 용도 폐기하고 윤석열 정권이 일방적으로 과거사와 관련해 일본에 '통 큰 양보' 외교를 한 이유는, 어쩌면 일본이 추구해 왔던 가치 외교를 흉내 낸 것에 불과한 것일지도 모른다. 그러나 그 흉내는 국민 정서와는 완전히 괴리된 채 과거사와 독도 문제가 마치 한일 양국의 관계를 가로막는 장애물에 불과하다고 여기는 듯한, 지극히 대통령 개인의 이념 편향적이며 일본 친화적인 불안정한 외교에 불과했다.

오마이뉴스(2023. 3. 6.)는 "잘린 내 손가락 던지던 일본 공장 감독… 월급은 단 1엔도 없었는데"라는 자극적인 제목을 뽑아 강제 동원 피해

박진 외교부장관이 일제 강제징용 배상 해법 최종안으로 제3자 변제안을 발표하는 장면
[출처: YTN뉴스(2023. 3. 6.)]

자들의 한 맺힌 사연을 들려주면서 윤석열 정부를 비판했고, 열흘 뒤인 3월 16에는 다시 "대전 단체들 "한일정상회담 반대, 친일굴욕외교 중단하라""라는 기사를 내보냈다. 세계일보(2023. 3. 6.)는 "양금덕 할머니 "동냥 같은 돈 안 받아"… 시민단체 "굴욕 외교""라는 제목으로 대한민국 정부를 비판했으며, JTBC(2023. 3. 13.)는 이를 영상으로 만들어 "피해자들 "제3자 변제" 거부… 양금덕 할머니 "대통령 옷 벗으라 하고 싶다""란 제목을 달아 저녁 시간 뉴스로 내보냈다. 한겨레신문(2023. 3. 7.)도 "한국 굴욕적 양보안에도 일본은 냉담… "담화 계승" 언급만"이라는 기사를 통해 한국과 일본을 동시에 비판하였고, 3월 22일에는 "윤석열식 제3자 변제, 세계 외교사 기록될 문제적 해결책"이라는 제목으로 '셀프 배상'이자 철학이 부재한 외교라고 폄하했다. 그리고 일주일 뒤인 3월 31일에는 "굴욕 외교·인사 파동에 윤 대통령 지지율 30%로 '뚝'"이라는 제목으로 윤석열 대통령의 지지율 하락과 부정 평가의 가장 큰 이유가 '외교(21%)'를 잘못하고 있기 때문이라고 자세히 분석한 기사를 내보냈다. 머니투데이(2023. 3. 18.)도 "굴욕적 야합, 尹 심

판 시작… 야권, 한일정상회담 규탄대회"를 자세히 소개했다.

외교전문가이자 현재는 조국혁신당의 비례대표 의원인 김준형 당시 한동대 교수는 영남일보(2023. 3. 14.)의 '김준형의 외교광장' 코너에서 "윤정부의 강제 동원 해법은 '외교'가 아니다"라며 한국 정부가 일본의 역사 수정주의를 묵인하고 있다고 비판했다.

그렇지만 이러한 비판과는 별개로, 결과론적으로는 '제3자 변제 해법'을 계기로 한일 양국이 그 속도감을 체감할 수 있을 정도로 관계 개선의 대전환을 이루었다는 사실을 부정할 수는 없다. 일본 입장에서 보자면, 2019년 반도체 및 디스플레이 관련 3개 품목에 대한 수출 규제 이후 막혀버렸던 한국과의 관계를 계속 방치할 수는 없고 어떻게든 관계를 회복해야 하는 시점인데, 일본이 뱉어놓은 말이 있다 보니 지금에 와서 다시 손을 내미는 것은 자존심이 상하는 일이라 주저하게 되는 진퇴양난의 상황에서, 때마침 한국의 윤석열 정부가 뺨을 때려준 것과 다름없었던 것이다.

얽혀있는 과거사의 실타래를 풀어준다고 스스로 손을 내미는데 일본이 마다할 필요가 있겠는가? 대한민국의 '통큰 양보' 외교는 여기서 그치지 않았다. 2023년 9월, '아세안+3 정상회의'에 참석한 윤석열 대통령은 그간 관례로 사용해 왔던 '한중일 관계'를 공식석상에서 '한일중'이란 표현으로 대체했다.[1] 여기에 그치지 않고 '북일 관계'는 '일북

---

[1] 정상회의를 개최하는 국가에 따라 자국 입장에서 명칭을 바꿔 부르기도 하지만, 통상적으로 우리는 '한중일(韓中日)'로, 중국은 '한일중(韓日中)'으로, 그리고 일본은 '일중한(日中韓)'으로 표현해 오고 있다. 이재명 대통령은 앞으로 동북아 3국의 공식 표기 순서를 '한중일'로 통일하기로 했다고 밝혔다(연합뉴스, 2025. 11. 16.).

관계'라는 표현을 채택했다. '한미일'의 순서를 '한일미'로 표현하지 않은 것에 감사함을 느낄 정도이다. 그러니 일본은 손도 안 대고 코푼 격이나 마찬가지인 셈이다.

이후 일본은 마치 아무 일도 없었던 듯 윤 정부를 높게 평가하면서 관계 개선에 나서기 시작했다. 일본은 한국이 과거를 빌미 삼아 시시 때때로 일본의 발목을 잡는 나라가 아니라 협력 파트너임을, 한국은 일본이 방해자가 아닌 이웃 국가임을 확인하면서 한일 양국 간에 문제시되었던 과거사 이슈들은 순식간에 잊혀져 갔다. 이제는 양국 상호 국가 방문객 수도 1천만 명을 넘어 2천만 명대 진입을 코앞에 두고 있다. 2024년 한 해만 1천 200만여 명이 오갔고, 2025년에는 방일 한국 관광객 946만 명, 방한 일본 관광객 365만 명이 왕래하는 등 한일 양국은 그 어떤 국가들보다 중요한 이웃 국가임을 재차 확인해 나가는 과정을 거쳐오고 있다.[2]

이는 무엇을 의미하는가? 한일 양국 간 과거사를 문제 삼을 경우 작은 불씨가 화재로 번지기도 하지만, 반대로 이를 잘 '관리'만 해나간 다면 문제는 문제로 놔둔 채 협력 관계를 유지할 수 있다는 의미로, 긍정적으로 평가하자면 일종의 전형적인 상황주의 외교이기도 하다.

2025년은 한일 국교 정상화 60주년이자 광복 80주년이 되는 기념비적인 해였다. 과거사를 어떻게 정리하고 미래는 어떻게 설계해 나갈

---

2 동아일보(2026. 1. 22.)는 "2025년 일본 찾은 한국인만 946만 명… 사상 첫 900만 명 돌파"라는 기사에서 한일 양국 방문객이 곧 1천 500만 명에 가까워질 것이라고 예측했다.

지에 대한 숙제는 여전히 남아있지만, 앞으로 일본은 한국이 원하는 만큼의 사죄는 더 이상 하지 않을 것이다. 2015년 아베 담화 이후 지금까지 일본 내각은 식민지 지배 및 과거사와 관련하여 직접적인 사과보다는 '역대 정부의 담화를 계승'한다는 정도의 간접적 표현을 인용하는 정도에 항상 머물러왔고 앞으로도 그럴 것이다.

2025년 12월 9일, 중일 갈등이 심각한 상황에서도 중의원 예산위원회에 참석한 다카이치 총리는 독도에 대한 입장을 묻는 다카미 야스히로(高見康弘) 자민당 의원의 질문에 "역사적 사실에 비춰 봐도, 또한 국제법상으로도 명백한 일본 영토"라고 답변했다. 한국이 셔틀 외교에 나서면서 관계 회복을 노력하는 가운데 다카이치 총리가 한국을 뒤통수쳤다며 우리나라 언론이 일제히 망언이라고 표현했고, 한일 관계가 정치·외교적으로 민감한 시기여서 한국 정부 역시 즉각 반박하는 등 외교적 파장이 잠시 이어지기는 했으나, 필자는 조금 다른 맥락으로 이를 해석하고 싶다. 즉, 다카이치 총리가 자발적으로 의도된 발언을 했거나 한일정상회담 등에서 이런 발언이 나왔다면 이는 심각한 외교 문제가 되겠지만, 아직까지 일본 총리가 일본의 국회 질의 과정에서 독도를 일본 영토라고 답하지 않은 전례가 없다. 따라서 다카이치 총리 발언의 성격은 일본 정부의 기존 입장을 반복하는 '내치(內治)' 차원으로 보는 것이 더 타당하고, 이것이 상호 싸움을 일으키지 않는 의미 있는 해석이라고 할 수 있겠다.

이는 다른 문제에서도 마찬가지다. 일본은 55년 자민당 체제에서 단 두 번의 짧은 정권 교체만 있었을 뿐 지난 70여 년간 자민당 및 자민당이 포함된 연립 여당의 정책 기조가 크게 바뀌지 않았기 때문에 자민당의 그 어떤 총리들이라도 역대 정부의 정책 기조를 계승한다는 것이 이상할 게 없다. 반대로 한국은 진보와 보수가 오가며 정권 교체를 할 때마다 대일 정책 기조가 바뀌다 보니, 일본 입장에서는 한국의 과거사 문제 해결 방안의 예측이 불확실하다는 염려를 하고 있다. 그래서 일본 입장에서는 역대 자민당 내각의 담화를 계승한다는 정도로 충분하다고 해석하는 것이다.

그렇다면 어떤 담화를 계승한다는 걸까?

한국 입장에서 일본의 과거사 관련 사과 중 가장 의미 있게 받아들일 수 있던 문서는 고노 담화(1993)와 무라야마 담화(1995), 그리고 김대중-오부치 선언(1998)이라고 할 수 있다. 이 세 개의 문서에는 한일 역사 화해와 과거사 문제 해결을 위한 논의와 미래 지향적인 한일 관계 개선 방향이 집대성되어 있기 때문에, 냉정하게 들릴지 모르지만 엄격히 말하자면 이를 계승하겠다는 자민당 리더들의 발언이 틀린 말은 아니다. 다만 한국 정서상 '계승'보다는 총리의 입을 통해 직접적인 사과를 언급하길 원하고 있을 뿐, 역지사지(易地思之)로 생각해 본다면 일본 입장에서는 왜 한국인들의 국민 정서까지 일본이 세심히 살펴야 하나?라고 생각할 수 있다.

또 하나, 사실 이러한 담화나 선언문은 조약이 아니어서 성실과 책임의 의무를 강제할 수는 없다. 다시 말하자면, 국제사회에는 개별 국가의 행위를 규제할 상위 지배 체제나 반드시 따라야 할 공권력이 존재하지 않으며, 따라서 국제사회는 필연적으로 힘의 논리에 의한 지배, 약육강식의 법칙이 지배하는 무정부 상태일 수밖에 없는 것이다.

물론 UN과 같은 국제기구가 존재하고 조약이나 국제법이 있다고는 하지만, 국가 간의 역학 관계가 복잡하여 제재할 근거도 부족하고, 또 강대국들의 힘의 균형(balance of power)이 시시각각 변하기 때문에, 외교는 불확실성과 변수가 상시 존재할 수밖에 없는 구조임을 기억해야 한다. 이러한 힘의 균형은 각국이 자국의 이익을 지키기 위한 전략적 결정으로 이어질 뿐만 아니라 외교 정책을 수립하는 데 큰 영향을 미치기도 한다. 즉, 상대 국가의 군사적 힘이 증가하면 상대국은 이를 견제하기 위해 군비를 증강하거나 동맹을 강화할 수밖에 없다. 결국 이러한 상황이 자칫 군비 경쟁으로 이어지기도 하고 국제사회의 긴장을 높이는 요인으로도 작용하기 때문에 각국은 항상 힘의 균형을 의식하며 외교적 결정을 내려야 하는 것이다.

그런 점에서 홉스(Thomas Hobbes)는 "인간의 자연 상태는 전쟁터와 같고, 만인의 만인에 대한 투쟁 상태"라고 규정하며 권위를 지닌 강력한 권력이 존재하지 않는 상황에서는 인간이 서로를 불신하고 경쟁하며 끊임없는 갈등과 충돌 속에 놓이게 된다고 보았다. 이러한 자연 상태에서는 생존과 안전을 확보하기 위해 각 개인이 스스로의 힘에 의존해야 하고, 그 결과 불안과 공포 속에서 잠재적인 전쟁 상태가 지속되는 것이다. 국가 간 관계 역시 이를 통제할 수 있는 상위 권력이 부재한 상태에서 이루어지기 때문에 상호 불신과 권력 경쟁이 구조적으로 발생한다는 현실주의적 해석으로 이어진다.

펠레폰네소스 전쟁사에서 투키디데스도 비슷한 주장을 했다. "만약 우리가 당신들을 우호적으로 대한다면, 우리의 지배를 받는 자들은 그것을 우리가 유약하다는 표시라고 간주할 것이다. … 따라서 우리는 당신들을 정복함으로써 우리 제국의 크기뿐 아니라 그 안보도 증대시킬 것이다”라며, 제국의 권위와 안보를 유지하기 위해서는 힘을 통해 지배를 확립해야 한다고 주장한다. 오늘날 국제정치에서 국가들이 도덕이나 이상보다 권력과 안보를 우선시하며 행동한다는 현실주의적 시각이 이때에도 있었던 것이다.

결국 믿을 수 있는 건 자력(自力)이라는 점을 전제로 이웃 국가들과의 관계를 설정하다 보니, 선언문이나 담화는 시대에 따라, 또는 정치적 상황에 따라 무력화시키거나 해석을 달리하려는 시도가 보이는 것이다. 게다가 국가 지도자가 누구냐에 따라 전혀 다른 방향으로 과거사 문제를 해석하여 끌고 가기도 하는데, 이러한 패턴이 특히나 한일 관계에서는 자주 보이다 보니 갈등 구조가 눈에 자주 뜨이는 것뿐이다.

가끔 한일 간의 과거사 문제에 대해 일본의 특정 정치인들이 망언을 쏟거나 역사를 왜곡하는 사례도 있었지만, 표면적으로 드러나는 역사문제에 대해서만큼은 일본 정부의 공식적인 문서나 선언을 통해 ‘사죄의 시간’을 보냈다는 점은 인정해야 한다. 이하 대표적인 선언 및 담화문들을 중심으로 과거사 문제에 대해 일본이 어떻게 접근하고 반응했는지 살펴보도록 하자.

⸭ 미야자와 기이치 총리의 방한(1992. 1. 17.) ⸭

우선 미야자와 기이치(宮澤喜一, 총리재임기간 1991. 11.~1993. 8.) 총리가 방한하기 전에 가이후 도시키(海部俊樹, 총리재임기간 1989. 8.~1991. 11.) 총리가 먼저 한국을 찾아와 과거사 문제를 해결할 수 있는 기초를 다져놓았다. 1991년 1월 9일, 한국을 방문한 가이후 총리는 노태우 대통령과 함께, (1) 한일 양국의 진정한 동반자 관계 구축을 위한 교류 협력과 상호 이해 증진, (2) 아시아·태평양 지역의 평화와 화해, 그리고 번영과 개방을 위한 공헌 강화, (3) 범세계적인 문제의 해결을 위한 건설적인 기여 증대 등 '한일 우호 협력 3원칙'에 합의했다.

노태우 전 대통령은 한일 간의 역사 문제가 두 나라 관계 발전에 장애가 되고는 있지만, 이는 양국의 용기와 노력에 따라 극복 가능하다고 답변했다. 과거사 문제를 강조하면서도 한편으로는 한국과 일본이 민주주의라는 가치를 공유하고 있고, 탈냉전의 국제 정세 속에 서로 협력해야 한다고 반응한 것이다. 이에 대한 화답으로 가이후 총리는 파고다 공원의 3·1독립선언비에 헌화하고 묵념하였고, 이때 한국 기자들이 소감을 묻자 "파고다 공원을 방문하고 느낀 바를 일본 국민들에게 솔직히 전달하여 흐림이 없고 맑은 한일 관계를 여는 인식을 구축하는 데 최선을 다하겠다"라고 답변하였다. 서울신문(1991. 1. 11.)은 "반일 구호 속 파고다공원 3.1비에 헌화"라는 기사로 이를 알렸고, 한국일보(1991. 1. 10.)에서도 일본 총리의 방한과 파고다 공원 방문에 반대 집회 모습을 기사로 내보냈다.

어쨌든 한국의 각계에서 항의한 것과는 별개로, 이날을 기점으로 한일 양국이 서로를 협력 파트너로서 인식하기 시작했다는 것만은 분명하다. 당시 대한민국 경찰은 가이후 총리의 방한 기간 동안 약 6천여 명의 병력을 배치하여 만약의 사태에 대비하여 경비를 하였다.

이러한 기반이 마련되고 나서 미야자와 총리의 방한이 있었고, 이

1992년 1월 16일, 노태우 대통령과 미야자와 총리가
정상회담에 앞서 청와대에서 악수를 나누고 있다.

[출처: 경향신문(2015. 8. 16.)]

때 '잊지 말아야 할 것은 과거 일본이 가해자였고 한국이 피해자였다는 사실'이라는 것을 인정하면서 식민지 지배에 대한 반성과 사죄를 전했으며, 또한 일본군 위안부 문제에 대해 사죄하면서 과거의 잘못을 두 번 다시 반복하지 않도록 미래 세대에 역사를 올바르게 전하겠다고 강조했다.

미야자와 총리가 식민지 지배 및 위안부 문제에 대한 반성과 사죄를 표한 이유 중 하나는 앞으로의 일본 외교에 한국과의 협력이 중요하다고 계산했기 때문이다. 미야자와의 '아시아 속의, 세계 속의 한일 관계(アジアのなか、世界のなかの日韓関係)' 연설문은 이후 고노 담화를 발표할 수 있는 정치적 기반을 마련해 주었을 뿐만 아니라 김영삼 정권으로 넘어가 구체적인 협력 의제를 논할 수 있는 바탕이 되었다.[3] 그래서

---

3   1992년 1월 17일, 우리나라 방문 시 국회에서 A4 3장 정도 분량의 연설을 진행했다.

쥬오대학(中央大学) 종합정책학부의 핫토리 류지(服部竜二) 교수는 미야자
와의 방한을 '사죄의 여행'이라고 평하기도 했다.[4]

하라다 쿄코, 『나와 한국: 감사와 사죄를 위한 여행』(2022)

⁂ 고노 담화(1993. 8. 4.) ⁂

고노 요헤이(河野洋平, 장관재임기간 1992. 12.~1993. 8.) 내각관방장관[5]은 1993
년 8월 4일, 약 1년 8개월 동안의 조사를 거쳐 일본군 위안부 문제와
관련된 담화를 발표했다. 고노 담화는 일본군 위안부 문제에 대해 일

---

4 그 외 고려박물관(高麗博物館)의 이사장을 지냈던 하라다 쿄코(原田京子)의 『私と韓
   国、感謝と謝罪の旅』(2022, 皓星社)라는 책도 있다.

5 그의 아들 고노 다로(河野太郎)는 차기 총리 후보에 오를 정도의 거물급 정치인이다.
   현재 일본 중의원 의원으로, 2019년 아베 내각에서 일본의 대한국 수출 규제 당시 외
   무대신을 역임했고, 이후에도 방위대신과 디지털담당대신을 역임한 바 있다.

본군이 직간접적으로 관여하였다는 점을 인정한 첫 담화로서의 의미가 크다. 그 외 모집 과정에서 본인의 의사에 반한 감언, 강압, 행정 압력이 존재했다는 강제성을 인정했으며 여성들의 명예와 존엄에 깊은 상처를 남긴 것을 명시했다. 그리고 이에 대해 '통절한 반성과 사죄의 마음'을 표명하면서, 한국에서는 일본 정부가 군의 책임과 강제성을 인정한 첫 공식 문서라는 점을 높이 평가했다.

일본의 보수 우익 진영에서는 강제성이 불충분한데 정치적으로 양보한 자학사관의 상징이니 재검증해야 한다는 주장도 있지만, 일본 정부는 1994년부터 위안부 관련 내용을 고등학교 교과서에, 1997년부터는 중학교 교과서에 포함시켰고, 이후부터 일본 내각은 고노 담화를 계승한다는 방침을 지켜오고 있다.

자민당 정권이 무너지고 민주당 중심의 연립 내각이 들어선 이후 첫 총리로 지명된 호소카와 모리히로(細川護熙, 총리재임기간 1993. 8.~1994. 4.) 총리도 1993년 11월 6일, 김영삼 대통령과의 정상회담(서울 힐튼호텔)에서 식민지 지배에 대한 반성과 사죄를 표명했다.[6] 호소카와는 "양국 간에는 과거의 불행한 역사에 기인하는 문제가 있지만 상호 신뢰를 기반으로 모범적인 선린 관계를 구축할 수 있다"라고 했고, 이에 대해 "여러 가지 형태의 견디기 힘든 고통과 슬픔을 겪은 데 대해 그 비도

---

6   호소카와는 아사히신문(朝日新聞) 기자로 활동하던 중 1971년 자민당 참의원에 당선되면서 정치 활동을 시작했다. 1993년 호소카와 연립내각은 일본 정치사에서 자민당 장기 집권을 무너뜨린 7당 1파의 비자민당 연립정권으로, 취임 당시 74%라는 압도적인 지지율로 출발했으나 워낙 다양한 정치 성향의 정당 간 연립이고, 또 사가와 큐빈 정치자금 스캔들에 발목이 잡히면서 결국 1년을 채우지 못하고 총리직을 사퇴해야만 했다.

⑷道)한 행위를 깊이 반성하고 마음으로부터 진사(陳謝)드린다"라며, 창
씨개명, 강제징용 등 구체적인 사례를 거론하여 미야자와 정권보다 더
진전된 역사 인식을 제시했다는 평가를 받았다.

아버지 고노 요헤이(오른쪽)와 아들 고노 다로(왼쪽), 『결단』(2003)

⁑ 무라야마 담화(1995. 8. 15.) ⁑

  1995년 8월 15일 무라야마 도미이치(村山富市, 총리재임기간 1994. 6.~1996.
1.) 총리는 '전후 50주년 특별 담화'를 기초로 과거 식민지 지배에 대해
'통절한 반성과 마음에서의 사죄'를 문서화했고, 이로써 한일 양국에
서는 무라야마 담화를 가장 진정성 있는 사과로 평가해 왔다. 무라야
마 내각은 고노 담화의 정신에 입각하여 위안부 문제에 대한 후속조

치로 1995년 '여성을 위한 아시아평화국민기금(아시아여성기금)' 사업을 추진했다. 이 사업에서 일본 정부는 1965년 청구권 협정에 의해 법적 청산은 끝났다는 입장을 견지하고자 '도의적 책임을 통감한다'라는 표현을 사용했고, 민간 기금의 명목으로 1997년 1월 최초로 7명의 위안부 당사자들에게 위로금을 전달하기도 했다.

그러나 한국 내 피해자 중심주의의 위안부 문제가 정신대문제대책협의회(정대협)로 넘어가면서 위로금 지급에 대한 강한 반대가 이어졌고, 한국 정부도 방침을 변경하면서 아시아여성기금 해법은 장벽에 부딪혔다. 게다가 1994년에 발효된 배타적경제수역(EEZ)을 설정하는 이슈에서 독도 영유권 문제가 양국의 현안으로 급부상하면서, 1996년 여론조사 결과 일본인의 한국에 대한 친근감이 최저 수준에 이르기도 했다.

1998년 3월 21일 서울에서 개최된 한일 외무장관 회담(박정수 외교통상부장관과 오부치 케이조(小渕惠三) 외무상)을 계기로 양측은 그 다음 달 런던에서 개최하는 ASEM 정상회의 시 한일 정상회담 개최와 어업 협정 교섭을 시작하기로 논의했고, 실제로 이 기간에 한일 관계의 복원과 발전을 위해 협력하는 데 합의했다. 당시 하시모토 류타로(橋本龍太郎, 총리재임기간 1996. 1.~1998. 7.) 총리가 김대중 대통령의 국빈 방일을 초청했지만, 아쉽게도 4개월 후인 5월 30일 참의원 선거에서 자민당이 패배하자 이에 대한 책임을 지고 총리 자리에서 퇴진하는 바람에 성사되지는 못했다. 그러나 지나간 역사를 돌이켜 보면 때로는 아쉬웠던 일들이 오히려 다행이었다고 해석되기도 한다. 하시모토의 뒤를 이어 오부치 외무상이 총리에 취임하면서 역사적인 김대중-오부치 체제가 출범할 수 있었기 때문이다.

풍부한 눈썹이 트레이드 마크였던 무라야마 총리가 전후 50년을 맞아 무라야마 담화를 발표하고 있다. TBS방송에서는 그가 101세로 사망한 날, 식민지 지배와 침략에 대한 반성과 사과를 표명하는 그의 생전 모습을 추억하며 영상을 보여주었다.
[출처: TBS NEWS DIG(2025. 10. 17.)]

⁂ 김대중-오부치 선언(1998. 10. 8.) ⁂

일본의 식민지 지배에 대한 공식 사과와 과거사 문제를 넘어 미래지향 관계로 가자는 선언이 공식적인 문서를 통해 한목소리를 내면서 김대중-오부치 선언은 한일 관계의 가장 긍정적인 전환점이 되었다는 평가를 받아왔다.

1998년 김대중 대통령의 국빈 방일과 파트너십 공동선언을 발표하자는 초보적인 아이디어는 일본 측이 먼저 제안[7]하였지만, 이를 업데이트하여 신속히 진전시킨 것은 한국 외교부였다. 당초 일본은 개략적인 방향을 제시하는 정도에 지나지 않았으나, 한국 측은 기왕 할 바에

---

7   조세영(2018), p.2

야 파트너십 공동선언을 구체적으로 작성한 후 양국 정상이 서명하고 별도의 부속 문서로 행동 계획(Action Plan)을 마련하여 양국 외교장관이 매년 정기 외무장관회담에서 점검해 나갈 것을 제의했다. 그 후 외교통상부는 일본과 여타 국가들이 발표한 파트너십 문서들을 분석하고 내부 관련 부서와 외부 관계 부처의 의견을 수렴하여 초안을 만들었다.[8]

당시에는 반성과 사죄라는 키워드를 문서화하자는 제안에 대해 일본이 수용하지 않을 것이라는 의견도 있었지만, 외교통상부 실무진은 1993년의 고노 담화와 1995년의 무라야마 담화가 존재하기 때문에 이를 문서화하는 것이 가능할 것이라는 의견을 강하게 피력했다. 비록 무라야마 총리가 사회당 출신이기는 하지만 어쨌든 자민당을 포함한 여당의 연립정권에서 내각의 결정을 거쳐 발표되었다는 공식적 성격을 가지고 있기 때문에 일본 측도 일본의 과거사 반성과 사죄의 문서화를 반대할 명분이 없다고 본 것이다.

문서화는 공식적인 기록을 남긴다는 측면에서 의의가 크다. 한국에서는 일본이 최초로 공식 문서를 통하여 명확한 과거사 인식을 표명했다고 높게 평가할 수 있고, 일본도 훗날 한국으로부터 '일본은 반성과 사죄를 하지 않았다'라는 비판이 제기될 때 이 문서를 증거로 제시할 수 있으니 한일 양국 모두 명분은 충분했으리라 짐작된다. 공동선언 문안 협의가 본격화되자 한국 측은 아시아 전체를 대상으로 사죄한 무라야마 담화의 내용을 한국에 대한 일본의 식민지 지배와 피해

를 적시하고, 이에 대한 반성을 나타내는 방향으로 발전시키는 것이 좋겠다는 뜻을 일본 측에 전달했다.

1998년 10월 8일, 드디어 일본 도쿄를 방문한 김대중 대통령과 오부치 게이조(小渕惠三, 총리재임기간 1998. 7.~2000. 4.) 총리는 한일 양국 간 불행했던 역사를 극복하고 미래 지향적인 관계를 발전시키기 위해 '21세기의 새로운 한일 파트너십 공동선언(21世紀に向けた新たな日韓パートナーシップ共同宣言)'을 발표했다(이하, 김대중-오부치 선언).

아울러 '21세기의 새로운 한일 파트너십을 위한 행동계획'(이하, 행동계획)에는 ① 양국 간 대화 채널의 확충, ② 국제사회에서의 평화와 안전을 위한 협력, ③ 경제분야에서의 협력 관계 강화, ④ 범세계적 문제에 관한 협력 강화, ⑤ 국민 교류 및 문화 교류 증진 등 5개 분야 43개 항목의 구체적인 협력 사업이 제시되었다. 그 외 일본 수출입 은행의 한국에 대한 차관 제공, 한국 내 일본 문화 개방, 한일 안보 협력과 한국 공과대학 학부 유학생의 일본 파견 등을 약속했다.

한일 양국 정부는 이후 과학기술, 공학 분야 공동 인재 양성을 위해 1999년부터 '한일 공동 이공계 학부 유학' 장학생을 선발하여 일본 국립대 이공계 학부 과정으로 보내기 시작하였고,[9] 향후 '1년에 100명씩, 10년간 1,000명의 이공계 인재를 양성한다'라는 구체적인 목표를 설정하여 한일 협력의 상징적인 모델이 되었다. 이후 이 프로그램은 양국

---

9   선발된 학생들에게 주어지는 장학금 혜택은 파격적이다. 국립대 학비가 전액 면제에 왕복 항공권을 제공받으며 매월 200여 만 원 상당의 생활비를 지급받는다. 우리나라의 국립국제교육원에서 모집을 하고 있으며 필기시험으로 수학, 물리, 화학, 영어, 그리고 면접을 통해 선발한다.

고등교육 단계에서의 학생 교류 확대 및 우호 증진을 목표로 학부뿐만 아니라 석·박사 및 교류 과정 등을 포함한 포괄적 교류 프로그램으로 운영해 오고 있으며, 2019년부터는 '한일공동고등교육유학생교류사업'으로 개편되어 2028년까지를 예정으로 지금도 진행되고 있다.

한일 양국 정상이 1998년 10월 8일 11개 항의
'21세기 한일 파트너십 공동선언'에 서명하는 모습
[출처: 연세대김대중도서관]

김대중-오부치 선언의 가장 큰 의미는 한일 양국의 과거사에 대해 지금까지 구두로만 언급되었던 일본의 반성과 사죄가 처음으로 공식 합의 문서에 명시되었다는 데 있다. 그래서 이 선언이 하나의 고유명사로 정착되어 오늘날까지도 한일 양국 외교를 언급할 때마다 거론되는 것이다. 또한 선언문 안에는 일본이 한때 식민지 지배로 인해 한국 국민에게 다대(多大)한 손해와 고통을 안겨주었다는 역사적 사실을 겸허히 받아들이고, 이에 대하여 '통절한 반성과 마음으로부터의 사죄(痛切な反省と心からのお詫び)'를 한다는 내용이 포함되어 있어 선언문의 가치를 높게 평가받았다.

앞선 무라야마 담화의 대상이 '아시아 제국의 국민들'이었다면, 김대중-오부치 선언은 대상을 '한국 국민'으로 좁혀 한일 양자 관계를 특정하여 직접적으로 사죄했다는 점에서 뜻깊다. 이에 대해 김대중 대통령은 "오부치 총리의 역사 인식의 표명을 진지하게 받아들이면서 동시에 양국이 과거의 불행한 역사를 극복하고 화해와 선린 우호 협력에 입각한 미래 지향적인 관계를 발전시키기 위해 서로 노력하는 것이 시대적 요청"이라고 답하였다.

또 하나, 그동안 일본은 과거사에 관한 인식을 표명할 때 '오와비(お詫び)'라는 일본어 표현을 사용해 왔고 이에 대해 한국은 '사과' 또는 '사죄'라는 한국어 번역을 혼용해 왔는데, 파트너십 공동선언에는 사과가 아닌 사죄라는 표현을 사용했고, 여기에 일본이 동의했다는 점이다. 외교통상부 실무진은 일한사전에 일본어 '오와비'가 한국어로는 '사죄' 또는 '사과'로 병용되어 있음에 착안하여 단순 사과보다는 조금 더 무거운 의미의 '사죄'라는 표현을 관철시키고자 했고, 치열한 논쟁 끝에 공동선언의 일본어 'お詫び'를 한국어본에서는 '사죄'로 표기하는 데 일본이 이의를 제기하지 않았다. 물론 일본 측이 처음부터 동의한 것은 아니어서 사죄 표현을 둘러싼 논쟁은 지속되었고, 그래서 파트너십 공동선언의 문안은 대통령이 일본에 도착하는 당일이 되어서야 최종 확정될 수 있었다고 한다.[10]

---

10   조세영(2018), p.5

한편, 공동선언의 준비 작업이 한창이던 8월 31일, 북한이 대포동 미사일을 발사한 것이 일본의 영공을 통과하는 전례 없는 사건이 발생하자 일본은 파트너십 공동선언 안에 북한의 미사일 개발에 대한 강력한 반대의 뜻을 포함시킬 것을 한국 측에 적극적으로 요구해 왔다. 이러한 배경에서 일본 측은 공동선언 내용 가운데 특히 한일 안보 협력의 강화와 대북 정책에 관한 협조 부분을 중시했다. 그 외, 일본이 유엔 안보리 상임이사국에 진출할 수 있도록 한국이 지지한다는 내용을 포함시켜 줄 것을 강력히 희망했지만, 한국 측 내부에서 반대 의견이 제기되어 공동선언문에는 국제연합을 비롯한 국제사회에 대한 일본의 기여와 역할의 증대에 기대를 표명하는 정도로 마무리하고 지지 내용은 포함시키지 않았다.

결과적으로 1998년의 파트너십 선언은 1965년의 청구권 협정에서 다루지 못했던 가해자 일본의 사죄와 피해자 한국의 용서, 그리고 양국의 화해 성립을 선언문에 담아냈다는 점, 나아가 미래의 협력을 위한 귀중한 디딤돌이 되었다는 점에 큰 의미를 부여할 수 있다.

지금까지 일련의 과정을 지켜보면서, 필자는 한국과는 다른 일본의 정치 체계와 관료주의를 이해하는 것이 일본과의 외교 관계에서 중요하다는 점을 강조하고 싶다. 즉, 한국은 관료가 대통령이 되기 어려운 구조이지만, 일본은 현재의 장관, 또는 지금은 두각을 나타내지 못하는 정치인이더라도 조건만 갖춰진다면 언제든 당내 총재로 선임된 후 총리가 될 수 있는 구조라는 점이다. 과거 한일 외무장관 회담을 통해 한국을 이해했던 오부치 외무상이 수상 자리에 오른 것이 김대중-오부치 선언으로 이어질 수 있었던 것을 기억한다면, 또 반대로 젊은 정치인 시절에 위안부 문제를 부정하려는 모임의 사무국장이었던 아베를 일찍이 지한파로 섭외하지 못한 결과, 그가 총리에 올라 전후 체제로부터의 탈피를 위해 역사를 부정하고 미화하려는 작업을 내세웠던 점을 기억한다면, 한국의 대일 외교는 기회가 있을 때마다 일본의 관료 및 정치인들을 친한파로 만들어놓는 방향으로 나아가야 할 것이다.

물론, 먼 훗날에 한일 외교에서 과거사로 심각한 갈등이 재발하지 않는다는 보장은 없다. 그런 일이 벌어질 경우 또다시 첨예한 치킨 게임이 시작되면서, 서로의 자존심 때문에 공식 루트로는 해결의 실마리를 찾기 힘든 상황이 연출될 수도 있다. 이럴 때 필요한 것이 바로 비공식 외교다. 일본도 한국 내 지일파 정치인들을 구하기 위해 노력하고 있겠지만, 그에 못지않게 우리 역시 일본 내 지한파 정치인과 전현직 관료 및 학자와 싱크탱크, 그리고 언론인들을 많이 섭외해 놓아야 하고, 양국 리더십의 셔틀 외교가 복원된 것처럼 비공식 루트 역시 셔틀 외교의 한 축으로 활발하게 움직여 주어야 한다.

현재 가장 오래되고 강력한 한일의원연맹[11]에는 여야 가리지 않고 많은 의원들이 참여하면서 한일 간 갈등 국면에서 의사 교환을 하고 있고, 한국의 한경련(韓経連)과 일본의 케이단렌(経団連)도 라인을 이어가고는 있지만, 그 외 학계와 산업계, 지자체 간의 네트워크도 활발히,

---

11   1972년에 출범한 한일의원연맹은 한국과 일본 국회의원들이 친선 협력과 교류를 목적으로 만든 초당적 의원외교단체로, 현재 한국측 회장은 주호영 부의장이 맡고 있고, 일본측 '일한의원연맹'은 스가 요시히데(菅 義偉) 전 총리가 맡고 있다.

그리고 지속적인 소통과 채널을 유지해 나간다면 양국의 외교 위기 발생 시 정면충돌을 회피하면서 조율과 관리를 해나갈 수 있을 것이다.

⁂ 칸 담화(2010. 8. 10.) ⁂

2010년 8월 10일, 일본에서는 한일강제병합 100년을 맞아 칸 나오토(菅 直人, 총리재임기간 2010. 6.~2011. 8.) 총리가 내각회의 결정을 통해 담화를 발표했다. 한국 언론에서는 무게를 크게 두지 않았지만, 칸 담화는 앞선 일본 정부의 담화 및 선언문보다 한층 진일보한 담화라고 할 수 있다. 그렇게 평가받는 부분만 발췌를 해보도록 하자.

'정치적 군사적 배경하에서 당시 한국인들은 그 뜻에 반하여 행해진 식민지 지배에 의해'
「政治的·軍事的背景の下、当時の韓国の人々は、その意に反して行われた植民地支配によって」

여기서 주목할 내용은 '그 뜻에 반하여(その意に反して)'이다. 지금까지 한일 양국의 식민지 지배에 대한 해석은 각자 달랐다. 일본은 합법이라고 주장해 왔고, 한국은 불법이라는 주장을 강력히 피력해 왔는데, 이렇게 상반된 주장을 해왔던 이유는 그동안 한일 기본 조약 제2조에 대한 한일 양국 간 해석이 달랐기 때문이다. 이를 일문과 영문, 그리고 국문으로 각각 살펴보면 다음과 같다.

(1) 일문

「千九百十年八月二十二日以前に大日本帝国と大韓帝国との間で締結されたすべての条約及び協定は、もはや無効であることが確認される」

(2) 영문

「It is confirmed that all treaties or agreements concluded between the Empire of Japan and the Empire of Korea on or before August 22, 1910 are already null and void」

(3) 국문

「1910년 8월 22일 및 그 이전에 대한제국과 대일본제국 간에 체결된 모든 조약 및 협정이 이미 무효임을 확인한다」

이를 두고 일본 측은 1910년에 체결한 병합조약이 유효하기 때문에 식민지 지배가 합법이었고, 따라서 1948년 대한민국이 탄생하면서 병합 조약이 무효가 되었다고 해석하는 것이고, 한국은 '양국 간 조약이 1910년 이전에 이미 무효하다는 것을 확인한 것이며, 따라서 한일 합병은 원천 무효 조약이자 일본 측의 불법 점령'이라고 해석하다 보니, 결과적으로 양국의 접점을 찾은 것이 바로 '합의되지 않은 합의(agree to disagree)'였다. 그런데 칸 담화에서는 이와 관련한 논쟁을 잠식시킬 만한 '한국인들의 뜻에 반하여'라는 표현을 사용함으로써 한일 양국이 모두 수긍할 수 있는 문장을 사용했다는 점을 높게 평가할 수 있다는 것이다.

칸 담화를 발표하는 칸 나오토
[출처: 동아일보 일본어판(2010. 8. 10.)]

이제 일련의 과정을 정리해 보자. 1990년대 들어와 가이후 총리가 한일 협력의 필요성을 강조하면서 과거사 반성의 길을 터준 후 1992년, 미야자와 총리가 1965년 국교 정상화 이후 일본 총리로서는 처음으로 한국 국회에서 연설하면서 과거 일본 제국주의에 대한 반성의 뜻을 표명했다. 고노 요헤이 관방장관은 1993년 8월 일본군위안부 문제에 대해서 담화를 통해 위안부 모집 과정에서 일본 정부가 관여한 점을 인정하고 사죄를 표명했고, 호소카와 총리는 전후 처음으로 식민통치를 식민지 지배로 인정하고 사죄를 표명했다. 이러한 과정을 거쳐 마침내 1995년 무라야마 총리가 전후 50주년 종전 기념일을 맞이하

여 담화(무라야마 담화)를 발표하면서 '통절한 반성과 마음으로부터의 사죄'를 표명하는 것으로 이어졌고, 위안부 피해자들에게 금전적 보상을 하기 위한 '아시아여성기금(アジア女性基金)'을 만들어 1997년부터 피해자들 일부에게 보상을 하는 절차에 들어갔다. 그리고 이러한 과정을 거쳐 1998년 김대중-오부치 선언에 이르게 된 것이다.

필자가 이렇게 길게 재정리한 이유는, 한일 과거사 문제는 단번에 해결되거나 정리되는 것이 아니라 시간의 축적을 필요로 하고 있다는 점을 상기시키기 위함이다. 모든 것이 그러하듯, 한일 관계 역시 마찬가지다. 우리가 눈치채지 못할 뿐 어느덧 단계적으로 하나씩 하나씩 실마리가 풀어지면서 서서히 진일보하고 있다는 것을 알 수 있다.

5.

일본 시각의 과거사, 종결의 시간

5.
일본 시각의 과거사, 종결의 시간

그러나 1990년대와는 달리 2000년대 중반부터 일본 내에서는 한일 간 역사 문제에 더 이상 사죄나 배상을 언급하지 않고 종결짓고자 하는 분위기가 확산되었다. 이러한 전환점에는 '아베 신조'라는 정치인의 등장이 결정적인 영향을 미쳤다.

일본은 위안소 설치와 위안부 동원에 일본군이 직·간접적으로 관여한 것을 인정하고 사죄와 반성을 표명한 1993년 8월 4일의 고노 담화 이후, 일본의 역대 내각은 이를 일본 정부의 공식 견해로 인정하고 1996년부터는 검정을 통과한 중학교 역사 교과서 7종 전부에 일본군 위안부 관련 내용을 기술해 왔다. 그러나 이듬해인 1997년 2월, '일본의 전도(前途)와 역사 교육을 생각하는 젊은 의원 모임'이 결성되고 여기에 아베 신조가 사무국장이 된 이후부터는 '위안부' 기술을 삭제하기 위한 작업에 들어갔다. 아베는 이후 총리가 되자 곧바로 위안부 문제를 역사에서 지우는 선봉에 서서 고노 담화가 역사적 사실에 근거한 것이 아니라 정치적 타협의 산물이며, 이것이 근거가 되어 각국 의회의 결의안 등 국제사회에서 일본군 위안부 문제에 대한 인식이 정착된 것이라고 주장했다. 그리고 이를 바꾸기 위해서는 고노 담화를 수정 혹은 무력화시키는 것이 필요하다고 지속적으로 주장했다.

고노 담화 수정론은 2007년 미 하원에서 위안부 결의안이 논의되면서 또다시 쟁점이 되었다. 2007년 3월 1일 아베 총리가 고노 담화와 관련하여 '강제성을 뒷받침할 증거가 없다'라고 발언하자 한국뿐 아니라 뉴욕타임즈, LA타임즈 등 미국 언론에서도 비판이 일었지만, 아베는 여기서 멈추지 않고 오히려 더 강성으로 돌아섰다. 2014년 6월 20일, 아베는 고노 담화 작성 경위를 검증한 "위안부 문제를 둘러싼 한일 간 교섭의 경위(慰安婦問題を巡る日韓間のやりとりの経緯)"라는 제목의 검증 보고서를 작성하여 위안부 모집의 강제성을 부인했다. 그리고 이는 당시 일본 정부가 자체적인 조사와 판단을 통해 진상을 파악한 결과물이라기보다는 한일 정부 사이의 여러 차례 의견 교환 및 문안 조정 과정을 거친 정부 간 교섭의 산물이라고 발표[1]했고, 이후 일본에서는 고노 담화를 수정해야 한다는 주장이 본격적으로 분출되기 시작했다.

하기우다 고이치(萩生田光一) 자민당 총재 특별보좌관도 비슷한 행보를 보였다. 2014년 10월 6일 BS Nihon TV에서 고노 담화에 대해 "이

---

1   경향신문(2014. 6. 21.), ""고노담화 작성 때 한·일 간 문안 조정" 일본 검증결과보고서 공개 파문" 기사 참고.

미 역할은 끝났다고 생각한다. 전후 70년에 맞추어 새로운 담화를 내는 것에 의해, 결과적으로 (고노 담화는) 껍데기만 남는다"라고 발언했다(読売新聞, 2014. 10. 7.).

일본의 보수 정치인들은 왜 이렇게까지 고노 담화를 부정하려고 하는 걸까? 우선 자민당 내 우익 성향이 강한 의원들은 고노 담화가 총리가 아닌 관방장관의 담화임을 지적하며 내각 전체의 입장이 아니라고 피력한다. 또한 이들은 고노 담화를 작성하는 과정에서 한국과 정치적으로 의견 조정을 하였을 가능성을 제기하며, 이때 일본의 의사가 충분히 반영되지 않았기 때문에 반쪽짜리 담화라고 주장한다. 즉, 그들은 고노 담화를 '과거의 사과'가 아니라 현재와 미래의 행동까지 구속하는 족쇄로 바라보고 있으며, 이것이 일본의 국익에 불리하다고 생각하기 때문에 담화 자체의 신뢰성이 떨어진다고 주장하는 것이다.[2]

⸭ 무라야마 담화의 논란 ⸭

무라야마 담화는 일본 정부의 총리 주도로 진행된 공식 문건이기는 하지만, 당시 무라야마 총리는 자민당의 총재가 아닌 사회당의 당수로서 정치적 타협에 의해 총리가 된 인물이기 때문에, 자민당 내부에서는 고노 담화와 마찬가지로 무라야마의 대표성이 떨어진다며 이를 인정하지 않으려는 분위기가 있다. 일본에서 역사 수정주의가 확산되고, 아베 총리가 주장하는 '일본 회복', '전후 체제의 탈각', '자주 헌

---

2   자세한 내용은 남상구(2014) 참고.

법 제정' 등과 같은 구호가 등장하면서 고노 담화와 무라야마 담화를 부정하는 세력들의 목소리가 강해진 것이다.

이런 맥락에서 일본 측은 자신들이 전쟁 가해국이라는 인식은 약화시키고 식민지 지배를 미화하거나 정당화하려는 경향을 보이기 시작했으며, 또한 전쟁의 책임을 전적으로 일본에 묻는 것에 반발하며 그것이 단순히 일본의 국익을 위한 전쟁이 아니라 아시아를 해방시키기 위한 전쟁이자 서구 제국주의에 맞선 자위 전쟁이라는 주장을 내세워 전쟁 책임을 상대화하려는 행보를 보였다. 그리고 이를 구체화하기 위해 침략은 진출로, 강제 연행은 동원으로 교과서 내용 및 외교문서의 표현을 수정하거나 완화했고 더 나아가 정부의 각종 홈페이지를 수정 또는 삭제하는 단계까지 접어들었다.

한편, 1990년대 초반, 일본 정계에서 과거사 사죄 흐름이 강해지자 이에 반발하여 자민당 내 보수·우익 의원들 중심으로 '역사검토위원회(歷史檢討委員會)'라는 조직을 만들었는데, 이 조직은 단순한 공부 모임을 넘어 오늘날 일본 우익의 역사관(수정주의 역사관)을 정립하고 확산시키는 데 결정적인 역할을 했다. 위원회는 약 1년 반 동안 20회에 걸쳐 강연회와 심포지엄을 열었고, 관료 출신이자 법무대신을 지냈던 위원

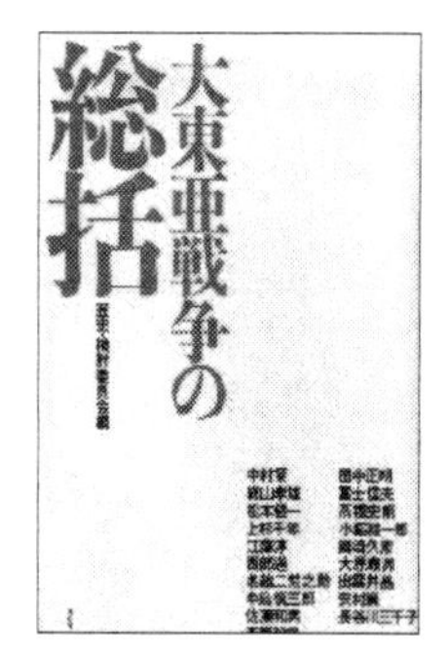

고노 담화 및 무라야마 담화를
부정하는 서적
『대동아 전쟁의 총괄
(大東亞戰爭の総括)』(1995)

장 오쿠노 세이스케(奧野誠亮)가 이 결과물을 『대동아 전쟁의 총괄(大東亞戰爭の総括)』이라는 책으로 정리해 무라야마 담화가 발표되던 날 출판

하면서 고노 담화와 무라야마 담화를 부정하는 운동을 전개하기 시작하였다.

이 책은 태평양 전쟁을 미화하거나 위안부 및 조선인의 강제 동원을 부정하는 내용, 그리고 과거에 대한 사죄를 하면 안 된다는 우파 논객의 강연을 요약한 내용으로 구성되어 있으며, 무라야마 정권 당시의 각료 3인과 향후 총리가 된 하시모토 류타로(橋本龍太郞, 총리재임기간 1996. 1.~1998. 7.)의 이름도 포함되어 있다.

⸭ 김대중-오부치 선언의 논란 ⸭

세상이 옳다고 생각하는 방향으로만 가거나 또는 우리의 뜻대로 되지 않는 것은 확실하다. '김대중-오부치 선언'이 실행으로 옮겨지고 43개의 액션 플랜이 현실화되었다면 한일 관계 개선은 생각보다 빨리 진전되었을지도 모른다. 오코노기 마사오(小此木政夫) 케이오대학 명예교수는 1998년 김대중 대통령과 오부치 총리의 "21세기의 새로운 한일 파트너십 공동선언"을 기점으로 한국과 일본이 진정한 화해의 길로 들어서는 계기를 마련했다는 점에서 이를 "98년 체제"라고 하였을 정도다.[3] 그러나 불행하게도 해당 선언 1년 반 뒤에 오부치 총리가 뇌경색으로 갑작스럽게 사망(2000. 4. 2.)하면서 김대중-오부치 선언이 일본 내에서 더 이상 동력을 얻지 못한 채 형해화(形骸化)되었다는 점은 영 아쉽기만 하다.

---

3   한겨레신문(2019. 10. 19.), "한일 관계 진단과 해법 전문가 좌담" 기사 참고.

필자는 박사과정 1년차 당시 메이지대학(明治大学)이 위치한 오차노미즈역(御茶ノ水駅)에서 내릴 때마다 대각선 방향의 쥰텐도대학병원(順天堂大学病院) 앞에 집합해 있던 방송국 중계차들이 며칠이 지나도록 그곳에 대기하면서, 마치 오부치 총리가 죽을 시간만 기다리는 것 같은 무정한 광경이 지금도 잊혀지지 않는다. 일주일쯤 지났을 어느 날 또다시 학교에 가던 중 병원 앞에 있던 수많은 중계차들이 없어진 것을 보았다. 오부치 총리가 총리 관저에서 휴식을 취하지 못할 정도의 극심한 스트레스를 받았고, 이로 인한 뇌경색 합병증으로 사망했다는 소식은 오후 TV를 보고 확인했다. 그리고 그의 총리 사임은 사망이 확인된 시점에 곧바로 처리되었다.

오부치 총리가 사망하자 자민당 내의 오부치파는 점점 힘을 잃은 반면, 아베를 필두로 일본 내 강성 우익들이 수면 위로 올라오면서 김대중-오부치 선언은 일본 내에서 사실상 유명무실한 선언이 되어 버렸다. 그리고 이때를 기점으로 일본 내 우익 성향은 점차 강경해졌다.

김대중-오부치 선언 당시 자민당의 재선 의원이었던 아베 신조는 "국가 차원의 반성과 청산은 한일기본조약으로 끝났다"라고 강조해 왔다. 1965년에 체결된 한일기본조약에 대해서는 그 중요성 만큼이나 다양한 평가가 존재하지만, 그중 비판적인 평가는 한국 정부가 조약 체결을 서두르는 바람에 협상력을 잃었다는 점, 그리고 식민지 지배에 대한 보상 청구권을 충분히 행사하지 못했다는 점 등이 대표적이다.

하지만 1960년대로 시곗바늘을 돌려본다면 자본 축적이 없었던 한국으로서는 선택의 여지가 없었다. 우선 미국은 한국과 일본 양국 모두 안전보장 조약을 맺고 있었기 때문에 양국의 국교 정상화를 위한 미국의 계속적인 화해 압력을 배제할 수는 없었을 것이고, 또 한국 입장에서도 안정적인 경제 건설을 위해서는 일본의 자금을 필요로 했던 시절이었다. 한일 국교 정상화를 계기로 일본에서 한국으로 공급된 자금은 액수의 다소를 별개로 하더라도 한국의 고도 경제성장에 중요한 마중물 역할을 한 것을 부인할 수는 없다. 국교 정상화 이후 한일 관계는 김대중 납치 사건, 문세광 사건, 역사 교과서 문제 등으로 위기를 맞은 적도 있었지만 빠르게 성장하는 한국 경제를 생각해 보면 긍정적인 방향으로 발전해 왔다고 할 수 있겠다.

제2기 아베 내각 때인 2018년, 김대중-오부치 공동선언 20주년 기념 심포지엄에 참석했던 아베 총리는 "김대중-오부치와 같은 정치 지도자들과 여러 사람들의 부단한 노력으로 지금에 이르는 한일 관계가 만들어졌다", "(김대중 대통령과 오부치 총리는) 여론 등의 압력을 극복하고 대국적 견지에서 결단해 양국 관계를 미래지향적으로 전진시켰다"라며 높게 평가했지만, 이는 자리가 자리인 만큼 상황에 맞는 레토릭(rhetoric)이었을 뿐, 아베의 역사 인식에는 변함이 없었다는 것을 이후의 행보에서 '충분히' 확인할 수 있다.

한편, 2019년 7월 일본의 수출 규제 이후 4년 만에 윤석열 정부가 제시한 '제3자 변제'로 극적인 관계 개선이 진행되고 나서 그해 5월 한국을 방문했던 기시다 전 총리도 아베와 크게 다를 바 없었다. 그는 기자회견에서 과거사 문제에 대해 "1998년 10월 발표된 한·일 공동선언(김대중-오부치 선언)을 비롯해 역사 인식에 대한 역대 내각의 입장을 계승한다는 입장은 앞으로 흔들림이 없을 것"이라고 밝혔을 뿐 우리가 원하는 대로 과거사를 직접 언급하지는 않았다. 기시다의 뒤를 이은 스가 총리, 그리고 이후의 이시바 총리와 지금의 다카이치 총리에 이르기까지 이러한 아베의 역사 인식 체계는 그대로 계승되어 오고 있다.

앞으로도 일본 정부가 과거사에 대해 직접적으로 사과하기보다는 역대 정권의 입장을 계승하겠다는 표현 정도로 마무리 지으려고 할 것임은 자명해 보인다. 그리고 그런 선례가 쌓이게 되면, 지금의 다카이치 내각 이후 어떤 새로운 정치인이 총리가 되더라도 과거사를 직접 언급하는 분위기는 점점 힘을 잃어갈 가능성이 크다.

⧙ 아베 담화의 논란, 종결의 시간 ⧘

살아있는 권력으로 불리웠던 아베 전 총리는 참의원 예산위원회(2013. 4. 23.)에서 "침략에 대한 정의는 학계에서도 국제적으로도 정해지지 않았다. 국가 간의 관계상 어느 쪽에서 보느냐에 따라 다르다"라고 발언했다. 이어 당수 토론회에서는 "침략 여부 판단은 정치가가 아닌 역사가에게 맡겨야 한다"라고 했다.

그런 가운데 일본이 전후 70년을 맞이하던 2015년 8월 15일에는 무라야마 담화(1995) 이후 20년 만에 과거사와 관련하여 기존의 담화를 형식적으로는 계승한다는 아베 담화를 발표했다. 그러나 아베 담화는 한일 간의 문제보다는 제2차 세계대전의 피해를 입은 미국을 비롯한 서양 국가들에 사과하는 수준에 머물렀다는 비판을 받았다. 앞서 소개했던, 한국 강제 병합 100년에 즈음하여 발표된 '칸 담화'(2010)가 병합의 강제성을 인정하면서 '통절한 반성'과 '진심 어린 사죄'를 한 것과는 대조적이다.

어쨌든 아베 총리는 칸 담화와 같은 기존의 담화를 '전후 체제 탈각'과 '자학사관 극복'이라는 이유로 수정하겠다는 입장을 유지해 왔기 때문에, 아베 담화에서는 식민지 지배, 침략, 사과, 반성에 대한 부분을 애매하게 표현했을 뿐만 아니라 앞으로 구체적으로 어떻게 실천하겠다는 것인지, 즉 향후 의지와 목표는 언급하지도 않았다. 그런데도 아베 총리는 오히려 자신이 발표한 담화에 대해 전후 일본의 거듭된 사죄에 종지부를 찍었다고 자평했고, 이 자리에 참석했던 고이즈미 전 총리도 "일본은 제2차 세계대전에 대해 충분히 반성했다", "세계 각국은 일본의 반성에 대한 노력을 높이 평가하고 있다"라고 주장했다. 2015년은 한국 입장에서는 전후 70년이면서 한일 국교 정상화 50주년이기도 하여 한일 간의 과거사 문제에 대한 언급을 기대했기 때문에 그 실망감이 더욱 컸을지도 모른다.

아베는 2020년에도 산케이신문(産経新聞)과의 인터뷰를 통해 더 이상 "우리 아이들과 손주, 그리고 그 다음 세대의 아이들에게 (식민 지배에 대한) 사죄를 계속하는 숙명을 안겨줘서는 안 된다", "일본이 사죄 외교를 반복하는 패전국인 채로 있어서는 안 된다"라며, 자신이 전후 일본에 대한 종지부를 찍은 것이 현저한 성과이자 가해의 역사에 대한 책임에서 탈각하겠다는 의지를 보였다고 자평했다.[4] 결국 아베 담화는 이후 2015년 12월 위안부 합의로 이어졌지만, 중의원 예산위원회의

---

4   한국경제신문에서는 같은 날(2020. 10. 13.) 산케이신문을 인용하여 아베가 또 극우 본색을 드러냈다고 평했다.

2015년 8월 14일 산케이신문의 호외(号外) 1면 기사.
아베의 전후 70년 담화 발표의 주요 내용인 '다음 세대에게 사죄를 짊어지게 하지 않겠다'
라는 문장을 메인 기사로 내보냈다.

문답 과정에서 총리가 사죄 편지를 보낼 가능성이 있느냐는 질문에 대해 "털끝만큼도 생각하지 않고 있다"(한겨레신문, 2016. 10. 3.)라고 얄밉게 답변할 만큼 강경한 자세를 취했다. 사죄 외교에 대해 이제는 확실히 종지부를 찍겠다는 의지를 이렇게도 강렬하게 표현한 것이다.

이렇듯 2000년대 이후 아베가 일본의 리더로 등장하면서 일본은 과거와 달리 한일 과거사에 대해 '종결의 시간'을 구축하기 시작했다. 이유는 일본 자민당 및 우익 세력과도 관련이 있지만, 한국 정치의 지각변동에 따른 부침(浮沈)도 일정 부분 영향을 받았으리라 짐작된다.

한국 정치의 지각변동이라는 부분을 살펴보자면, 노무현 정부 시기에는 한국이 일본과 독도를 둘러싼 역사 전쟁을 시작하였고, 이명박 대통령은 독도를 직접 방문하여 영토 분쟁에 불을 지폈을 뿐만 아니라 그가 일왕의 사과를 언급하면서 일본 내 보수 세력이 극우적인 성향으로 치닫는 계기를 만들어주었다. 이런 상황에서 아베의 등장은 일본의 보수 우익 세력들이 표면으로 나와 활동하기 수월한 환경을 만들어준 셈이다. 당시 일본 미디어는 거의 대부분 이명박 대통령이 '다케시마에 상륙했다'라고 보도했는데, 『일본발 혐한 바이러스』(2021)[5] 본문은 '혐한'이나 '상륙' 등의 용어의 근원을 따지고 들어가면 '한국 멸시관'과 맞닿아 있다고 기술하고 있다.

결국 일본은 2012년 11월 '다케시마 문제 대책 준비팀'을 만들었고, 곧바로 영토문제담당대신을 중심으로 2013년 2월에 다케시마 문제 대책 준비팀을 확대하여 '영토·주권대책 기획조정실'로 개편했다. 그리고 2013년부터는 독도와 관련한 특별 여론조사를 실시해 오고 있다.[6]

여기서 끝이 아니다. 한국 역시 감정적으로 대처했다. 박근혜 정부는 출발과 동시에 일본군 위안부 문제로 일본과 대화조차 단절하는 상황을 만들었고, 특히 취임 후 5일 만인 제94주년 삼일절 기념사에서 다음과 같은 언급으로 일본을 놀라게 했다.

"가해자와 피해자라는 역사적 입장은 천년의 역사가 흘러도 변할 수 없는 것입니다."

---

5   이현주, 『일본발 혐한 바이러스』, 도서출판 선인, 2021.

6   서울신문(2013. 2. 5.), "중일, 영토분쟁 사령탑 앞다퉈 설치" 기사 참고.

이 문장을 읽을 때 여러분들은 어떻게 들리는가? 한국인들의 일반적 정서를 반영한 문장이라고는 하지만, 아무리 그래도 국가 리더가 '천년'이라는 '상당히' 과장된 표현으로 일본과의 관계를 언급한 것은 바람직한 건 아니다. 이에 대해 일본의 반응은 냉담할 수밖에 없고, 한일 관계가 역사 문제로 더 꼬일 것이라는 빌미를 제공했을 뿐만 아니라 새 정부에 대해 별로 기대할 것이 없다는 차가운 반응을 보이는 것은 충분히 예상할 수 있는 일이다. 그리고 그 결과는 일본 사회의 저변에 깔려있던 우익들이 아베를 중심으로 결집하는 효과를 가져다주었다. 그들은 일본의 부끄러운 모습을 공개적으로 드러내는 한국을 비판하면서 일본은 자학사관을 가질 것이 아니라 우월감과 자존심에 기반한 자긍사관을 확산시켜 나가야 한다고 주장했다. 이처럼 강경해진 일본의 우익 세력들은 결국 '새로운 역사 교과서를 만드는 모임(新しい教科書をつくる会)'을 결성하기에 이르렀고, 이러한 움직임이 결과적으로는 반한(反韓)과 혐한(嫌韓)의 목소리에 힘을 실어주었다. 문재인 정부도 박근혜 정부와 크게 다를 바 없다. 강제징용 피해자 문제 해결에 소극적으로 대처하면서 아베 정권과 내내 척을 졌고, 이를 제대로 해결하지 못한 채 윤석열 전 검찰청장을 대통령 자리에 앉혔다.

결국 지금까지의 과정을 보면, 어떤 리더가 집권하느냐에 따라 한일 관계가 널뛰기를 하고 있다는 사실을 숨길 수가 없다.[7] 그 동안 일

---

7 한일 관계에 영향을 미치는 구조적 요소 이외의 정치 리더십의 역할에 주목한 연구로는 김호섭(2009) 참고.

어난 갈등의 빌미는 대부분 한국 측이 제공했고, 또 대부분은 일본 측이 제공했다. 요컨대 어느 하나가 아닌 양쪽 모두의 책임이란 의미다. 이러한 점을 돌이켜 보면 이제는 더 이상 일본과의 역사 문제와 관련한 그 어떤 선언문이나 담화를 새롭게 만들 필요가 없다. 가장 바람직하다고 인정받고 있는 김대중-오부치 선언을 한일 양국 모두가 계승하는 정도로 마무리하고, 당시의 43개 실행 방안이 어떤 형태로 실천되었는지 점검하고 분석한 후에 그 결과를 발표하고 여기에서 부족한 내용들을 보충하는 것이 새로운 선언문이나 담화를 발표하는 것보다 더 현실적이지 않을까 한다. 이제 우리는 아베가 강경한 태도로 종지부를 찍었던 '역대 정권의 담화 및 선언문을 계승'하겠다는 일본 정치 리더들의 반복되는 발언을 받아들여야만 하는 시대를 인정해야 하는 단계에 접어들었다.

⸙ 과거사, 어떻게 정리할 것인가? ⸙

우선 일본 언론 및 대중매체에서 2025년 한일 수교 60주년 기념과 관련한 분위기를 어떻게 평가하고 있는지 살펴보도록 하자.

하코다 테츠야(箱田哲也) 아사히신문(朝日新聞) 전 논설위원은 2024년 10월 31일 도쿄에서 열린 '2024 한일 언론포럼'에서, "(이시바 내각에서는 아베 정권에서 기시다 후미오 정권 때까지 계속된) 반도체 소재 수출 규제와 같은 조치는 없을 것이지만, (일본의 대한국 외교 노선은) 외무성이 생각하는 정책 테두리에서도 크게 벗어나진 않을 것"이라고 전망했다. 친한파라고 알려진 이시바 내각일지라도 대한 외교 정책에는 큰 변화가 없을 것이라는 의미였고, 실제로 이시바가 총리가 되고 나서도 일본의 대한국 외교 정책에서는 한국의 기대와 달리 크게 변하지 않았다. 아울러 11월 15일 한일의원연맹 주관의 '제12차 한일 현안연구회' 자리에서도 하코다는 "이시바-윤석열 정상 시대로 이행하는 한일 관계가 내년 국교 정상화 60주년을 맞이해 발전적인 논의를 하자는 입장에는 일치하고 있으나 완전 해결되지 못한 역사 문제 등 시련도 계속되고 있다"라고 짚었다.

한일 수교 60주년에 맞춰 자주 언급되었던 '제2의 김대중-오부치 선언'에 대해서도 니시노 준야(西野純也) 게이오대 법학부 교수는 "양국 정권 모두 국내 정치 기반이 너무 취약하다"라며 "공동선언 제정 등 무리를 하면 오히려 안 좋을 수 있기 때문에 가능한 범위 내에서 진전시키되 지금의 양국 관계를 안정적으로 관리해 나가는 게 더 중요하다"라고 지적했다.[8] 도요우라 준이치(豊浦潤一) 요미우리신문(読売新聞) 편집위원은 "기시다 총리가 서울 방문(2023. 5.) 때 강제 동원 피해자 문제에 대해 "가슴 아프게 생각한다"라고 말한 것에 대해 한국 주요 언론에서 "턱없이 부족하다"라고 평가한 것을 보고 상당히 충격받았다"라며 "내년 수교 60주년과 관련한 일본의 노력에도 호응이 없을 수도 있겠다는 생각에 무력감을 느낀다"라고 말했다.[9]

한마디로 한국은 일본에 지나치게 큰 것들을 원하고 있다는 것이

---

8   한일 관계에 영향을 미치는 구조적 요소 이외의 정치 리더십의 역할에 주목한 연구로는 김호섭(2009) 참고.

9   매일경제(2025. 8. 21.), "한일 정상회담, 양국 대북 정책 조율하고 연계하는 기회 되어야" 기사 참고.

다. 일본 입장에서의 큰 노력이 한국에서는 작은 일로 치부되는 등 제대로 평가받지 못하고 있다는 염려가 쌓이면서 한국의 과거사 '피로(fatigue)'로 이어지고 있다. 한편으로는 이런 일본의 반응이 이해가 안되는 것도 아니다.

1990년대 초반부터 35년이 지난 지금에 이르기까지 한일 외교의 양태는 일본이 다수의 사죄와 반성을 내비치고, 한국은 이를 바탕으로 화해와 협력을 체결하는 형식이었다. 하지만 이런 식으로 반복된 선언문이나 담화 등은 의무나 강제성이 동반되지 않기 때문에, 정치적 이슈가 발생할 때마다 매번 그 가치가 상실되거나 무효화되기 일쑤였다. 특히 한일 간 가장 진전된 선언문으로 인식되어 왔던 김대중-오부치 선언 이후에도 일본의 역사 교과서 왜곡 및 독도 이슈 등의 마찰이 빚어진 바 있고, 여기에 일본의 보수화, 우경화가 더 과격해지면서 갈등이 격화된 결과, 일본이 2019년 수출 규제라는 보복 수단을 꺼내기까지 하지 않았던가. 따라서 최소한 다음의 세 가지만이라도 지킬 수 있도록 문서화하고 논리를 만들어낸다면, 한일 간의 화해와 협력이 정치적으로 관리되고 제도화되는 수준으로 발전해 나갈 수 있지 않을까 생각된다.

첫째, 일본 정부가 내각 결정을 거쳐 고노 담화 및 무라야마 담화 등을 표명한 전례가 있다는 점을 부정 없이 받아들여야 할 것이다. 둘째, 사죄와 반성의 문서에 대해 한국은 일본이 명확한 과거사 인식을 표명했음을 인정해야 하고, 일본 또한 역사 문제에 대한 사죄와 반성이 일본 역대 내각의 결정이자 유산의 결과라는 점을 수긍해야 할 것이다. 셋째, 한국이 일본에 더 이상 반성과 사죄의 표명을 요구하지 않도록 일본도 최소한 여당 내에서만큼은 과거사에 대한 돌출 발언이나 공동선언과 어긋나는 망언이 나와서는 안 될 것이다.

이렇게 해서 일본이 과거사에 대한 인식을 기술하고 한국은 이를 근거로 미래를 향한 화해와 협력의 자세를 표명하겠다는 내용을 포함시킨 후 양국 리더십이 이를 강력히 추진하겠다는 의지를 확고히 한다면 한일 관계는 상당 수준으로 진전할 수 있을 것이다. 야당 시절과 달리 대통령 당선 이후 국익 우선의 실용 외교적 측면에서 일본을 대해야 한다는 입장을 내세우고 있는 이재명 대통령, 그리고 국회의원 시절에는 매년 야스쿠니 신사를 참배하며 그렇게도 한국을 자극하는 극우 발언을 쏟아냈지만 총리가 되고 나서는 한일 관계 개선에 힘쓰며 셔틀 외교에도 적극적인 다카이치 총리. 양국 두 리더의 변화된 모습을 보면, 한일 관계 진전의 가능성은 점점 앞당겨질 것이라고 기대된다. 따라서 이제는 과거와 다른 성격으로 한일 간 역사 문제를 정리하고 새롭고 대등한 외교 관계를 맺을 시기가 다가왔다고 본다. 필자는 그 이유를 크게 세 가지로 고민해 보았다.

첫째, 1998년 당시와 지금은 변한 게 너무 많다. 트럼프 집권 2기 들어 더 격화되고 있는 미중 간 기술 패권 전쟁, 아직도 끝나지 않은 우크라이나-러시아 전쟁, 그리고 다카이치 총리의 일본 국회에서의 '대만 유사시' 발언으로 촉발된 중일 갈등 문제, 미국의 베네수엘라 정권 교체와 이란 공격으로 인한 중동 전쟁 문제 등 28년 전과 지금은 국제 정세가 너무도 큰 틀에서 바뀌었다. 그러니 한국과 일본은 현 시류에 맞추어 국제사회에서 글로벌 어젠다에 대해 어떠한 방향으로 협력해 나갈 수 있을지, 그리고 한일 양국의 경제 안보에 도움이 될 수 있는 방향은 무엇인지 제시할 수 있어야 한다. 한일 관계만 한정해 놓고 봐도 그때와 달리 지금은 경제, 외교, 안보 면에서 수평적인 부분이 많다. 당시의 선언문을 보면 일본이 한국을 시혜(施惠)하는 듯한 내용이 포함되어 있지만, 지금은 어깨를 나란히 한 입장에서 협력해 나가야 한다는 부분을 강조해야 한다. 현재의 불확실한 글로벌 환경과 미중 기술 패권이라는 국제 정세의 변화, 그 외 글로벌 이슈에서 중견국(middle power)으로서의 대등한 위상 등을 감안하면 한일 양국의 상황과 위치는 98년도와는 너무도 다르다.

둘째, 과거사를 대하는 자세 역시 그때와 지금은 다르다. 일본이 받아들이건 그렇지 않건 국민 여론을 감안하여 일본 측에 사죄를 제안하고 설득하는 과정은 필요하지만, 만일 일본이 이를 수긍하지 않는다고 해서 우리가 새로운 선언이나 담화를 만들기 위해 수고할 필요는 없다. 오히려 양국 모두 김대중-오부치 선언의 원칙과 정신을 다시금 확인하고 이를 '계승'해 나가겠다는 정도만으로도 충분하다. 그리고 1998년 당시 발표했던 43개의 행동 계획(Action Plan)을 얼마나 실행해 왔는지에 대해 지금부터 양국이 함께 점검하여 발표하고, 이를 평가하여 업데이트하는 것이 보다 현실적이고 동의할 수 있는 방법일 것이다. 어떤 학자들은 새로운 선언문이나 담화를 만들고 그 안에 또 다른 새로운 '워딩'이 들어가야 한다고 주장하기도 한다. 그런데 왜 그렇게 해야 하는가? 단순히 김대중-오부치 선언의 60주년을 기념하기 위해

2028년에 맞춰 '선언을 위한 선언'을 하기보다는 오히려 1998년을 뒤돌아보고 점검하고 평가하는 작업을 하는 것이 훨씬 가치 있을 것이다.

셋째, 시간이 오래 걸리더라도 중장기적 관점에서 담화나 선언문이 아닌, 독일 프랑스 사례처럼 잘 짜인 공동 역사 교과서와 조약을 만드는 시간이 필요하다. 이를 일본이 주도하기는 사실상 쉽지 않다. 일본은 소극적으로 관망하는 태도를 보이고 있기 때문에 결국 우리가 추진하면서 일본을 설득해 나가야 한다. 이를 전제로 일본이 제기하는 문제가 뭔지, 한국의 요구는 뭔지에 대한 상호 인식의 공유가 선행되어야 한다. 쉽지 않은 작업이기는 하지만 1998년 김대중-오부치 선언문이 나오기까지 국내에서도 수많은 비판에 직면하였고 일본 역시 내부의 반대에 부딪혔던 때를 뒤돌아 보자. 일본 대중문화 개방이 시행되던 때 한국 사회의 분위기가 어떠했는가?

퇴폐적이고 선정적이며 폭력적인 일본 대중문화를 개방한다면 한국의 청소년들에게 악영향을 미칠 뿐만 아니라 한국이 일본의 '문화식민지'가 될 것이라는 주장이 대두되면서 애국심을 내세운 시민들이 반대 의사를 표명하며 광화문에 집결하지 않았던가? 당시는 그런 반발이 당연하다는 인식 외 다른 의견은 제시할 여유조차 없었던 시절이었다.

그러나 결과는 어떠한가? 아시다시피 2002년 〈겨울연가〉를 시작으로 오히려 한류가 일본 사회를 점령했고, 이후 1차 한류에서 오늘날 4차 한류 붐에 이르기까지, 중년 여성층에서 이제는 청소년층까지 아우르는 다양한 세대에서 케이컬쳐(K-Culture)가 일본을 점령하고 있는 현상을 목도하고 있지 않은가? 일본 초등학생들이 명찰에 한글로 자기 이름을 써서 다는 것이 유행이라는 이야기가 나올 정도이다. 따라서 한일 양국이 과거사 정리를 위한 공동 역사 교과서와 신조약 체결을 시도한다면, 실제 달성 여부와는 상관없이 그 지난한 과정을 거치는 것만으로도 한일 과거사의 얽혀있는 실타래를 하나하나씩 풀어갈 수 있을 것이다.

일본 측이 매듭을 풀어나가길 원하는 한국의 입장에서는, 일이 도무지 뜻대로 진행되지 않는다고 느낄 때가 있을 것이다. 하지만 반대로 일본의 시각에서 생각해 보면, 그들은 일본이 노력해 온 것에 대해 한국이 저평가를 할 뿐만 아니라 일본이 한국 측에 바라는 바를 한국이 수행해 주지 않는다고 느낄 것이다. 따라서 역사 문제를 완료형으로 매듭지으려 하지 말고, 역사 인식에 차이가 존재하는 것을 인정하되 이를 좁히기 위한 교류와 협의체를 적극 추진해 나가는 것이 합당할 것이다.

6.

자위대는 부산에 상륙할 수 있을까?

6.
자위대는 부산에 상륙할 수 있을까?

우선 자위대는 어떻게 탄생했는가를 먼저 알아보자. 1950년 6월 25일, 한반도에서 전쟁이 발발하면서 일본을 점령하고 있던 맥아더는 미군의 참전으로 일본에 군사력 공백이 발생할 경우 소련이 침공할지도 모른다는 불안함을 없애기 위해 일본 정부에 7만 5천여 명의 국가경찰예비대 설치와 8천여 명 규모의 해상보안청 설치를 요청했다. 일본 정부는 이를 통합하여 보안청을 설치하고는 자위대 신설과 관련한 제도를 준비하기 위해 요시다 시게루 총리 주도하에 조직의 설계와 방향성을 주도하였고, 이후 1954년 6월 방위청설치법과 자위대법을 국회에서 통과시켜 오늘날 자위대가 탄생한 것이다.

'한반도 유사시 일본의 자위대가 부산에 상륙할 수 있는가?'라는 질문은 대한민국 국민 모두의 관심을 끄는 흥미로운 주제이다. 일본

헌법 제9조는 '전쟁 포기', '전력 보유 금지'를 분명히 명시하고 있고, 한일 간에는 상호방위조약이나 군사동맹이 없기 때문에 한국 전쟁 상황이 일본 본토 방위와 직접 관련이 없을 시 자위대가 단독으로 부산에 상륙할 수는 없다. 혹여라도 한국 정부(국방부나 청와대)의 사전 승인이나 요청 없이 일본 자위대가 한국 영토에 들어오면 그건 명백한 '침략 행위'에 해당한다. 유엔헌장 제2조 4항에 "모든 회원국은 다른 나라의 영토 보전과 정치적 독립을 침해하지 말아야 한다"라고 명시되어 있기도 하고, 또 일본헌법 제9조에도 반하는 행위이기 때문이다. 반대로 한국 정부의 요청이 있다고 해서 곧바로 들어올 수 있는 것도 아니다. 자위대를 파견하려면 최종적으로 일본 내각과 국회의 승인이 필수인데, 일본 정치 특성상 한국처럼 빨리빨리 처리하는 문화도 아닐 뿐더러, 일본 내부에서의 반대와 향후 헌법 소송의 가능성 때문에 반려될 여지가 크다. 설령 자위대가 부산에 상륙하더라도 그건 전투 임무가 아닌 수송과 의료 보급, 피난민 지원 등 후방 지원과 미군 지원 등 간접 역할에 머무를 수밖에 없으며, 일본 군복을 입은 병력의 시가전이나 전선 투입은 사실상 불가능하다. 일본 국민들 역시 자신의 아들이 한반도 전쟁에서 총 들고 싸우는 것에 동의해 줄 리 만무하다.

다만 미국이 일본에 있는 자국 기지(요코스카, 가데나, 오키나와 등)를 활용해 자위대에 군사 지원을 요청할 수는 있겠지만, 그럴 경우라 할지라도 미군의 후방 지원을 하는 정도일 뿐 일본의 독자 행동을 승인하는 것은 아니다. 만에 하나라도 정말 심각한 상황이 발생해 유엔이나 미국 주도하에 한국 정부의 공식 요청 및 국제사회의 승인이 떨어질 경우에는 자위대가 제한적인 비전투 임무(구호, 수송 등)만 수행하는 형태로 부산에 상륙할 수는 있겠지만, 이런 경우에도 자위대가 전장에서 직접 전투할 목적으로 상륙하는 건 불가능하다. 대한민국은 헌법과 국제법(유엔헌장)에 따라 일본 자위대의 부산 상륙을 주권 침해로 보고 군사적으로 무력할 법적 권리가 있기 때문이다. 더불어 한미연합군사령부도 한미상호방위조약에 따라 일본의 무단 상륙을 당연히 '적대 행위'로 인식할 것이다.

⸬ 변수는 집단적 자위권이다 ⸬

2006년에 출범했던 제1차 아베 내각(2006. 9.~2007. 9.)은 국민 통합을 위해 이념과 사상을 강조하는 '정체성의 정치(identity politics)'를 추구하였다. 여기에서 말하는 '정체성'이란 개인이나 집단이 공통된 역사적 경험이나 소속, 언어나 가치에 대한 공감대를 형성하는 과정에서 자연스럽게 타자(他者)와는 구분되는 집단적 감정을 의미한다. 이 정체성은 쉽게 변하는 것은 아니고, 긴 역사 속에서 서서히 형성되는 것이기 때문에 국가의 정체성은 국가의 이익을 반영할 수밖에 없다.

1차 아베 내각 당시 아베는 스스로의 정권 창출을 '전후 체제로부터의 새로운 출범(船出)'이라고 명명했다. 그의 입장은 제2차 세계대전 이후 일본의 국가체제는 연합국의 점령 정책에 의해 강요된 것이고, 그 상징적 존재가 바로 '평화헌법'이기 때문에 패전의 굴레인 전후 체제를 해체하고 그 자리에 일본 국민이 "자신감과 자긍심을 가질 수 있는 국가"로서의 기초를 다져놓아야 한다는 것이었다. 이에 입각해 아베는 최종적으로 천황제를 비롯한 일본 고유의 전통에 기반한 국가로서의 일본을 만들어야 한다고 주장했다.

이러한 아베의 인식 체계는 어떻게 형성된 것일까?

우리는 아베가 평화헌법 개정을 간절히 요구하고 전쟁이 가능한 국가로 만들고 싶어 한다고 알고 있지만, 1950년 6월 25일, 한국전쟁이 발발했을 때 미국이 일본 측에 노골적으로 재군비를 요구했다는 것은 놓치고 있다. 재군비를 위해서는 헌법 개정이 필수인데, 이것이 어느 날 갑자기 아베가 던진 새로운 이슈가 아니었다는 뜻이다. 여기에 요시다 총리가 재군비보다는 경(輕)군비로 경제 발전을 우선했다는 점도 주목할 필요가 있다.

자주 헌법 제정과 자주 외교 전개 등 미국에 종속되지 않는 자주 노선을 표방해 온 기시 노부스케(岸 信介, 1896~1987)는 1952년 미 점령군(GHQ)이 일본을 떠나면서 정계에 복귀할 수 있었고, 자유당에서 배제된 하토야마 이치로(鳩山一郎, 1883~1959)와 함께 일본민주당을 창당(1954. 11. 24.)해 간사장을 맡았다. 그러나 1955년 중의원 선거에서 사회당이 대거 의석을 확보하자, 이에 위기 의식을 느낀 일본민주당이 자유당과의 합동을 추진한 결과 오늘날 자민당(자유민주당, 1955. 11. 15.)이 탄생하고 소위 '55년 체제'가 시작된 것이다. 보수 자민당의 창시자 중 한 명인 기시가 바로 아베의 외할아버지다. 아베의 사상적 배경은 이렇듯 가족력에서 출발한다.

아베의 외할아버지 기시 전 총리는 일본의 괴뢰정부였던 만주국에서 총무청 차장이라는 관료의 영역을 넘어 실권자로서의 그림자 총리로 활동한 경력이 문제가 되어 전후 A급 전범으로 복역한 인물이고,

작은외할아버지인 사토 에이사쿠(佐藤榮作, 총리재임기간 1964. 11.~1972. 7.)도 총
리를 역임한 바 있으며, 1974년에 일본 최초로 노벨평화상을 받은 인
물이다. 그리고 그의 부친 아베 신타로(安倍晋太郎, 1924~1991)는 일본 우익
의 거두 나카소네 야스히로(中曾根康弘, 총리재임기간 1982. 11.~1987. 11.) 정권에
서 외무장관을 지냈다. 아베는 타계한 부친의 선거구를 이어받아 1993
년 자민당 의원으로 당선된 이후 가문의 후광을 업고 중의원에서 7선
경력으로 승승장구하면서 2006년 9월, 당시 52세로 최연소 총리 자리
에 오른 금수저, 아니 다이아몬드수저를 물고 태어난 세습의원이었다.

아베가 일본의 국력이 강했던 메이지 이후부터 패전까지의 시기를
동경하고 있다는 점에서, 그의 이념은 미래지향적이라기보다는 복고
주의적인 성향이 강하다는 평가를 들을 수밖에 없었다. 아베는 대내적
으로는 헌법 개정과 애국심 고취를 위한 교육 개혁, 그리고 자위대의
군대화나 국가 위기관리 체제를 강화하는 정책을 추진해 왔고, 대외적
으로는 집단적 자위권을 확보하고 미일 동맹을 강화하여 강한 일본을
건설하겠다고 주장해 왔다. 그리고 이러한 이념 노선은 제2차 아베 내
각이 출범했던 2012년 12월부터 2020년 아베가 사망하고 난 오늘날
에 이르기까지도 상당 부분 계승되고 있다고 해도 과언은 아니다.[1]

아베는 군사적으로는 그의 조부인 기시 노부스케로부터 이어져 오
던 집단적 자위권 행사 및 일본을 전쟁 가능한 '보통 국가'로 만드는
일을 추진하면서 헌법 제9조의 집단적 자위대법을 개정하고자 했던

---

[1] 아베의 장례식은 일본 정부의 각의 결정에 따라 가족장 말고도 도쿄의 부도칸(武道
館)에서 장례 비용 중 약 7,959만 엔의 국비가 포함된 국장(国葬)으로 진행했다. 1967
년 사망한 요시다 시게루(吉田茂) 전 총리에 이은 두 번째 국장이다.

것이다. 결국 2016년 3월 29일, 일본은 동맹국이 공격을 받을 경우 합법적으로 무력행사를 할 수 있는 발판을 마련하기 위해 집단적 자위권 행사가 가능하도록 자위대법을 개정하여 수시로 자위대의 해외 파견을 가능케 하는 '국제평화지원법안'을 만들기에 이른다. 이를 통해, 이전까지는 자위대를 해외에 파병할 때마다 매번 한시적인 특별법을 만들어야 했지만, 이제는 국제 분쟁이 발생했을 때 별도의 새로운 법을 만들지 않고도 국회의 승인만 통과되면 자위대를 신속하게 해외로 보내 후방 지원 활동을 할 수 있게 되었다. 당시 일본의 헌법학자들의 대부분이 위헌 소지가 있다고 지적했지만, 아베는 평화헌법 9조를 무력화하고 일본을 다시 전쟁이 가능한 나라로 만들었다.

§ 집단적 자위권이란 §

　집단적 자위권이란 긴밀한 유대 관계를 가진 국가들 중의 어떤 한 나라가 제3국으로부터 무력 공격을 받았을 때 자국이 직접 공격을 받지 않았더라도 이를 자국에 대한 무력공격과 동일한 것으로 간주하여 반격할 수 있는 권리이다.[2] 1945년에 서명 발휘된 국제연합헌장 51조는 국제연합 가입국에 무력 공격이 발생한 경우 가입국은 안전보장이사회가 유효한 조치를 취할 때까지 자국 방위의 권리 또는 집단적 자위권을 행사할 수 있다고 정해놓았다. 따라서 일본뿐만 아니라 북한도

2　　　문제는 긴밀한 유대 관계의 정의가 역사적인 것일 수도 있고, 또는 지리적·군사적·정치적·이념적인 것일 수도 있어서 해석이 애매하다는 점이다.

우리나라와 함께 1991년 UN에 동시 가입한 정식 회원국이기 때문에 당연히 집단적 자위권을 행사할 수 있다. 51조의 내용은 다음과 같다.

"이 헌장의 어떠한 규정도 국제연합회원국에 대하여 무력 공격이 발생한 경우, 안전보장이사회가 국제 평화와 안전을 유지하기 위하여 필요한 조치를 취할 때까지 개별적 또는 집단적 자위의 고유한 권리(Inherent Right)를 침해하지 아니한다. 자위권을 행사하는 회원국이 취한 조치는 즉시 안전보장이사회에 보고된다. 또한 이 조치는 본 헌장에 따라 국제 평화와 안전의 유지 또는 회복을 위하여 필요하다고 인정하는 조치를 어떠한 조치에도 결코 영향을 미치지 아니한다."

냉전 시대에는 집단적 자위권을 근거로 하는 북대서양조약기구(NATO)[3] 및 바르샤바조약기구(WTO)[4] 등의 국제기관이 설립되어 집단적 자위를 실천하기 위한 공동방위 체제가 구축되었다. NATO의 핵심은 회원국 중 어느 한 나라에 대한 공격은 전체 회원국에 대한 공격으로 간주해 반격한다는 내용으로, 흔히들 '원포올, 올포원(one-for-all, all-for-one)'이라고도 한다. 그런데 냉전이 종결되면서 바르샤바조약기구가 해체되고, 이에 따라 점점 집단적 자위권을 기초로 하는 공동방위 체

---

3   1949년 소련에 대한 집단 안전보장을 목적으로 28개국이 동유럽에 주둔하고 있던 소련군과 군사적 균형을 맞추기 위해 체결한 기구로, 2026년 4월 현재 정식 회원국은 유럽 30개국과 미국과 캐나다를 포함하여 총 32개국으로 구성되어 있다.

4   1955년 NATO에 맞서 사회주의 국가의 동맹을 강화하기 위해 동구권 8개국이 폴란드의 수도 바르샤바에 모여 체결한 군사동맹 조약기구이지만, 냉전이 끝나면서 1991년 공식 해체되었다.

제의 필요성은 줄어들었다.

　나토(NATO)도 어떻게 될지 모른다. 최근 트럼프 대통령은 나토에 대해 매우 비판적이고 회의적인 입장을 보이고 있다. 미국이 너무 많은 비용을 부담하고 있고 유럽 국가들은 제대로 기여하지 않는다는 이유에서이다. 최근의 이란전쟁에 대해서도 유럽 국가들이 비협조적이라며 강한 불만을 표하는 동시에 불공정한 동맹이라면서 미국이 반드시 나토를 지켜줄 필요가 없다고 주장했다.[5] 결국 유럽 동맹국들이 이란전쟁에 대한 미국의 협조 요청에 응하지 않는다며 나토 탈퇴를 강력하게 검토중이라는 보도가 나왔다(중앙일보, 2026. 3. 31.). 그러나 이는 진짜 동맹을 깨려는 것이라기보다는, 유럽의 방위비 증액 및 이란전쟁에서의 역할 강화를 요구하는 압박을 통해 동맹 조건을 변경하기 위한 트럼프식 협상 전략이 아닐까 한다.

트럼프 대통령은 다카이치 총리와 회담 중 한 기자의 "이란과의 전쟁에 일본이 나서야 하는가"라는 질문에 대해, "미국 단독으로 전쟁을 끝낼 수도 있지만 호르무즈 해협을 통해 90%의 에너지를 수입하는 일본이 나서주면 좋겠다"라는 발언을 했다.

[출처: SBS 뉴스(2026. 3. 20.)]

5　　Rueters(2026. 3. 28.), "Trump says 'we don't have to be there for NATO'" 기사 참고.

현재 일본은 미국과 이란 간 중동전쟁이 일본 안보에 직접적인 영향이 없고 국가 존립 위기 상황이 아니라고 판단하고 있기 때문에 집단적 자위권은 발동하지 않고 있다. 최근(2026. 3. 19.) 다카이치 총리가 미 백악관에서 트럼프를 만났을 때 역시 면전에서 전쟁 참여에 대한 압박을 받았지만, 외교적 지지는 하되 군사 개입은 일본 헌법상 불가능하다는 것을 피력하였다. 그러니까 동맹인 미국이 요청한다고 해도 현재의 중동전쟁은 집단적 자위권 발동을 위한 조건을 충족시키지 않기 때문에 직접 참전은 불가능한 구조라는 것이다.

어쨌든 일본의 경우, 지금까지는 헌법 제9조 2항의 "국가의 교전권은 인정되지 않는다"라는 규정 때문에 UN이 허용하고 있는 자위권의 행사는 일본을 방위하기 위한 필요 최소한도의 범위이며, 따라서 그 범위를 넘어서는 것은 헌법상 허용되지 않는다고 해석해 왔기 때문에, 헌법을 개정하지 않는 한 방위만 할 수 있다는 전수 방위 입장을 취해왔었다. 게다가 일본의 헌법은 개정하기 상당히 어렵게 만든 경성 헌법[6]이어서 개헌에 많은 논란과 시간이 따르기 때문에, 보수 정치인들은 '해석 변경'이라는 편법을 통해 이를 조기에 추진하려고 했던 것이다.

---

6   개정 절차가 너무 까다롭다. 여당 주도로 개헌안이 마련되면 중의원 재적 의원 2/3의 찬성을 통과한 후에 참의원으로 넘어가 재적 의원 2/3를 다시 넘겨야 한다. 여기서 끝이 아니다. 이렇게 양원에서 통과한 후에는 국민투표에 회부하여 유효 투표의 과반수 이상이 찬성해야 가결되고, 형식적으로는 천황이 공포한다. 일본헌법 시행 후 아직까지 한 번도 개정된 적이 없을 만큼 절차가 복잡하다. 그래서 다카이치 총리도 자민당 단독으로 2/3 이상의 의원 확보를 위해 정치생명을 걸고 국회해산(2026. 1. 19.)을 단행했고, 그 결과 316석을 확보해 1차 관문인 중의원 재적 의원 2/3 통과는 자민당 단독으로 가능하게 되었다.

결과적으로 일본은 헌법 제9조의 상황을 벗어나기 위해, 그리고 가장 중요한 과제 중 하나인 집단적 자위권 행사를 실현하기 위해 '안전보장의 법적 기반의 재구축에 관한 자문 회의'를 발족시켰다. 그리고 2015년 아베 정부 때 평화 안보와 관련된 법제(平和安全法制)를 개정하면서 동맹국이 공격받으면 자위대가 개입할 수 있는 법적 근거를 완성한 결과, 전투 지원 활동에 참여할 수 있는 최소한의 무력 사용을 인정할 수 있게 되었다.

하지만 조건이 있다. 첫째, 자국 생존에 중대한 영향을 주는 경우여야 하고, 둘째, 반드시 헌법에 따라 제한적으로 행동해야 하며, 셋째, 상대국(예를 들어 한국)의 요청 또는 최소한 동의가 있어야 한다. 그러나 중요한 점은 형식보다 내용이다. 일본은 이미 방위비를 꾸준히 늘리면서 준(準)군사대국 단계에 접어들었고, 2022년 이후 '국가 안전보장 전략' 개정 당시 "적 기지 공격 능력"을 준비하면서 일본 자위대가 이론상 한반도에 상륙할 수 있는 문이 열렸다고 해석하고 있지만, 세 번째 조건에 해당하는 "한국 정부의 승인 없는 일본의 개입은 없다"라는 원칙은 여전히 확고하다.

또 하나, 미국이 일본 자위대의 한반도 개입 문제에 관해 어떤 입장인지도 중요한 변수다. 미국이라고 해서 뭐든지 맘대로 할 수 있는 건 아니다. 원칙적으로 자위대의 부산 상륙에 대해 반대하는 건 아니나 일본 자위대 병력이 투입될 경우 상황에 따라 책임 소재가 불분명하여 지휘 체계가 흔들릴 수 있으며, 무엇보다 한국의 동의 없이는 불가능하다는 점을 잘 이해하고 있다. 그래서 미국은 기본적으로 한미일 3국 협력 강화를 주장해 왔던 것이다.

2023년 8월 18일, 미 바이든 대통령이 캠프 데이비드(Camp David)에 한국의 윤석열 대통령과 일본의 기시다 후미오 총리 등을 초대해 한미일 정상회담을 개최했을 당시에도 미국 측은 "3국은 상호 긴밀히 정보를 공유하고 지역 위협에 대응하기 위한 '의무적 협의(Commitment to Consult)'를 한다", "북한 핵·미사일에 대한 공동 대응 능력을 강화하기 위해 실시간 탄도미사일 정보 공유 시스템을 운영하고 연례 다자 군사 연습을 계획한다"라고 말하며, 북한이나 중국을 견제하기 위한 한미일 협력을 강조하는 입장을 견지했다.

그러나 캠프 데이비드 합의가 갖고 있는 조약의 성격과 우리나라 정부의 주권적 결정권은 완전히 다른 이야기이다. 한국의 민감한 대일 감정을 미국 측 역시 잘 알고 있다는 점을 감안하면, 미국이 한반도 유사시 일본의 직접적인 군사 개입에 섣불리 오케이 할 가능성은 제로에 가깝다. '한국의 동의'라는 절대적인 벽을 허물어뜨릴 만큼 잘못된 결정을 내릴 일은 없을 것이기 때문이다.

⧠ 해석의 변천 ⧠

지난 80년간 일본에서 끊임없이 논란이 되었던 평화헌법 제9조에 대해, 많은 헌법학자들은 일본이 자위를 위한 전쟁을 할 수 없고 어떤 의미에서도 군사력을 보유할 수 없다고 해석해 왔지만, 미국은 일본이 자위권을 보유하고 있다면서 일본에 재군비를 요구했다. 연합국 총사령부가 헌법 초안을 만들었을 때는 아직 냉전이 본격화되지 않았던 시기였기 때문에 미국의 안전보장을 위해서는 일본의 철저한 무력화가 필요하다고 생각했지만, 미소 냉전이 본격화되면서 미국은 일본에 재군비를 요구했던 것이다.

샌프란시스코강화조약 발효를 기점으로 오키나와를 제외한 일본은 사실상 독립을 했지만, 당시 총리였던 요시다 시게루(吉田 茂, 총리재임기간 1946. 5.~1947. 5.)는 일본의 안전보장은 미국에 위탁하고, 일본은 경제부흥에 전력을 다하겠다는 주장을 굽히지 않았다. 그러나 미국의 생각은 달랐다. 미국에 안전보장을 맡기려면 일본도 군비를 증강시켜야 한다고 주장했고, 현재의 자위대 전신인 경찰예비대, 그리고 보안대 등은 이러한 과정에서 생겨났다.

앞서도 설명했듯이 하토야마 이치로(鳩山一郎, 총리재임기간 1954. 12.~1956. 12.) 총리가 헌법 개정을 논의했지만 여론의 반발과 정치 여건상 개헌은 실패했고, 집단적 자위권은 헌법상 허용되지 않는다는 해석을 통해 '최소한의 실력'을 유지하는 것으로 마무리 지었다. 그러나 일본 정부는 자위권을 보유하는 것 자체는 당연하지만, 타국 영토에서 타국을 지키기 위해 일본 자위대가 집단적 자위권을 행사하는 것만은 헌법 제9조에 의해 금지되어 있다고 해석했다. 자위대 자체가 헌법 위반이 아니냐는 소송도 있었지만, 일본의 최고법원은 한 번도 헌법에 위반된다는 판결을 내린 적이 없다. 게다가 자위대가 헌법 위반이라고 주장해 왔던 무라야마 도미이치(村山富市, 총리재임기간 1994. 6.~1996. 1.) 일본사회당 당수마저 1994년 6월 30일, 자민당과의 연립 정권 조건으로 총리 자리를 꿰차면서 그때까지의 헌법 해석을 번복하여 자위대가 합헌이라고 견해를 바꾸었기 때문에, 지금은 자위대가 위헌이라고 주장하는 정치 세력을 찾아보기는 힘들다. 어쩌면 일본 국내에서는 더 이상 없다고 보는 것이 맞을 것이다. 게다가 일본헌법은 바뀌지 않았지만 일본의 안보 정책은 일본을 활용하고자 하는 미국의 묵인하에 이미 전후체제에서 벗어났다. 미국의 중국 견제에 따른 부담을 동아시아에서 대신 질 수 있는 최적의 선택지가 일본이기 때문에 일본의 재무장은 미국 입장에서는 위험이 아니라 비용 절감 수단이다.

2026년 1월 23일 미국에서 발표된 국가방위전략(NDS) 보고서를 보면, 동맹국들이 자기 지역 안보를 더 많이 책임(burden-sharing)질 것을 요구하고 있다.[7] 미국이 인도 태평양 지역에서 혼자 담당해 왔던 감시와 정찰, 억제 비용을 일본에 분담시켜 미국의 국방 예산을 줄이려고 하는 시점에서 일본을 포함한 동맹국들에 방위비를 GDP 대비 5%까지 끌어 올리라고 압박하는 것도 그런 의미다. 5%라는 숫자는 GDP의 3.5%를 핵심 군사비에 적용하고 보안 관련 지출에 1.5%가 추가되어 총 GDP의 5%를 의미한다. 결국, 미국의 전략 논리는 중국의 군사력이 빠르게 증가하고 있고, 따라서 일본 열도에서 필리핀까지 이어지는 제1도련선(First Island Chain)[8] 방어에서 일본이 핵심국가이니 일본이 더 많은 군사력과 예산을 부담해야 한다는 것이다.

한편으로는 일본의 재무장, 또는 방위력 강화에는 미국의 방위산업에도 큰 이익을 가져다준다. 일본이 고가의 미국산 무기를 대량 구매

---

7   JINF(2026. 1. 28.), "U.S. National Defense Strategy Puts Japan's Resolve to the Test" 기사 참고.

8   제1도련선의 주요 지역이 일본 영토라는 점을 고려할 때, 미국의 요구는 단순히 국방비 예산을 증액하라는 정도가 아니라 이 사슬 방어의 핵심 책임을 맡으라는 의미가 포함되어 있다. 이는 일본이 전후 오랫동안 이어져 온 미국에 대한 수동적 의존 패턴에서 벗어나 일본이 스스로 동아시아를 지킬 수 있어야 한다는 압박이기도 하다.

할 수 있기 때문이다. 일본의 방위비 증액과 자위대의 활약, 그리고 일본의 헌법 개정 등에 미국이 시비를 걸지 않는 이유는 미국이 약해져서 일본의 도움을 받고자 하는 게 아니라 상호 이해관계가 맞아떨어진 '전략적 거래'에 가깝다. 중국과 러시아를 더 효율적으로 방어하기 위해 일본의 지원을 최대한 활용하려는 미국의 경제적 선택과 자국을 정치·군사 대국으로 전환하려는 일본의 장기 안보 전략이 일치하기 때문이다.

⑤ 한국이 반대한다면? ⑤

대부분의 한국인은 한반도 유사시 자위대가 부산에 상륙하는 것을 당연하다는 듯 반대할 것이다. 그런데 그 이유가 뭘까? 우리나라에 전쟁이 발발한다고 가정할 때, 일본이 우리를 도와주겠다고 거들면 고마운 일일 터인데 왜 반대하는 것을 당연하다고 생각하는 것일까? 이에 대한 가장 근본적인 이유는 일본군이 한반도에 들어온다는 사실 자체가, 1910년 이 땅을 식민지화하기 위해 광화문 앞 도로를 행진했던 일본 군대의 이미지와 겹치기 때문이다.

1990년대 초반, 한국 고속철도 도입 당시의 경과를 살펴보아도 비슷한 맥락을 확인할 수 있다. 고속철도를 국가 정책으로 확정한 후 입찰을 본격화했을 때 프랑스의 TGV, 독일의 ICE, 그리고 일본의 신칸센이 경쟁을 했다. 기술과 비용만 계산해 보면 신칸센이 가장 강력했다. 일본이 지진 다발 국가이다 보니 안전성은 충분히 검증된 상태였고, 사고·치사율 또한 0%에 거의 근접했기에 운행 안정성과 정시성,

유지 보수 노하우 축적과 향후 기술이전 등 각종 서비스까지 고려하면 장기 산업 육성에서 신칸센만 한 것이 없다. 그러나 우리나라 정부는 1993년 6월, 최종적으로 프랑스 TGV 방식을 선정했다. 이유는 다양했지만 역시 정치 외교적 부담이 컸다.

90년대 초반 한국 사회는 아직도 식민지 기억이 강하여 일본의 기술 종속에 대한 거부감이 짙었고, 그래서 일본의 신칸센 기술이 한반도 중심을 관통하는 것을 국민 자존심이 허락하지 않았다. 게다가, 그럴 리는 없겠지만 혹시라도 대형 사고라도 발생한다면, 그리고 그것이 일본 열차여서 그렇다는 프레임이 씌워진다면 이를 도입하고자 했던 정치인들은 어떤 상황이 될까? 그러니 이런 정치적 파장을 감당하면서까지 신칸센을 낙점하기는 쉽지 않았을 것이다.

한국인들이 일본 자위대의 한국 상륙을 반대하는 또 하나의 이유는, 일본 정부가 아직까지도 자신들이 일으킨 전쟁에 대해 반성하지 않으며 야스쿠니 신사를 참배하고 독도를 자기네 땅이라고 우기는 등 극우 성향을 보이면서도, 외교적으로는 국제사회에서 한국이 일본을 지지해 줄 것을 바라는 이중성을 보이는 얄미움 때문이다. 이와 더불어 일본이 이미 제2차 세계대전을 일으킨 전범 국가인 이상, 집단적 자위권을 획득하고 보통 국가가 된다면 또다시 한반도를 넘보는 것이 아닌가에 대한 걱정도 간과할 수 없는 원인이다.

그렇지만 사라진 제국 일본에 대한 한국의 집착은 지나친 감이 없지 않다. 현재로서 일본이 다시 제국이 되어 한반도를 침략할 가능성은 거의 제로에 수렴하니 그렇게까지 경계심을 가질 필요까지는 없다고 본다. 게다가 일본을 의심하고 경계하는 시각이 지속될 경우, 우리가 선택할 수 있는 외교의 테두리는 한정적일 수밖에 없다.

반대로 우리 생각과 달리 일본의 집단적 자위권에 찬성하는 국가들은 의외로 많다. 중국을 견제하기 위한 목적도 있지만, 혹시나 모를 한반도의 전쟁을 억제하기 위해서이기도 하다. 즉 다른 나라들은 만약 한반도에서 전쟁이 일어난다면 그건 단순히 한국과 북한의 싸움이 아니라 두 나라의 동맹국인 중국과 미국 등이 참여하는 큰 전쟁으로 확산될 우려가 있고, 이때 일본의 집단적 자위권이 발효된다면 전쟁 억지의 효과가 있을 것이라고 보는 것이다. 그런데 정작 당사자인 한국은 오랜 휴전으로 전쟁에 무감각해지면서 북한이 도발은 할지언정 전쟁까지는 일으키지 않을 것이라고 생각하고, 심지어 젊은 세대들은 통일을 기대하지 않을뿐더러 이제는 아예 남한과 북한을 각각의 나라로 인식하고 있을 정도이다. 상황이 이렇다 보니, 우리나라 국방백서가 북한 정권과 북한군이 우리의 적이라고 명시하고 있음에도 우리는 주변 강대국인 중국과 일본을 적대시하는 경향이 있으며, 특히 최근에는 혐중 정서가 짙어지면서 우리의 적이 어느 나라인지 헷갈릴 정도다.

여하간 현재 우리나라의 국방부는 일본 안보법 통과에 대해 한국의 동의 없이 한반도에 자위대는 들어올 수 없다고 강조하고 있고, 일본 역시 한국 정부의 동의 없이는 자위대가 한반도에 상륙하는 일은 '절대' 없을 것이라고는 하지만, 이는 두고 봐야 한다. 일본이 안보법에서 자위권 행사의 조건을 '자국의 존립이 위협받고 국민의 권리에 명백한 위험이 있는 경우'라고 명시했다는 점을 고려하면, 일본이 어떤 정치적 해석을 하느냐에 따라 상황이 변할 수도 있기 때문이다. '위협'과 '위험’은 자의적으로 해석될 수 있으며, 또 위 법안에는 ‘타국의 동의나 요청이 있을 때만’이라는 문구가 명시되어 있지 않다 보니 일본 입장에서는 자위대가 한반도에 상륙할 가능성이 제로라고는 할 수 없다.[9]

자, 이제 정리를 해보자. 한반도 유사시 일본이 이를 ‘일본의 존립위기’로 해석하여 일본의 집단적 자위권이 발동되면 이론상으로는 일본 자위대 파병이 가능하다. 예를 들어 일본은 미국의 수송선을 이용해 한국에 체류하고 있는 자국민을 피난시킬 것이고, 이때 북한이 이 수송선을 공격한다면 일본이 집단적 자위권을 광범위하게 해석하여 자위대를 파병할 수 있을 것이라고 가정해 볼 수 있다. 전쟁 시에는 자국 이익을 우선시하기 때문에 해당 국가의 허가를 받고 행동할 확률은 낮다.

‘대만 유사시 개입’ 시사 발언으로 중국의 강한 반발을 초래했던 다카이치 총리는 TV아사히의 토론 프로그램에 출연해 또다시 “대만 유사시 현지에 있는 일본인과 미국인을 구하러 가야 한다”, “그곳에서 (미국과) 공동 행동을 취하는 경우도 있을 것이다”, “미군이 공격받았을 때 일본이 무엇도 하지 않고 도망치면 미일 동맹은 무너진다”라고 말해 얼어붙은 중일 관계에 더 큰 파장을 불러일으킨 바 있다.[10]

---

9 일본의 dailynk(https://dailynk.jp) 매체는 서울 국방부에서 개최했던 한일 방위실 실무급 대화에서 “일본 자위대는 한국 정부의 동의 없이는 한반도에 상륙하지 않을 것”이라고 말했다고 보도했다(2015. 8. 6.).

10 경향신문(2026. 1. 27), “제2의 대만 유사시 발언? ⋯ 다카이치 “일본인, 미국인 구하러 가야”” 기사 참고.

이때의 다카이치 총리 발언을 앞서 언급한 가정과 같은 맥락에서 해석해 보자. 즉 대만이 전시 상황에 처할 시 일본에 참전을 요청할지는 현재로서는 불확실한데도 불구하고, 일본이 이를 당연한 전제로 언급하고 있는 것은 사실상 대만의 주권을 침해하는 것이 아닌가라는 문제이다. 만약 일본에 이러한 사고 체계가 고착화된다면……, 일본의 자위대가 한국 정부의 승인과 상관없이 일본 국회에서 통과된다면……. 이런 가정을 거듭해 가늠해 보자면, 희박하다고는 하지만 자위대가 부산에 상륙할 수 있는 명분을 일본이 확보할 가능성이 제로라고 단정 지을 수는 없다.

그렇다면 한국이 일본의 집단적 자위권에 대해 반대하는 것은 정말로 바람직한 것일까? 아니면 이는 단지 애국심의 발로이자, 자존심의 문제일 뿐인 걸까? 물론 필자 역시 한국인으로서 우리의 입장이 이해가지 않는 바는 아니지만, 그렇다고는 해도 무작정 반대를 고수하기에는 명분이 약하고 실익 차원에서도 무의미하다. 한국이 반대를 한들 다른 나라들이 한국 입장을 들어줄 정도로 한국의 국제적 입지가 큰 것도 아니거니와, 북한과 언제 다시 전쟁을 시작할지 모르는 휴전국 입장에서 우방국들과 의견 대립을 하는 것 또한 바람직하지는 않다. 그렇기 때문에 한국은 현재의 상황을 직시하고 조금 더 멀리 내다봐야 하며, 지금 걱정하고 있는 상황들이 일어나지 않도록 경계를 갖추고 유사시 발 빠른 대처를 할 수 있도록 철저한 준비를 해야 한다.

우리는 현재 중국이라는 거대한 이웃 나라와 미일이라는 강력한 동맹 사이의 '안보 딜레마(security dilemma)'에 빠져있는 상황이어서 선택할 여지가 당장 많지는 않다. 달리 표현하면, 중국과 일본, 미국 사이에서 우리 정부가 손익을 계산하여 어느 쪽에 더 힘을 기울일지에 따라 대한민국의 안보와 경제 상황이 크게 변할 수도 있다는 이야기다. 일본의 헌법 개정과 집단적 자위권 행사 문제 등은 기본적으로 일본의 주권 사항이고, 또 현실적으로 이에 대한 한국의 영향력은 제한적이다. 우리가 일본의 내정에 참견할 수도 없거니와 참견한다고 일본의 태도가 달라지지도 않을 것이다.

외교는 도덕률로 결정되는 게 아니다. 그랬다면 우리는 1965년 식민지 지배에 대한 법적 책임이 명확히 정리되지 않은 상태에서 일본과 국교를 정상화하는 선택 자체를 하지 말았어야 한다. 현실의 국제정치와 외교는 감정이나 역사 인식만으로 결론을 내릴 수 없는 복합적인 이해관계의 장이다. 안보, 경제, 국제 질서 속에서의 위치 등 다양한 요소를 종합적으로 고려해야 하며, 때로는 불완전한 합의라도 전략적 필요에 따라 선택할 수밖에 없다.

오늘날의 안보 환경하에서는 더욱 그렇다. 한국이 지정학적 조건과 군사·경제적 구조를 고려하지 않은 채 중국과 안보 협력을 강화할 수는 없는 노릇이고, 오히려 미일 안보체제 틀 안에서 우리의 국익을 극대화할 수 있는 지점을 찾는 것이 더 실질적인 외교 전략이다. 감정적 접근이 아니라 전략적 계산에 기반한 선택, 그것이 외교의 본질에 더 가깝다고 볼 수 있다. 왜냐하면 미일 동맹은 일본의 독자적인 군사대국화를 견제할 수 있는 기능이 있기 때문이다. 그러니까 한미 동맹의 강화를 통해 미일 동맹의 대일 견제적 성격을 활용하는 것을 고려해 볼 수 있다. 그렇다고 해도 일본의 방위력이 미일 동맹의 범위를 넘어 독자적인 군사대국화로 나가는 것까지 미국이 지지하는 것은 아니기 때문이다.

한국, 중국과 달리 미국, EU, 호주, 동남아 등 다른 국가들은 왜 일본의 집단적 자위권을 지지하는가? 그건 중국의 급부상에 따른 중국 견제의 완충재로서, 그리고 북한의 핵 문제를 견제하는 데 일본의 집단적 자위권이 균형자로서 도움이 될 수 있다고 판단하기 때문이다.

미국은 호주에 미군을 주둔시키면서 주변국을 자극하여 중국의 남중국해(South China Sea) 독자 영유권 고집에 대항하는 새로운 냉전 체제를 만들어왔다. 남중국해는 중국, 대만, 베트남, 필리핀, 말레이시아, 브루나이 등 6개 국가에 둘러싸인 해역으로 크게 4개 군도가 위치하고 있으며, 면적은 350만 km^2에 달하고 약 280~300억 톤의 원유와 천연가스가 매장되어 있는 것으로 추정되고 있다. 전 세계 해양 물류의 절반 가까이와 원유 수송량의 60% 이상이 남중국해를 지나고 있고, 우리나라도 원유 수송의 대부분이 이 지역을 통해서 이루어지고 있다. 미국 역시 연간 약 1조 2천억 달러에 달하는 물동량이 남중국해를 통과하고 있는 실정이니, 남중국해는 미국 입장에서도 결코 소홀히 할 수 없는 해상 요충지이다.

그런데 2016년 두테르테 필리핀 대통령이 미국보다 중국을 우선시한 적이 있어, 미국 입장에서 중국의 부상이 아시아 지역의 안보에 대한 상당한 위협이라고 느끼게 된 것이다. 또 우리나라와 북한이 언제든 다시 전쟁을 재개할 수 있는 휴전 상태에 있다 보니, 북한의 핵 문제가 대두되는 상황에서 미국이 중국을 견제하고 북한의 전쟁을 억제하는 방법으로 선택할 수 있는 수단 중 하나가 미국에 더 가까운 일본의 집단 자위권을 지지하는 것이다.

동남아 지역이 일본의 집단적 자위권을 반대하지 않는 배경도 미국과 크게 다를 바 없다. 중국과의 영토 분쟁에서 일본의 힘을 '공짜'로 빌리고 싶어 하기 때문이다. 필리핀은 2025년 4월 29일, 일본 이시바 총리와 필리핀 마르코스 대통령 간의 정상회담에서 '동중국해 및 남중국해와 관련한 중국의 강압에 대응하기 위해서는 양국이 동맹에 가까운 파트너여야 한다'라고 언급한 바 있다. 이때 일본과 필리핀은 군사정보 공유를 촉진하는 포괄적군사정보보호협정(GSOMIA) 체결 정책을 재확인했으며, 2026년 1월 15일, 일본과 필리핀 정부는 자위대와 필리핀군 간 상호 물품 및 서비스 제공 협정(ACSA)을 정식으로 체결했다. 이제 양국 군대가 연료·탄약·식량 등 물자와 서비스를 상호 제공할 수 있는 법적 틀을 마련한 것이다.

동아시아 국가들을 향한 일본의 공적개발원조(ODA)도 활발하다. 남중국해 전선에서 중국 함선과 맞서는 필리핀 해안경비대 함정의 상당 부분이 일본의 공적개발원조(ODA) 및 정부 안전보장 역량강화 지원(OSA)을 통해 제공받은 순찰정이다. ODA는 비군사 분야에 한정되지만 OSA는 방위장비 지원에 제한이 없다. 이 선박들은 남중국해 같은 전략적 해역에서 해양 안전 임무에 활용되면서 필리핀의 해경함정 역량

강화에 기여해 오고 있다. 인도네시아도 일본과 방위 장비 협력 강화에 합의(2025. 11. 17.)했으며, 일본 자위대와 인도네시아군 간의 합동 훈련과 양국 국방 관계자 간 교류를 촉진하겠다고 전했다.

사실 일본은 과거 일본의 식민 지배를 받았던 동아시아 국가들에 꾸준한 공적개발원조(ODA)를 지원함으로써 과거의 '침략자 일본'에서 지금의 '친절한 일본'으로 이미지를 포장해 왔고, 이를 통해 지금은 동아시아에서는 어느 정도 신뢰받는 국가로 인정받고 있다. 결국 동아시아 국가들이 일본의 집단적 자위권 행사를 지지하는 이유 중 하나는 일본의 경제력이다. 어쩌면 경제적 낙수효과가 만들어낸 자본의 온기(溫気)가 일본의 이미지를 세척하는 강력한 수단으로 치환된 덕분인지도 모르겠다.

7.

대중 외교

7.

대중 외교

⧉ 중국과의 국교를 수립하기까지 ⧉

일본이 1945년 패전 이후 중국과 정식 국교를 체결하지 않았다고 해서 무역까지 단절했던 것은 아니었다. 비록 국교는 맺지 않았지만, 일본은 정경 분리 원칙을 내세워 상호 연락 사무소를 설치하고 정부보증의 융자를 이용해 반관반민(半官半民) 형태의 'LT무역(일중장기종합무역에관한각서)'을 유지하며 실용 외교를 추진해 왔다. 비공식적인 교역 채널이긴 하지만 반관반민 성격의 연락 사무소로서 정부보증자금을 활용하여 거래할 수 있었기 때문에 중일 양국의 정치적 갈등과는 별개로 경제적 실용 외교를 추진해 온 것이다. 'LT'의 유래는 중국 측 대표 랴오청즈(廖承志)와 일본 측 대표 다카사키 다츠노스케(高碕達之助)의 이름 앞 글자를 따온 것으로, 1968년 들어서면서 'MT 무역(Memorandum Trade)'으로 명칭이 바뀌었고, 1971년 국교 정상화 이후에는 완전한 공식 무역 체제로 이행되었다.

한편, 중국과의 국교 정상화 과정은 이렇다. 1949년 중화인민공화국이 수립되었지만, 일본은 1952년 중화민국(대만)과 '일화평화조약'을 체결했다. 이후 미소 냉전이 지속되면서 일본은 미국의 동맹국으로서 대만을 지지해 왔으나, 1960년대 후반에 들어서자 일본 내에서 친중 분위기가 확산되기 시작했다. 중국과의 교류로 경제적 실익을 추구하고자 하는 기업들의 요구도 있고, 미국의 닉슨 대통령이 '닉슨 독트린'을 발표하면서 시작된 데탕트 시대로의 이행에 일본이 충격을 받은 점도 한몫했다. 게다가 유엔 설립 이후 대만에 귀속되어 있던 중국 대표권이 1971년 중화인민공화국으로 이전되었고, 이에 따라 유엔총회에서 대만이 퇴출되고 중화인민공화국이 중국의 유일한 대표로 인정되자 일본의 대중 외교 정책이 압박을 받게 된 것이다.

1971년, 미국의 헨리 키신저(Henry Kissinger, 1923~2023)가 비밀리에 중국을 방문하고, 이후 리처드 닉슨(Richard Nixon, 1913~1994) 대통령이 공식적으로 중국을 방문(1972. 2. 21.)해 미중 공동성명을 발표하면서 미중 관계는 급격히 개선되었다. 이 과정을 지켜본 일본은 미국에 뒤처져서는 안 된다는 외교적 위기감을 느꼈고, 중국 역시 일본의 전후 책임 문제를 해결하고 관계를 개선하기 위해 일본과의 국교 정상화를 중요한 외교적 목표로 삼았다. 당시 모택동의 지도하에 문화대혁명을 경험하고 있던 중국은 미국과의 관계 개선을 계기로 소련과 대립하고 있던 상황에서 국제사회의 지지를 얻기 위해서는 일본을 필요로 했고, 일본이 이를 재빠르게 눈치챘던 것이다.

때마침 친중 성향이 강한 다나카 가쿠에이(田中角栄, 총리재임기간 1972. 7. ~1974. 12.)는 자민당 총재 선거 과정에서 일중 국교 정상화를 전면에 내세웠다. 그는 총리로 취임하자마자 자신의 공약을 지키기 위해 두 달 뒤인 9월 25일, 오히라 마사요시(大平正芳, 1910~1980) 외무장관을 데리고 방중하여 베이징 인민대회당에서 저우언라이(周恩来) 총리와 일중 공동 성명을 발표(9월 29일)하고 정식 국교를 맺었다.

다나카 수상과 저우언라이 총리의 회담 장면(1972. 9. 29.)

사실 일중 국교 정상화를 논의하기에 앞서 일본의 시급하고 중대한 과제는 중일전쟁(1937~1945)에 대한 책임 및 식민지 정책에 대한 반성과 사과를 어떻게 다룰지 고민하는 일이었다. 당시 일본의 외교부 장관 오히라는 이 문제와 관련하여 '중국이 겪은 전쟁 피해에 대한 사과'를 강조하는 접근을 취하면서 '중화인민공화국'을 정식으로 승인하고, 매우 민감한 과거사 문제에 대해서는 "모든 전쟁 피해에 대한 책임을 진다"라는 입장을 밝혔다. 특히 전후 배상 문제에 대해서는 국교 정상화 후 논의하겠다며 중국과의 관계를 우선시했다. 이에 따라 일본은 공식적인 배상 대신에 경제적, 사회적 협력을 통해 중국과의 관계를 구축하려 했고, 중국은 반일 감정을 누그러뜨리면서 일본의 경제 지원을 받아들이기로 했다.

사실, 중일 국교 정상화가 이루어지면 외교적으로 대만과의 단교가 필수불가결한 조건이라는 것을 일본도 모르는 바가 아니었다. 그러나 결과적으로 일본은 중국에 대한 침략을 반성하고 중화인민공화국이 유일한 합법 정부라는 점을 인정했으며, 중국은 일본에 대한 전쟁 배상 요구를 포기하면서 국교 정상화 과정을 거쳤다. 이때 양국의 영토 문제인 센카쿠 열도는 공동성명에 포함되지 않았다. 일본이 센카쿠 열도를 실효 지배하고 있었기 때문에 중국 입장에서 이 문제를 걸고 넘어질 만도 했는데, 당시 중국은 일본과의 국교 정상화를 우선시하기 위해 이 문제를 뒤로 미루는 전략을 택한 것으로 보인다. 다만 중국은 일본에 '하나의 중국' 원칙을 강조함으로써 대만과의 단교를 촉구했고, 일본은 과거사에 대한 직접 사과를 요구받은 것은 아니지만 '침략에 대한 통절한 반성'이라는 표현으로 최소한의 예의를 갖추었다. 이후 1978년 '중일 평화우호조약' 체결로 두 국가의 관계는 더욱 공고해졌지만, 센카쿠 열도를 둘러싼 문제는 이때에도 양국 모두 회피하였다.

⧊ 센카쿠 열도 ⧊

1885년 이후 일본은 수차례에 걸쳐 센카쿠 열도에 대한 현지 조사를 실시했다. 그곳이 무인도이고, 청나라의 지배를 받은 흔적이 없다는 것을 확인한 일본은 1895년, 센카쿠 열도를 오키나와현에 편입시켰다. 이후 약 120여 년이 지난 2010년 9월 7일, 이 작은 섬 하나를 둘

러싸고 중일 간 가장 심각한 영토 분쟁인 '센카쿠 열도 분쟁'이 발생
했다. 일본 해상보안청 순시선이 중국 어선에 정지 명령을 내렸지만, 센
카쿠 열도에 접근하는 중국 어선이 아랑곳하지 않고 일본 순시선을
들이받은 것이다. 중국인 선장이 공무집행방해죄로 체포되었고 곧 기
소될 것이라는 보도가 나가자, 이를 심각하게 받아들인 중국은 즉각
중일 각료회담을 중단하고는 희토류 수출을 중단해 버렸다. 그리고 2
주 정도 지난 9월 20일, 중국 측은 "자국의 허가 없이 군사 관리 구역
을 촬영했다"라며 업무차 중국에 체류 중이던 후지타 기업의 일본인
사원 4명의 신병을 구속했다.

당시 일본은 중국의 희토류 수출 중단으로 심각한 경제적 피해를
입은 상황이었고, 이에 대한 별다른 대응 수단도 없었다. 결국 일본은
자국민 구속이라는 사태 수습을 위해서라도 어쩔 수 없이 외교적 배
려를 내세워 중국인 선장을 석방했으며, 이것으로 양국의 무력 충돌
은 일단락되었다. 일본 내에서는 '굴욕 외교'라는 공격을 받아야 했지
만, 이 일로 일본은 특정 산업이나 자원에 의존하는 것이 안보에 결정
적인 취약점으로 작용한다는 교훈을 얻었다. 과거 에도 말기 만국공법
이 만사가 아니라는 것을 체득했던 것처럼, 이때 역시 WTO가 존재해
도 즉각적인 해결이나 구제가 불가능하고 소송은 시간만 걸리니, 150
년 전이나 지금이나 국제 규범만 믿어서는 안 된다는 교훈을 얻은 것
이다.

어쨌든 일본은 다시는 중국에 당하지 않겠다며 탈(脫)중국을 다짐하
고 희토류 공급의 다변화를 핵심 과제로 선정했다. 정부가 주도하여
대규모 금융 지원을 통해 호주의 라이너스(Lynas)에 희토류 생산 기지

를 만드는 한편, 일본 국내에서는 희토류 재활용 및 회수를 추진하고 희토류를 사용하지 않는 생산 기술을 위해 R&D에 집중했다. 여기서 더 중요한 변화는 추후 경제안보추진법을 마련하여 핵심 물자와 기술을 국가가 관리할 수 있도록 공급망을 안보 영역으로 편입한 것이다.

그렇다면 센카쿠 열도 분쟁에 대한 미국의 입장은 어떨까? 미국은 일단 1972년 오키나와를 일본에 반환할 때 센카쿠 열도를 일본 관할로 인정했기 때문에 기본적으로 일본 영토로 인정하고 있고, 또 1960년 미일안보조약 제5조에 따라 센카쿠 열도가 일본 관할에 적용된다고 해석하고 있지만, 최종적인 주권 문제에는 미국이 개입하지 않는다는 원칙을 세우고 있다.[1]

⁑ 대만과의 관계는? ⁑

일본이 미국보다 7년이나 앞서 중국과의 수교를 서둘렀던 이유는 다양하다. 그중 하나는 중국이 국가 간 분업 체제에 적합한 저임금 노동력과 거대한 시장을 제공하고 있어 일본 경제에 새로운 성장 동력을 제공해 줄 것으로 판단되었기 때문이다. 1952년 일화 평화조약을 체결한 이후 약 20년간 대만을 '중국의 정통 정부'로 인정해 왔던 관계를 하루아침에 단교한다는 것이 쉬운 일은 아니었지만, 중국의 수교

---

1 미일안보조약 제5조는 다음과 같다. "조약국은 일본국 시정하에 있는 영역에 대해 어느 일방이 무력 공격을 받아 자국의 평화와 안정을 위협한다고 인정할 경우, 자국 헌법의 규정과 절차에 따라 공통의 위기에 대처하도록 행동할 것을 선언한다."

조건을 통과하기 위해서는 다음과 같은 선언을 해야만 했다.

> "일본국 정부는 중화인민공화국 정부가 중국의 유일한 합법 정부임을 인정하고, 중화민국(대만)과의 외교 관계를 종료한다."

일본이 중국과 국교를 수립하자 대만의 장제스 정부도 일본과의 단교를 선언한 것은 당연한 절차였다. 대만은 곧바로 도쿄 주재 대만 대사관을 폐쇄하고 외교관을 철수시켰으며, 이에 일본도 타이베이 주재 대사관을 철수시켜야만 했다. 대만 외무성은 "일본은 중국의 자유 정부를 배신하고 공산 정권에 굴복했다. 깊은 유감을 표한다"라고 발표했다.

중일 국교 정상화 이후 일본 내 분위기 역시 결코 일방적인 환영 일색은 아니었다. 자민당 내에서도 후쿠다 다케오(福田赳夫, 총리재임기간 1976. 12.~1978. 12.)를 대표로 한 보수 우익 진영은 대만에 대한 도의적 책임을 강조하면서 반대했고, 경제계와 대만 지지 여론에서도 "도의적 외교를 버리고 실리만 택했다"라는 논조의 상당한 반발이 나오면서 다나카 내각은 대만과의 단교로 인한 정치적·감정적인 부담을 적잖이 떠안았다. 그러나 일중 경제가 생각보다 급속히 밀착되고 실익을 계산하는 기업들은 대부분 중국을 기회의 땅으로 보기 시작했다. 마치 태양이 뜨면서 안개가 사라지듯 이제 부정적 여론은 찾아볼 수 없었다.

그렇다고 일본이 대만과 완전히 단절한 것은 아니다. 일본은 비공식 민간 교류 관계를 유지하기 위해 대만 타이페이에 '일본대만교류

협회'라는 비공식 대사관을 설립하였고, 대만 또한 일본에 '대만일본
관계협회'(도쿄)를 설립하여 오늘날에 이르기까지 경제, 관광, 문화 교
류를 지속적으로 확대해 오고 있다. 특히 중국 견제라는 공통의 이해
가 맞물리고, 최근 다카이치 총리의 발언에서도 알 수 있듯이 '대만 유
사는 일본 유사'라는 인식이 존재하고 있어 일본에 대만의 전략적 중
요성은 더해가고 있다. 대만이 일본의 최남단 오키나와에서 지리적으
로 매우 가깝다 보니 해상 방어선의 핵심 방패 역할 지역이기도 하다.
중동에서 일본으로 에너지를 싣고 오는 유조선이 대만 인근 해역을
통과하기 때문에, 이곳이 불안해지면 원유 수급에 타격을 입게 되어
대만의 지정학적 중요성이 결국 일본의 초크포인트(chokepoint)임을 입
증하는 셈이다.

게다가 일본의 가장 큰 안보 변수는 중국인데, 대만이 중국에 편입
되면 중국 해군의 활동 범위가 확대될 것이고, 그러면 일본의 안보 환
경은 급격히 약화될 가능성이 높다. 따라서 대만은 일본의 경제와 안
보를 동시에 좌우하는 전략적 요충지로 인식하고 있다. 물론 양국의
정상회담 등 모든 관계는 비공식적 틀 안에서만 진행되고, '대만은 국
가가 아니'라는 입장은 여전히 유지하고는 있다. 그렇기 때문에 외교
적 제약이라는 한계는 인정할 수밖에 없고, 앞으로도 양국 관계는 비
공식성과 실질 협력이 병존하는 형태로 전개될 수밖에 없을 것이다.

⁑ 그렇다면 미국은 어떤 입장이었을까? ⁑

그렇다면 미국은 일중 국교 정상화에 대해 어떤 입장이었을까?

1970년대는 미국과 소련 간의 대립으로 냉전이 한창 진행되던 시기였다. 따라서 미국은 일중 국교 정상화를 소련의 위협에 대응하기 위한 전략으로 받아들였고, 자신들 역시 중국과의 관계 개선을 통해 중국을 국제적으로 재조정하고 중국에 대한 미국의 영향력을 확대하려는 계획을 세웠다. 그렇기 때문에 1972년 중일 국교 정상화 당시 미국은 일본의 외교 전환에 대한 공식적인 지지나 반대를 표명하지 않은 것으로 사실상 묵인하는 입장을 취한 셈이다.

당시 중국은 소련의 동맹국이기는 했지만 미중 관계가 급격히 호전되던 1970년대 초반부터 소련에 대한 불신을 미국과의 협상으로 전환하려는 움직임이 있었고, 반대로 미국은 소련을 견제하기 위해서라도 중국과의 관계 개선을 필요로 하는 상황이었다. 이런 환경에서, 미국은 동맹국인 일본이 중국과 국교를 정상화하겠다는 것을 마다할 이유가 없었다. 일본 입장에서도 리처드 닉슨 대통령이 1972년에 중국을 방문한 것이 사실상 일본과 중국의 관계 개선을 지지한 셈이라고 해석했다.

당시 일본 외상 후쿠다 다케오(福田赳夫, 외상재임기간 1971. 7.~1972. 7.)는 "미국이 우방 일본을 배제하고 중국과 접촉했다"라며 강한 불쾌감을 표명했고, 이에 대한 미국의 공식 입장은 "일본의 외교는 일본이 결정할 문제"라는 중립적 태도였다. 하지만 미국이 앞서 중국과의 공동성명을 발표한 것은 일본이 중국과 수교해도 좋다는 간접적인 신호로 해석되었다. 중국과의 관계 개선이 미국의 국가 안보에 중요한 요소라고 강조하며 중국 개방과 소련 견제를 전략적 목표로 세웠던 닉슨 대통령의 입장에서, 중일 국교 정상화는 자신의 목적에 부합하는 선택이기도 했다.

그러나 미국이 1979년에 가서야 중국과 수교한 것과 달리 일본이 미국보다 먼저 국교를 수립했다는 점을 보면 두 나라의 셈법이 조금 달랐을 수는 있다. 일중 국교 정상화가 미중 국교 정상화보다 먼저 이뤄지는 일을 미국이 원하지는 않았을 것이고, 아마 일본 역시 의도적으로 미국보다 한발 앞서가려 한 것은 아니었을 것이다. 다만 미국이 중국과의 국교 정상화를 시도하는 과정에서 닉슨의 워터게이트 사건이 발생하기도 했고, 또 냉전 체제를 지키고자 하는 미국 내 보수주의 진영의 반대도 컸기 때문에 수교 진전에 차질이 있었을 것이다. 또 하나, 미국은 대만과 상호방위조약을 맺고 있어 중국과 정식 수교하기까지 시간이 필요했지만, 일본은 상대적으로 그런 부담에서 가벼웠기 때문에 미국이 열어놓은 길을 일본이 새치기하였다고 비난했던, 소위 '역(逆) 닉슨 쇼크'를 받아들여야 했다.

참고로 한중 수교는 미중 화해로 대표되는 국제 질서의 변화에 일본보다 늦게 편입되면서 일중 수교 이후 약 20년이나 지난 1992년에야 이루어졌다.

8.

일소 국교 정상화

8.

일소 국교 정상화

⟡ 미국은 일소 국교 정상화를 어떻게 지켜봤나? ⟡

미국은 1933년 프랭클린 D. 루즈벨트 행정부 시기에 소련과 국교를 맺고 대사를 교환하고 상호 외교 공관을 설치하였다. 제2차 세계대전이 끝나고 냉전이 본격화되면서 미소 양국은 군사적 대립과 이념 대립, 그리고 한국전쟁을 통한 적대적 대립이 이어졌지만, 양국 간에 총부리를 겨눌 만큼의 직접적인 전쟁을 눈앞에 둔 것이 아니어서 국교마저 단절하지는 않았다. 나아가 일본과 소련의 국교 정상화 이후인 1962년 쿠바 미사일 위기를 겪으면서부터는 미소 모두 직접 연락할 수 있는 소통 채널의 중요성을 절실히 깨닫고 오히려 워싱턴과 모스크바 간 핫라인을 설치(1963)했으며, 1972년에는 전략무기제한협정(SALT)을 체결하는 등 지속적인 외교 관계를 유지해 왔다.

일본은 1956년 10월 19일, 제2차 세계대전 후의 적대 상태를 종결하고 양국의 외교 관계를 공식 수립하는 데 합의한다는 일소 공동선언(日ソ共同宣言)을 발표했다. 이를 계기로 소련이 일본의 유엔 가입에 대한 거부 입장을 철회하면서 일본은 유엔 정회원국으로 가입할 수 있었다. 일소 공동선언은 이외에도 제2차 세계대전 이후 소련 내 잔류 상태인 일본인 포로를 석방 및 송환할 것, 그리고 향후 평화조약을 체결하여 소련 측은 북방 쿠릴열도 4개 섬 중 에토로후(択捉)와 쿠나시리(国後) 두 개 섬을 제외하고 하보마이 군도(歯舞群島) 및 시코탄(色丹島) 두 개 섬을 일본에 인도할 것 등을 다루었다.

그러나 국교 수립 이후 쿠릴열도 반환에 대한 일소 간 협상은 진전을 보이지 않았다. 소련이 1951년 샌프란시스코강화조약에 서명하지 않았기 때문에 실질적으로는 일소 간 전쟁 상태를 완전히 종결한다는 의미에서의 평화조약은 지금까지 체결되지 않은 상태로 남아있는 셈이다. 이토록 중대한 문제가 해결되지 않았는데도 불구하고, 일소 양국이 서둘러 공동선언을 체결했던 이유는 무엇일까?

우선 일본은 소련과의 무역을 원했고, 또 유엔에 가입하기 위해서는 안보리 상임이사국인 소련의 동의가 필요했다. 소련 역시 마찬가지다. 냉전 상황에서 일본을 미국과 완전히 떼어놓을 수는 없다 해도 일본과 척을 질 필요까지는 없다고 판단했으며, 동북아 내 외교적 영향력을 확보하기 위해서라도 현실적인 타협이 필요한 시점이었다. 따라서 양국 모두에 실리적 수교의 필요성이 대두되었고, 이것이 일소 국교 정상화의 핵심 동력이었다고 볼 수 있다.

다시 미국의 입장으로 돌아오자면, 일소 국교 정상화는 미국의 동아시아 반공 전선에 균열을 가져올 가능성이 있었고, 특히 일본이 북 방영토의 일부를 돌려받는 조건으로 소련과 평화조약을 체결할 경우, 그것이 미일 안보 협정에 영향을 줄 수 있다는 우려도 존재했다. 왜냐 하면 샌프란시스코조약 체결 이후에도 미국이 오키나와를 점령하고 있었기 때문이다. 그렇지만 일본이 소련 쪽으로 기울 가능성은 극히 낮았고, 소련과의 외교 관계를 통해 일본이 국제사회에 정상적으로 복 귀하는 것도 미국 입장에서 나쁘지만은 않다고 판단했기 때문에, 결과 적으로 미국 측은 반대 의사를 내비치지도 않았다.

⸭ 북방 쿠릴열도, 현재는? ⸭

현재 시점에서 북방 쿠릴열도는 소련을 계승한 러시아의 영토로 분류된다. 1945년 소련이 북방 쿠릴영토를 점령한 이후, 당시 그곳에 거주하던 일본인들은 일본 본토로 송환되었고 대신 러시아 주민들이 이주해 현재까지도 이곳에 살고 있다.

원래 소련은 제2차 세계대전 막바지에 참전하면서 북방 쿠릴열도 4개 섬을 점령했고 이로 인해 일본은 소련과의 중립 조약을 파기했는 데, 이후 일소 국교 정상화 교섭에서 소련은 두 개의 섬을 반환하겠다 는 약속을 했다. 그런데 일본이 소련의 호의에 만족하지 않고 4개 섬 전부를 요구하면서, 결과적으로는 지금까지 단 한 개의 섬도 돌려받 지 못하고 있는 상황이다. 이 땅은 지금도 러시아가 자국 영토로 실효 지배를 계속하고 있으며 약 2만여 명 정도의 러시아 민간인과 군 관련 인력이 생활하고 있다.

일본이 러시아의 우크라이나 침공에 대한 제재를 강화한 이후, 러시아는 평화조약 협상 및 일본과의 일부 공동 사업을 중단했고 일본인의 북방영토 방문 시 무비자 제도도 취소했다. 예전에는 일본 어민들이 쿠릴열도에서 조업도 했고 성묘차 옛 거주지에 방문할 수도 있었지만, 비자 면제 방문 프로그램을 중단했기 때문에 더 이상 일러 간 지역 경제 교류 및 민간 교류는 진행하기 어려운 상황이다.

일본 외무성은 이곳을 여전히 자국 고유 영토로 주장하면서 공식적으로는 북방영토(北方領土)라고 부르고, 외교문서에 "러시아가 불법 점거하고 있다"라는 표현을 사용하고 있으며, 일본의 초·중·고 교과서 역시 북방 영토 4개 섬을 일본 영토로 기술하고 있다. 언론에서는 북방 쿠릴열도라는 용어를 더 대중적으로 사용하고 있으며, 일본 정부는 이를 반환받기 위해 러시아와의 분쟁 해결과 평화조약 체결을 추진해 왔다. 그 결과 2018년 11월, 싱가포르에서 개최한 아세안 정상회의에서 아베 신조와 블라디미르 푸틴이 공동선언을 기초로 평화조약 협상을 가속화한다는 데 동의하였고, 나아가 푸틴은 평화조약 체결 이후 2개 섬의 우선 인도 방식을 검토하겠다는 협상에 합의했다.

그러나 이 합의에 대해 일본 내 여론은 다소 회의적이었다. 특히 북방영토 반환과 관련한 시민단체 내에서는 4개 섬 일괄 반환이 아닌 2개 섬 우선 반환은 기존 일본 정부의 원칙에서 후퇴한 내용이라며 강한 반발이 일었고, 또 정치권에서도 러시아가 시간을 끌며 양보하지 않을 가능성이 높다는 점에서 합의에 큰 의미를 두지는 않았다. 게다가 이 합의는 구체적인 일정과 주권 방식 등에 대한 문서 없이 정치적인 방향만 설정한 합의였기 때문에 실질적인 움직임으로까지 이어지지는 못했다.

또 다른 문제도 있다. 독도나 센카쿠 열도와 달리 북방영토에 대한 일본 국민들의 관심은 높지 않다. 매년 2월 7일을 '북방영토의 날'로 지정해 외교 의제로 다루고 있고, 또 교과서에서는 자국 영토라고 배우고는 있지만 젊은 세대일수록 실질적으로 '쿠릴열도는 일본의 땅'이라고 인식하는 비율이 매우 낮다 보니 정치인들이 이를 이슈로 다루려는 유인(誘因)도 그렇게 강하지는 않다.

반대로 러시아의 입장은 다르다. 만일 쿠릴열도를 반환할 경우 미군이 이곳에 들어올 가능성을 배제할 수 없기 때문에, 반환 문제를 단순히 러일 양자 문제로 보기보다는 미국까지 얽힌 다자 안보 문제로 보는 경향이 있다. 러시아는 이곳 쿠릴열도 남쪽의 일부 섬에 공군기지와 사거리 500km급의 미사일 시스템을 구축해 놓았는데, 이러한 배치는 단순 상징이 아니라 태평양과 주변 해역 전체의 감시·방어 능력을 강화하고 주변 국가의 군사 움직임에 대응하기 위한 실전급에 해당한다. 러시아는 이 지역을 군사 요충지로 활용해 태평양과 오호츠크해를 연결하는 전략적 요충지로 삼으려는 것이고, 그래서 2020년 헌법 개정을 통해 사실상 영토의 양도를 금지했기 때문에, 앞으로 일본의 바람대로 영토 반환이 순조롭게 진행되는 일은 없을 것이라고 봐야 한다. 이에 더해 러시아 측은 아직도 우크라이나와 전쟁 중이어서 서방 국가들과의 갈등이 깊고, 일본이 미국과의 동맹을 바탕으로 대러시아 제재에 동참하면서 지역 안보를 강화한 상황이라, 당분간은 러시아가 쿠릴열도를 외교 협상 테이블에 올려놓지 않을 가능성이 매우 높다.

현재 일본은 러시아와 매우 긴장된 상태의 외교 관계를 유지하고 있다. 러시아가 더 이상 평화조약에 대한 논의를 원하지 않는 상황이고, 우크라이나 침공과 관련하여 대러 제재에 동참 중인 일본을 비우호적인 국가로 간주하며 양국 간의 다양한 이슈에 대한 협상 여지를 차단하고 있기 때문이다. 일본은 쿠릴열도 반환 문제와 평화조약 체결을 포기하지 않겠다고는 하지만, 현재로서는 러시아 측이 사실상 논의를 중단하여 협상 자체가 교착 상태에 놓인 실정이다. 따라서 단기간 내 관계 개선의 가능성을 기대하기는 어렵고 장기적으로 '관리된 긴장 상태'가 이어질 가능성이 크다. 게다가 러시아도 일본도 당장 해결해야 할 글로벌 이슈가 눈앞에 있다 보니 양국의 외교 관계는 전략적으로 후순위로 미뤄두고 있어, 향후 기회가 온다면 그때 가서 협상을 재개하겠다는 정도이다.

9.

대미 외교

9.

대미 외교

⸸ 일본을 개항시킨 미국 ⸸

우리가 잘못 알고 있는 것이 있다. 한국도 일본도 모두 쇄국정책을 취해왔다고. 그러나 에도 막부의 쇄국은 봉건 체제하의 번(藩)을 대상으로 취했던 정책이었을 뿐, 위정척사(衛正斥邪)를 내세운 조선의 이념적인 고립 정책과는 다른 차원의 이야기다. 즉 막부의 쇄국정책은 서구의 물질문명을 닫아 버린 폐문 정책(closed-door policy)이 아니라 막부 이외의 세력으로부터 정보의 교류를 통제하는 '창구 독점 정책(window monopoly policy)'이었다.[1] 그래서 나가사키(長崎)의 데지마 상관(出島商館)을 통해 정기적으로 에도와 교류를 하며 쇼군을 알현하게 하여 국제 정세 동향을 정리한 '오란다풍설서(オランダ風説書)'라는 보고서를 제출했고, 막부는 이 정보를 활용하면서 서양 학문과 세계 정세를 파악할 수 있었다.

---

1   신상목(2017), p.228.

1853년 미국의 페리 제독이 밀러드 필모어(Millard Fillmore, 1800~1874) 대통령의 국서를 갖고 도쿄(東京) 바로 옆 가나가와현(神奈川県)의 우라가(浦賀) 앞바다에 도착해서 일본의 문호를 개방할 것을 요구했을 때 일본이 크게 저항하지 않았던 이유도 이러한 배경에 있다. 그다음 해인 1854년 3월 31일, 페리는 일본과 화친조약을 체결했다. 미국은 일본을 아시아 진출의 전진기지이자 물과 식량, 석탄의 보급기지로 삼기 위해 시즈오카현(静岡県) 이즈반도(伊豆半島) 남쪽의 시모다항(下田港)과 홋카이도(北海道)의 관문 하코다테항(函館港)의 개항을 요구했다. 비록 불평등하고 굴욕적인 개국이긴 하지만 일본으로서는 최초로 맺은 국제조약이다.

홍선대원군이 조선에 척화비를 세운 1871년, 개항을 선택한 일본은 요코하마(横浜)에서 대규모 해외 사찰단인 '이와쿠라사절단(岩倉使節団)'을 꾸려 미국과 유럽으로 보냈다. 사절단은 당시 국가 예산의 1%에 달하는 막대한 여행비가 투입된 초대형 국가 프로젝트를 완성하기 위해 1년 10개월에 걸쳐 미국 및 12개 유럽 국가를 방문하며 서구 선진 문물을 습득하고 돌아오라는 명을 받았다. 이것이 조선과 메이지 정부 간 격차가 벌어지기 시작한 결정적 계기이다.

사절단이 돌아온 이후 일본은 국가체제를 빠르게 정비했고 이는 1876년 강화도조약 등 조선에 대한 적극적인 외교 압박 정책으로 이어졌다. 그 결과 일본은 조선을 둘러싼 1894년 청일전쟁과 1904년 러일전쟁에서 승리를 거두었고, 이것이 한반도 지배의 초석이 되었다.

이후 일본은 미국의 외교적 지지를 이용하여 한반도 점령을 국제적으로 인정받으려 했고, 미국 역시 필리핀과 하와이, 괌 점령에 대한 일본의 인정을 받기 위해 양국 간 가츠라-태프트 밀약(1905. 7.)을 추진했다. 가츠라 다로(桂 太郎, 총리재임기간 1901. 6.~1906. 1.) 총리는 일본과 러시아가 벌인 전쟁의 직접적 원인이 조선 때문이라고 지목하면서 '조선 문제의 완전한 해결이 전쟁의 논리적 결과이며, 조선을 이대로 방치한다면 또다시 다른 국가들과 협정이나 조약을 맺어 전쟁 이전과 같은 복잡한 상황을 재발시킬 가능성이 있으니, 일본이 이를 막기 위해 조선의 외교권을 박탈해야 한다'라고 주장하였다. 미 대통령 특사 태프트는 가츠라의 주장에 한술 더 떠서 조선이 일본의 동의 없이 외국과 조약을 맺지 못하도록 군대로 종주권을 확립하는 것은 현 전쟁의 필연적 결과라면서 일본의 군사력에 입각한 조선에 대한 종주권까지 인정했다.

미국의 이러한 태도는, 주지하듯, 일본으로부터 필리핀을 얻는 대신 일본의 조선 지배를 승인하는 방식으로 상호 이익을 맞교환한 것이다. 이렇듯 미국은 1882년 조미수호통상조약을 맺은 조선과의 외교관계는 무 자르듯 용도폐지해 버렸고, 조선은 국제정치에서의 힘의 논리를 뼈저리게 느끼며 왕조의 무능함을 탓해야만 했다.

당시 미 대통령 루즈벨트는 가츠라-태프트 밀약의 내용이 양국의 이해관계에 충족된다는 점을 확인하였고, 태프트에게 '당신이 가츠라 백작과 나눈 대화는 모든 면에서 절대적으로 타당하다'라는 취지의 전문을 보냈다. 이로써 미일 동맹은 한층 더 돈독하고 수평적인 관계를 구축하게 된다. 이를 증명이라도 하듯, 1858년 미국과의 수호통상 조약 중 가장 불평등한 것으로 여겨졌던 관세 박탈권은 이후 1911년 조약 개정을 통해 관세 자주권으로 회복되었다.

그러나 국제사회에는 영원한 친구도 영원한 적도 없다는 진리를 미일 관계에서도 확인할 수 있다. 제1차 세계대전 이후 미국은, 일본이 만주에서 투자 이익을 둘러싸고 경쟁을 벌인 것과 산둥성 진출 야욕 때문에 중국 본토에서 미국의 통상 기회를 침해했다는 것을 지적하며, 이를 빌미로 일본과 대립하기 시작했다. 당시 일본은 만주를 침략할 명분을 만들기 위해 만주에 주둔하던 관동군[2]으로 하여금 자작극을 준비해 1931년 9월 18일, 중국군 주둔지 부근에 열차를 세워두고 철로에서 폭탄을 터트린 후 이를 중국군의 소행으로 몰아 만주사변을 일으켰다. 이를 토대로 만주 전체를 점령한 일본은 괴뢰정부로서 만주국을 수립하여 대륙 침략을 가속화하였는데, 이에 일본의 만주 침략을 조사한 미국 측 국제연맹은 "불법적으로 수립된 정부는 승인할 수 없다"라며 스팀슨 독트린(Stimson Doctrine)을 발표했다.

찰떡궁합 같았던 미일 관계가 더욱 긴장되기 시작한 것은 1932년 1월 28일, 미국의 경제 이익이 집중되어 있는 상하이에 일본이 함포 사격을 가하면서부터이다. 상하이에서 일본인 승려가 살해당한 것을 계기로 촉발된 이 무력 충돌은, 만주사변을 향한 국제적 관심을 다른 곳

---

2   일본의 중국 침략 첨병으로 제2차 세계대전 말까지 만주에 주둔했던 일본 육군 부대의 총칭이다.

으로 돌리기 위해 일본이 계획적으로 주도한 것이다. 제1차 상하이 사변은 이렇게 발생했다. 1937년 12월, 일본은 또다시 중국 난징에서 중국인 포로 및 일반 시민 약 30만 명을 학살했다.

일본의 대륙 침략이 본격화되자, 중국과의 대외 무역으로 통상 이익을 누려왔던 미국으로서는 더 이상 대일 관계를 유지할 수 없는 상황에 이르렀다는 판단을 내렸다. 결국 루즈벨트 대통령은 일본의 팽창을 '전염병'에 비유하면서 일본의 대륙 장악을 억제해야 한다며 미일 관계를 파국으로 만들었다. 또한 미국은 일본을 견제하기 위해 1938년 12월, 2,500만 달러를 중국에 차관으로 제공하여 친중 정책을 구체화하였다. 1939년 7월에는 1858년에 체결했던 미일 통상조약을 80여 년 만에 폐기했고, 이를 토대로 선철과 석유 수출 금지 조치를 취해 일본을 압박했으며, 1941년에는 재미 일본인 자산을 동결시켰다.

일본은 이때부터 외교적 방침의 기본을 탈아론(脫亞論)에 입각한 제국주의 외교로 전환하였다. 1940년 8월 1일 마츠오카 요스케(松岡洋右, 1880~1946)[3] 일본 외상은 담화를 발표해 '대동아공영권'이라는 정치 슬로건을 주창했다. 아시아에서 서양 세력을 몰아내기 위해서는 일본·중국·만주를 중축으로 프랑스령 인도차이나·타이·말레이시아·보르네오·네덜란드령 동인도·미얀마·오스트레일리아·뉴질랜드·인도를 포함하는 광대한 지역의 정치적·경제적인 공존 공영을 도모하는 블록을 만들어야 한다는 것이다.

일본은 1941년 도조 히데키(東條英機, 총리재임기간 1941. 10.~1944. 7.) 내각

---

3   마츠오카는 극동재판에서 A급 전범으로 확정되었지만 이후 사형 재판 중 병사하였다.

이 수립되자 진주만 기습을 시작으로 태평양 전역에서 전쟁에 들어갔다. 이로 인해 급격히 확산된 반일 여론과 국가총동원전 태세로 힘을 얻은 미국은 미드웨이해전, 산호해전, 뉴칼레도니아, 피지에서 승전하고 일본 본토 공격과 원폭 투하로 무조건 항복에 대한 일본 측의 동의를 이끌어냈다. 이로써 일본이 꿈꾸어 왔던 대동아공영권은 허황된 슬로건으로 끝났다.

§ 벚꽃 외교 §

다카이치 사나에 총리는 2026년 3월 19일, 백악관에서 트럼프 대통령과 만찬을 함께 하면서 "마침 워싱턴DC에 벚꽃이 만개하는 최고의 시기에 왔다"라며 "워싱턴DC의 벚꽃은 미국과 일본의 100년 이상 이어져 온 우정을 상징한다"라고 분위기를 띄웠다. 또 "올해 미국 건국 250주년을 맞아 일본이 벚꽃 250그루를 추가로 기증했다. 이 나무들은 워싱턴 기념탑 주변에 심어져 미래 세대에게도 우정을 전할 것"이라고도 했다. 이번 벚꽃 기증은 2025년 10월 28일, 도쿄에서 개최한 미일정상회담에서 트럼프 대통령을 만났을 때 2026년 미국 건국 250년을 축하하기 위해 워싱턴에 벚나무 250그루를 기증하겠다는 약속을 실행한 것이다.

사실 일본의 벚꽃 외교는 이때 즉흥적으로 마련한 이벤트가 아니다. 1885년 미국의 여성 작가 엘리자 시드모어(Eliza Ruhamah Scidmore)가 일본을 여행하면서 벚꽃의 아름다움에 빠져 워싱턴 포토맥 공원에 벚꽃을 심자는 제안을 했고, 이후 1906년 미 농림부의 식물학자인 페어차일드(David Fairchild) 박사가 수변 조경을 위해 일본 요코하마(橫浜) 육묘장에서 75그루의 개화 벚나무(flowering cherry trees)와 25그루의 단일 수형 벚나무(weeping types)를 수입하여 메릴랜드의 체비 체이스(Chevy Chase) 자택 언덕에 실험적으로 식재하는 데 성공하면서부터 시작된 일종의 민간외교였다.

이후 1907년, 페어차일드가 워싱턴 DC의 거리 조경용으로 심은 벚꽃 나무를 적극 홍보한 적이 있으며, 1909년 시드모어는 태프트 대통령 영부인 헬렌 태프트(Helen Herron Taft)에게 벚꽃 외교를 제안했는데, 이것이 받아들여진 것이다. 이때 제19대 도쿄 시장을 역임한 오자키 유키오(尾崎行雄, 1858~1954)가 뉴욕 총영사와 일본 화학자 타카미네 죠키치(高峰讓吉, 1854~1922)의 중재를 받아들여 2천 그루의 벚나무를 일본 정부 이름으로 기증했다. 그러나 워싱턴 DC에 도착한 벚나무는 USDA 검역 결과 병충해가 발견되어 전량 소각되었고, 이후 1912년 3월, 도쿄가 양국 우호의 상징으로 3천 20그루의 건강한 벚나무를 다시 선별해 티달 베이슨과 이스트 포토맥 공원에 기증해 식재했으며, 그중 20그루는 백악관에 심었다.

미국에서 아직까지도 벚꽃 축제를 즐길 수 있게 된 것은 이때의 벚꽃 외교 덕분이다. 100년이 훨씬 지난 지금, 일본의 문화 상품이 지구 반대편 미국 정치의 중심지 워싱턴에서 흐드러지게 피어나고, 이로써 벚꽃은 양국의 '아름다운' 미일 간 우정의 상징으로 자리 잡았다. 해마다 워싱턴의 봄을 물들이는 벚꽃을 보며 미국인들은 잠시나마 일본을 떠올릴지도 모르겠다. 즉, 벚꽃 외교는 단순한 조경 사업이 아니라, 미일 양국이 서로의 이해관계 너머 다양한 감정과 시간의 축적을 함께 해 왔음을 상기시키는 일종의 징표인 셈이다.

⑧ 전후 체제와 미일 동맹 ⑧

태평양 전쟁에서 패전한 직후, 일본은 정신적 공허와 무기력한 상황에 처해있었고 미 점령군에 대한 인식도 양분되어 있었다. 그러나 미 군정의 막대한 부흥 원조와 민주 제도를 경험하면서 서서히 그 시각은 호의적으로 바뀌었다.

당초 대일 점령은 주요 4개국(미영프소)에 의한 연합 점령으로 구상되어 있었지만, 일본 본토에 미군이 압도적으로 진주하면서 실질적으로는 미국의 단독 점령 체제로 결정되었다. 이때 GHQ(연합군 최고사령부)는 직접 통치를 원했으나 일본 정부의 강력한 요청과 반대에 부딪히면서 최종적으로는 GHQ 당국의 여러 지령을 일본 정부를 통해 하달하는 간접 통치 방식을 채택해, 표면상으로는 일본 정부가 국민을 지배하는 형태가 완성되었다.

일본은 패전 후 전후 재건이라는 목표 아래 승전국 미국을 중심으로 외교전을 펼쳐나갔다. 1951년 9월 8일 샌프란시스코 조약과 더불어 불과 20여 분 만에 미일안전보장조약도 체결하면서 일본은 안보를 미국에 전적으로 맡기게 된다. 이로써 미국은 동서 냉전 시대에 일본을 대아시아 전진기지로 활용할 수 있게 되었고, 일본 전역에 분포되어 있는 미군기지와 괌, 필리핀의 해군 및 공군기지를 확보하여 서태평양에서의 군사적 거점도 확보할 수 있었다.

요시다 시게루(吉田 茂)[4] 수상 시기에 체결된 이 조약은 전후 일본 외교 정책의 기본 노선을 대미 안보 의존과 경제성장 집중으로 설정하고 있다. 제3장 '일본의 외교 정책'에서도 설명했지만, 흔히 '요시다 독트린(Yoshida Doctrine)'이라 불리는 그의 외교 노선은 제2차 세계대전 이후 일본의 국력을 회복하기 위해 미국이 일본의 안보를 책임지는 구조를 수용하면서, 최소한의 무력만 유지하고 재정과 국력은 경제 발전에만 집중 투자하겠다는 내용임을 확인할 수 있다.

요시다는 당대 일본이 활용할 수 있는 힘은 미국이라는 동맹과 일본의 국력, 이렇게 두 개밖에 없다고 보았고, 그래서 전후 일본에 있어 미국은 절대 반지였다. 즉, 일본 외교의 가장 중요한 핵심이 대미 관계 중심으로 전개되었고, 그 기반이 미일 동맹이다 보니, 일본의 대외 전략은 미일안전보장 체제를 기초로 해왔다고 해도 과언이 아닌 것이다. 그래서 오늘날까지 일본의 글로벌 '파워'는 결국 미일 관계가 극히 견고하다는 전제가 성립되어야만 발휘되는 것이라는 말이 나왔고, '미국 몰빵 외교'에 치우치고 있다는 비아냥을 들어야 했다. 대신 일본의 전후 복구 및 경제 부흥을 위해서 안보는 미국과의 동맹 관계에 의존하고, 방위비는 1% 내외로 최소화하는 대신, 나머지 예산은 오로지 경제 발전을 위해 투자해야 한다는 경제 우선주의가 전후 일본의 주요한 국제 노선이자 대외 전략이 된 것이다. 이렇듯 동서 냉전 시기에 '경제'에 중심을 둔 결과 일본은 1968년 서독을 제치고 미국에 이어 세계

---

4   요시다 수상은 제1차 내각(1946. 5.~1947. 5.)과 제2, 3, 4, 5차 내각(1948. 10.~1954. 12.)까지 총 6년 반 집권한, 전후 일본을 설계했던 최장기 핵심 총리 중 한 명이다.

제2의 경제대국이 될 수 있었다. 일본의 국가 노선이 성공적이었다는 평가를 받게 된 것은 당연한 이치다.

그렇다고 일본의 대외 외교 전략이 모두에게 칭찬을 받았던 것은 아니다. 심지어 일본 내에서조차 전후 일본의 안보를 대미 의존에 안주시켰다는 지점에서 '안보 무임승차론자'라는 맹렬한 비난이 쏟아졌다. 나아가 자국 방위를 스스로 하지 않고 미국의 군사력에 의존한다는 점, 미일 안보조약을 통해 미군이 일본에 주둔하게 되면서 일본은 실질적으로 전쟁 비용을 지불하지 않고도 미국의 보호를 받는다는 점, 냉전 시대에 미국은 일본이 자유 진영의 일원으로 더 많은 기여(예: 군사적 협력)를 하길 원했지만 일본이 이를 거부하고 국제사회의 책임을 회피했다는 점, 그리고 일본이 국제 질서의 수혜자이면서도 책임은 지지 않으려는 점에서 국제사회의 지탄을 피하기는 어려웠다.

하지만 대다수의 일본 국내 세력은 일본의 선택을 옹호하는 입장이었다는 점도 무시할 수 없다. 전후 일본은 인프라가 완전히 파괴된 상태였고, 헌법 본문에 전쟁 포기 원칙이 포함되어 있어 현실적으로 군사적 재무장도 불가능하다는 점을 감안했을 때, 일본의 경제 제일주의는 자신들의 생존을 위한 최선의 선택이었다는 점을 인정하지 않을 수는 없을 것이다.

이제 제2차 세계대전 이후 만들어진 일본의 전후 체제, 즉 평화헌법, 샌프란시스코강화조약, 미일 안보조약이라는 세 가지 축을 구분해 보기로 하자.

첫째, 1947년 시행된 평화헌법은 패전 이후 일본이 구축한 전후 체제의 핵심을 이루는 규범으로, 주권재민, 기본적 인권 존중, 그리고 제9조에 명시된 전쟁 포기 및 전력 불보유 원칙을 근간으로 삼고 있다. 이 헌법은 제2차 세계대전 패전이라는 역사적 전환점을 배경으로, 군국주의와 제국주의 체제를 근본적으로 해체하고 새로운 국가 질서를 수립하려는 의지를 반영한 것이다. 특히 기존의 메이지 헌법이 천황을 국가의 통치권자로 규정하고 군 통수권까지 부여했던 것과 달리, 새 헌법은 천황을 국가와 국민 통합의 '상징'으로 규정함으로써 정치적 권한을 제거하였다는 점에 큰 의미를 두고 있다. 나아가 제9조를 통해 전쟁을 국가의 권리로 인정하지 않고 군대 보유 자체를 부정함으로써 과거 일본이 보여준 침략적 군국주의로의 회귀를 제도적으로 차단하고자 하였다.

이러한 점에서 평화헌법은 단순한 법적 문서를 넘어, 전후 일본이 국제사회 속에서 평화 국가로 재정립하기 위한 정치적·이념적 토대이자, 전후 체제를 규정하는 핵심적 장치로 평가할 수 있다.

둘째, 1951년 9월에 서명한 샌프란시스코강화조약은 연합군의 일본 점령을 종식하고 일본의 주권을 회복시킨 문서이지만, 한편으로는 일본에 대한 전범 처벌을 사실상 추상적으로 규정하면서 전쟁 유죄 조항을 포기한 조약이기도 하다. 이런 내용이 된 이유야 많겠지만, 미국이 새로운 동아시아 질서를 구축하는 데 있어 일본을 필요로 했다는 점이 결정적으로 작용했다. 즉 미국은 동아시아에서 지역 동맹이나 다자 협력 체제를 구축하는 대신에, 수직적 미일 동맹을 중심으로 각국과 개별 동맹 관계를 맺어 나가는 새로운 위계적 동맹 질서를 구축해 갔다. 이것은 북대서양조약기구(NATO)라는 지역 동맹을 출발시킨 유럽과는 다른 선택이다. 이는 1차 세계대전 후 전쟁을 일으킨 독일에 대해 전쟁 유죄 조항을 두어 독일의 책임을 추궁할 때와는 완전 다르다. 독일의 철저한 영토적 징벌, 식민지에 대한 권리 포기 등을 규정한 베르사유조약(Treaty of versailles)[5]과 비교해 볼 때, 미국이 일본과 동맹을 맺은 것은 상당히 파격적이다. 일본을 파트너로 삼아 중국을 봉쇄하고 자유주의 진영과 공산주의 진영을 명확히 구분하여 동북아의 냉전 질서를 구축하기에는 일본만 한 국가가 없다고 계산했기 때문이다. 미국은 일본에 전쟁에 대한 면죄부를 주는 대신 향후 동아시아에서 미국의 이익을 수호하는 지렛대 역할을 부여했다.

한편, 한미 동맹은 미일 동맹 이후에 구축되었다. 북한과 대치하고 있는 한국 입장에서는 미군의 주둔이 절실히 필요했기에 한국의 주권 활동을 제약하는 미국의 요구를 수용해야만 했다. 한미 동맹이 미일 동맹처럼 불평등한 수직적 동맹일 수밖에 없는 이유다. 그래서 샌프란시스코 체제는 동맹이라는 이름을 표방하고는 있지만, 그 너머에는 민주주의가 간섭받는 불평등한 국가 간 체제로 탄생된 것이라는 비판을 피할 수 없다. 그러나 이러한 비판과 달리 일본은 샌프란시스코 체제의 혜택이 있었기 때문에 전범 국가의 의무를 면제받았을 뿐만 아니

---

5   1919년 6월 18일, 제1차 세계대전을 공식적으로 종결시키기 위해 승전국인 연합국과 패전국인 독일 사이에 체결된 평화협정이다. 지금의 유럽 국경선과 국제질서를 재편한 결정적인 조약으로, 독일의 전쟁 책임을 명시하고 막대한 배상금을 책정했다. 이외에도 독일은 영토의 13% 및 해외 식민지를 전부 포기해야 했다.

라 철저한 과거 청산이나 제대로 된 전후 처리조차 하지 않은 상황에서 한국전쟁의 특수(特需)를 통해 막대한 경제적 이익까지 얻었다. 그래서 일본이 전후 체제의 최대 수혜국이 되었다는 말이 나오는 것이다. 미국에 패배했지만, 미국에 올인하는 일본식 몰빵 외교는 선택의 여지가 없었을 것이다.

셋째, 미일 안보조약이다. 제2차 세계대전 후 미소는 군비 증강 경쟁을 벌이며 첨예하게 대립 중이었고, 이런 마당에 중국이 공산화되고 일본에서마저 공산당 활동이 활발해지자 미국은 점령 정책에 변화를 주기 시작했다. 일본을 반공 국가로 만들기 위한 미국의 대아시아 전력의 기본적인 방향 전환을 실행에 옮기고자 했던 것이다. 미국은 일본에 핵우산과 안전보장, 막대한 부흥 원조, 그리고 기술이전과 대미 수출 확대 조치 등 여러 가지 경제적 특혜를 제공해 주었으며, 대신 1951년 안보조약을 통해 일본 전 지역에서 배타적이고 특수한 기지 주둔권을 얻었다. 이는 미국과 일본의 후견-피후견 관계(Patron-Client Relationships)로 이어졌다. 즉, 후견국(Patron)은 군사·경제·외교적 우위를 가진 미국이고, 피후견국(Client)은 안보나 체제 유지를 위해 미국에 의존하는 일본을 의미한다. 두 국가 간 주권은 형식상 대등한 것처럼 보이지만, 실질적 영향력 측면에서는 사실상 비대칭적 동맹 관계로 형성돼 있으며, 이러한 관계는 오늘날에도 부정할 수 없는 측면이 강하다.

일본의 자위대가 실질적으로 군대화되어 있고, 방위비는 과거 1%에서 2%로 증가하였으며 집단적 자위권도 발효되었지만, 그렇다고 일본이 단독으로 중국과 북한, 러시아에 대응할 정도는 아니어서 안보의 핵심은 여전히 미국에 의존하고 있는 것이다. 세계 최대 규모인 약 5만 6천여 명의 미군이 지금도 일본에 주둔하고 있고, 핵우산도 미국이 제공하고 있다는 것이 이를 증명하고 있지 않은가?

⸙ 일본 불침항모론 ⸙

1969년 미국은 대외 안전보장책의 하나로 '아시아의 방위는 아시아인의 힘으로 하라'라는 닉슨 독트린을 발표했다. 세계의 경찰 국가로서의 역할을 포기한 미국은, 자국의 군사적 분담을 경감하고자 베트남전을 포기하고 1971년에는 한국의 주한미군 6만 1천 명 중 미 7사단 소속 미군 2만여 명을 감축하면서 데탕트 시대가 시작되었음을 알렸다.

닉슨 독트린은 미일 외교에도 영향을 미쳤다. 이전까지 일방적이고 편무적이었던 미국의 동맹 관계가 이제는 상호적이고 쌍무적인 동맹 관계로 변하기 시작한 것이다. 이를 통해 미국은 기존의 동서 냉전, 즉 양극 체제에서 벗어나 중국과의 관계를 개선하는 한편, 소련의 팽창을 공동으로 저지하고 자국이 짊어진 부담을 경감시키기 위해 중국을 아시아 안보의 주요 행위자로 참여시켜 다극 체제를 완성하고자 했다. 그리고 그 목적은 미국이 짊어진 부담을 분산하여 경감시키려는 것이었다. 이에 미국은 일본에 군사적으로는 자주적 방위력 보충을, 경제적으로는 제3세계를 안정시키기 위한 ODA 원조 확대와 시장 개방, 그리고 공동 기술 개발 등을 요구하기에 이르렀다.

나카소네 야스히로(中曽根康弘, 총리재임기간 1982. 11.~1987. 11.) 수상은 미국이 다극 체제로의 변화를 꾀하는 시기가 일본이 방위력을 강화할 수 있는 호기라고 판단하고는, 미국에 적극적으로 협조하겠다는 원칙 하에 3해협(츠가루, 츠시마, 소야) 봉쇄와 일본 불침항모론(unsinkable aircraft carrier)을 들고 나와 미국의 환심을 사면서 미일 안보협력 체제의 수준을 높였다.[6] 미국의 부족한 전력을 메울 수 있도록 주일미군 주둔 비용과 후방 지원의 역할을 확대한 것이다.

그렇다고 해서 일본 외교가 항상 대미 관계 일변도는 아니었다. 헤이세이 시대(平成時代, 1989~2019) 일본의 대외 전략은 기존의 요시다 노선에서 벗어나 '보통 국가 일본'을 지향했다. 냉전 종식과 함께 일본의 대외 전략은 보통 국가화라는 일관된 방향으로 진행되었다. 이러한 일본의 역사 수정주의 움직임이 거세지면서 한일 관계의 갈등의 골도 더불어 깊어져 갔다.

한편, 1991년에 발생한 걸프전에서 미국과 소련이 같은 편에 섰다는 사실은 특기할 만한 점이다. 당시 일본은 미국의 동맹국으로서 130억 달러에 달하는 재정적 기여를 했음에도 불구하고 국제사회로부터 냉담한 평가를 받았고, 이에 충격을 받은 일본 정부는 인적 공헌의 필요성을 절감하였다. 그 결과 국제 평화 창출에 적극적으로 참여한다는 의미에서 자위대의 유엔평화유지활동(UN PKO 활동)에 참가하기로 결

---

6   당시 소련 해군이 태평양으로 나가는 주요 통로인 3해협을 통제하겠다는 점을 강조하면서 미일 동맹에서의 일본의 역할을 확대하기 위해 사용한 표현이다.

정한 것이다. 이에 따라 우선 보수계 자민당 의원들의 지지를 받아 자위대를 유엔평화유지활동에 참가시키는 'PKO 협력법'(1992. 6. 15.)을 제정하였고, 불과 3개월 후인 9월, UN 캄보디아 잠정통치기구(UNTAC)에 전후 최초로 자위대를 파견하였다. 냉전이 종결된 이후 미소 양극 구조에 의한 세계 질서가 다극체제로 전환되자 일본도 이에 맞추어 유엔 내에서 일본의 기능과 역할 및 참여를 강화하는 방향으로 외교의 중심을 전환하기 시작한 것이다.

이처럼 일본이 미국의 영향력으로부터 벗어나 독자 외교 노선을 전개해 나가고자 했던 것은, 냉전 이후 일본의 국력 신장과 국제적 위상에 걸맞은 역할을 찾고자 하는 갈망이 있었기 때문이다. 미국도 일본 방위에 맞춰진 미국의 역할을 이제부터는 아시아-태평양 지역에서 다자간 안보 협력을 중시하는 방향으로 방위 범위를 확대하겠다고 언급하였다. 이제는 미국도 일본도 1960년대의 안보 체제를 그대로 유지할 수는 없는 시대가 된 것이다.

일본은 미중 패권주의라는 현실적 측면에서 '경제 안보(Economic Security)'를 강조하면서도 2016년에 아베 신조가 구상한 '자유롭고 열린 인도-태평양(Free and Open Indo-Pacific; FOIP)'을 전개하기 시작했다. 인도-태평양은 아시아-태평양에서 인도양을 거쳐 아프리카에 이르는 지역으로, 해당 영역 내에서 법의 지배에 근거한 자유롭고 열린 질서를 실현하고, 활발한 경제·사회 활동을 촉진하여 지역의 평화와 번영을 가져온다는 구상을 골자로 한다.

일본이 국제 공헌을 확대하면서 활동 반경 또한 기존의 아시아-태평양에서 보다 넓은 개념인 인도-태평양으로 확장했다는 점은 주목할 필요가 있다. FOIP은 아베 총리가 아프리카 개발 회의 때 케냐 나이로비에서 처음 발표한 것으로, 국가가 지정학적 목표를 추구하기 위해 경제적 수단을 행사함으로써 타국의 정책에 영향을 미치려는 외교 전략이다. 즉 경제를 제재의 도구로 사용하고, 경제를 이용해서 세력 균형을 모색하며, 경제력을 억지력 구축에 편입시켜 국제경제와 지정학과 전략을 혼연일체시키는 지경학의 시대가 도래한 것이다. 이 외에도 일본은 아세안, 유럽, 태평양 도서국 등 다양한 국가 및 지역들과의 인도-태평양 협력을 추진하고 있다. 이제 '인도-태평양 전략'은 세계 안보 트렌드가 되었다.

일본이 미국만 따라 할까?
일본의 이스라엘·중동 정책

일본은 이스라엘과 1952년 외교 수립(미국 1948년, 한국 1962년)했지만, 미국의 일방적인 친이스라엘 정책과 달리 이스라엘과 일정 거리를 유지하는 한편, 에너지 안보를 위한 실용 외교 차원에서 친팔레스타인, 친아랍 정책도 함께 겸하는 균형 외교를 유지해 오고 있다. 에너지의 절대량을 중동으로부터의 수입에 의존하고 있으니 에너지 수급을 우선한 국익 중심의 외교를 택하는 것은 당연한 일이다. 그래서 일본은 중동 산유국들과의 안정적 관계 확보를 위해 팔레스타인 문제에 보다 적극적으로 접근하기 시작했고, 1977년 팔레스타인해방기구(PLO)와도 공식적으로 접촉하면서 '두 국가 해법(Two-state solution, 일본 외무성의 공식 문견)’을 공식 선언[7]했으며, 1977년에는 PLO 도쿄 대표부 설치를 허용하면서 사실상 준외교 관계를 마련했다.

1981년에는 일본 외상 소노다 스나오(園田 直, 1913~1984)가 PLO의 아라파트 의장과 회담을 했으며, 1988년 팔레스타인이 독립을 선언했을 때는 일본 외무성 명의로 “팔레스타인 민족의 자결권과 국가 수립을 지지한다”라고 공식 천명했다.

일본은 또한 2012년 유엔 총회에서 표결에 부쳐진 ‘팔레스타인에 비회원 옵저버 국가 지위를 부여할 것인가’라는 안건에도 찬성표를 던졌으며, 2023년 UN 팔레스타인 지원 기금 결의안 당시에도 미국 측과 달리 찬성 입장에 섰다.

그렇다고 해서 일본과 이스라엘의 관계가 나쁜 것도 아니다. 일본은 경제·기술 분야에서 여전히 이스라엘과의 협력을 확대하고 있고, 2010년대 이후, 특히 아베 총리 시기부터는 첨단 기술, 사이버 보안, 스타트업 분야에서의 협력을 강화해 오고 있다. 2015년에는 일-이스라엘 투자 협정에 합의했고, 2017년에는 일본과 이스라엘 경제 관계를 보다 강화할 목적으로 ‘일-이스라엘 이노베이션 네트워크(JIIN: Japan Israel Innovation Network)’를 구성했다. JIIN에서는 일본과 이스라엘의 비

---

7   두 국가 해법은 이스라엘과 팔레스타인이 독립된 주권 국가로 평화롭게 공존하는 방안이다. 일본은 이 해법을 중동 평화의 유일한 현실적 해결책으로 보고 있으며, 팔레스타인의 자결권과 독립국 수립 권리를 공식적으로 지지해 왔다. 이는 외무성이 발간하는 『외교청서(Diplomatic Bluebook)』 2023년도 판의 “이스라엘과 팔레스타인이 평화롭게 공존할 수 있는 ‘two-state solution’ 달성을 위해 … 정치 대화, 신뢰 구축, 경제 지원 등을 통해 기여하고 있다”라는 내용에서도 확인 가능하다. 2025년 7월 ‘on the Two-State Solution’이라는 국제회의에서도 일본 대표는 “two-state solution의 실현을 명확히 지지”한다고 발표했다.

즈니스 연대의 중요성을 환기하기 위해 양국 기업의 비즈니스 매칭을 지원하거나 경제 이벤트와 관련한 정보를 공유하고, 양국이 안고 있는 비즈니스상의 과제나 새로운 아이디어 등을 협의하면서 정부의 각종 지원책의 정보나 이니셔티브를 결집하고 있다. 2022년에는 국교 수립 70주년을 맞아 '일-이스라엘 경제연대협정(EPA)에 관한 산학관 공동 연구'를 설립하였고, 2024년 1월 25일에는 이스라엘 대사관 주최로 도쿄에서 이스라엘 자동차 기술 혁신 스타트업 전시회를 개최하기도 했다. 현재 이스라엘에 진출한 일본 기업은 총 36개사이고, 체류 중인 일본인은 약 1,048명이며, 일본 주재 이스라엘인은 540여 명이 있다.

이렇듯 팔레스타인과 이스라엘 양측 모두와 우호적인 관계를 유지하려는 입장이다 보니, 2023년 10월 7일 하마스의 기습 공격 이후 아직도 끝나지 않은 이스라엘-하마스 전쟁과 관련해서도 일본은 민간인 피해에 깊은 우려를 나타냈을 뿐 일방적으로 하마스를 탓하는 일은 없으며, 양측 모두에 자제를 촉구할 뿐이다.

한편, 일본은 1973년과 1978년 두 차례의 석유 파동으로 에너지 위기를 겪으면서 아랍 산유국들과도 적극적인 외교를 전개해 오고 있다.[8] 일례로 일본 외무성과 경제산업성은 일본과 아랍제국과의 경제 관계를 강화하기 위해 2024년 7월 10~11일 양일간 도쿄에서 '제5회

---

8   일본과 GCC의 무역·투자를 촉진하는 법적 기반인 JGFTA는 2009년 이후 교섭이 중단되었다가 2023년 7월 16일, 기시다 총리의 사우디아라비아 국빈 방문을 계기로 재개되었다.

일본-아랍 경제 포럼'[9]을 아랍 연맹과 공동 개최하였으며, 이 포럼에는 JETRO(일본무역진흥기구) 등을 포함한 정부 관계 기관 및 민간 기업 등이 참여하였다.

해당 회의 내용은 크게 두 가지이다. 첫째, 일본과 아랍제국 간에 경제 관계 강화에 준하는 각료급 회의를 개최하고 특히 에너지나 디지털 분야를 포함한 다방면 협력을 논의하자는 것과, 둘째, 일본과 아랍제국의 비즈니스 분야 협력을 촉진하기 위한 관민 경제 컨퍼런스를 개최하자는 것이다.

아랍 각국은 현재 디지털이나 재생 가능 에너지를 포함한 경제, 산업의 다각화를 주요 과제로 삼고 있으며, 일본 입장에서는 이러한 아랍 지역 전체와의 외교 관계가 우호적일 경우 비즈니스 기회가 확대될 것이라고 기대하고 있다. 또한 중동 지역 국가들의 인구 증가율이 높다는 것은 시장 잠재력도 비례하여 높다는 것을 의미하기 때문에, 일본은 아랍 지역에서의 자원 외교를 포함한 경제 외교에도 기대를 걸고 일본의 발신력을 강화하기 위해 노력하는 중이다.

한편, 2026년 2월 말부터 시작된 미국·이스라엘의 이란 공격(작전명: 에픽 퓨리, Operation Epic Fury)과 그에 따른 이란의 보복으로 촉발된 전쟁에서도 일본은 매우 신중하고 중립적인 태도를 보였다. 일본은 원유의 90% 이상을 중동에 의존하고 있기 때문에 경제적 실리와 동맹인 미

---

[9] 일본 아랍 경제 포럼은 무역, 투자, 에너지, 과학기술, 재생에너지, AI, 신기술, 인적 자원 개발 등의 폭넓은 분야에서의 협력을 통한 양국 간 경제 관계 강화를 목적으로 하는 각료급 대화로서, 일본과 아랍제국이 교환한 각서에 근거한다.

국에 대한 지지 사이에서 위험한 줄타기를 이어갈 수밖에 없는 상황이지만, 미국과 이스라엘의 공격 자체에 대해서는 직접적인 지지나 비판을 삼가며 전략적 모호성을 유지하고 있다.

2026년 3월 19일에 열린 미일 정상회담에서 트럼프 대통령이 일본에 호르무즈 해협에서의 선박 호송이나 물류 지원 등 자위대의 실질적인 역할을 강하게 요구했고, 이에 대해 다카이치 총리가 "일본 국내법 범위 내에서의 협력"을 강조하며 즉각적인 군사 개입 요구를 일단 비껴갔지만, 일본으로서는 정치적 부담이 매우 큰 상황이다.

그러나 일본이 전통적으로 이란과 우호 관계를 유지해 온 몇 안 되는 서방 국가라는 점에서 유추해 볼 때, 향후 미국과 이란 사이의 대화 가능성을 타진하는 중개 외교가 가능할지 어떨지 앞으로의 귀추가 주목된다.

§ 일본 내 미군기지의 문제점 §

제2차 세계대전이 일본의 패망으로 끝나면서, 아시아 곳곳에 배치되어 있던 일본 군대의 주둔지와 기지들은 미군에 반환되었고 일본 본토를 포함해 이들 구 일본군의 기지나 시설은 미국, 호주, 영국, 뉴질랜드 등 연합군에게 차례로 접수되었지만, 일본 본토의 기지 만큼은 미군이 접수하였다. 이것이 1951년 9월 평화조약 및 안전보장조약이 발효되면서 공식적으로 미군이 사용하는 근거가 되었고, 이후 1954년 2월, 주둔군지위협정, 일명 SOFA(Status of Forces Agreement)로 알려진 행정협정으로 이어졌다. 따라서 미군기지와 기지 내에 주둔하고 있는 미국인에게는 기본적으로 일본 법령이 적용되지 않는다.

한편, 현재 주일미군(USFJ, United States Forces Japan) 사령부는 일본 본토 방어를 위해 도쿄도 서부 후사시(福生市) 일대의 요코다(横田) 공군기지에 두고 있고, 미 제5공군사령관이 사령관을 겸하고 있다. 현재 주일미군은 약 5만 6천여 명이 있으며, 그 외 미 국방성 산하의 민간 고용자들 약 5천여 명까지 합하면 해외 주둔 미군 중 가장 큰 규모이다.

일본이 유엔사령부에 제공하는 후방기지는 일본 전역에 걸쳐 7곳이나 된다. 도쿄를 포함한 관동 지역의 3곳, 즉 주일미군사령부가 설치된 요코다(横田) 공군기지, 한반도 유사시 출동 가능한 핵추진 항공모함과 이지스함이 배치되어 있는 요코스카(横須賀) 해군기지, 주일 미 육군사령부가 위치하고 있는 캠프자마(座間キャンプ) 육군기지, 그리고 한반도와 가장 가까운 큐슈(九州)의 사세보(佐世保) 해군기지와 오키나와의 3곳, 즉 세계 최강의 F-22 스텔스가 배치되어 있는 가데나(嘉手納) 공군기지, 한반도 유사시 가장 빨리 투입될 대규모 병력이 있는 화이트비치(ホワイトビーチ) 해군기지, 해병대 항공기 300여대가 배치되어 있는 후텐마(普天間) 해병대기지 등이 있다.

미국 본토를 제외하면 최대 규모의 해병대가 배치되어 있는 곳도 일본이다. 그중 오키나와에는 전체 주일미군의 48%를 차지할 정도의 병력이 집중되어 있는데, 그 수가 워낙 많다 보니 전체 주일미군 범죄의 절대다수가 오키나와에서 일어날 수밖에 없다.

일본 내 미군기지는 상시 숙영지부터 비정기적인 주둔지나 캠프 등 다양한 형태를 띠며, 그 범위 내에 사이트, 훈련장, 창고, 빈 땅, 심지어 호텔과 오피스까지 포함된다. 이 중 도심지의 초등학교 부근이나 인구 밀집 지대에 위치한 군 기지의 경우, 인근 주민의 안전 문제가 도마에 오르기도 한다. 대표적인 예로 국립신미술관(国立新美術館)과 김옥균 선생의 기념비가 있는 관광 명소로, 한국인에게도 잘 알려진 도쿄 미나토구(港区) 롯폰기(六本木)를 꼽을 수 있다. 자국이었다면 절대로 미군기지를 두지 않았을 이곳은 원래 문화청의 미술관, 도쿄대학 생산기술연구소 건립 등 역사적 공간으로 지정될 계획이었지만, 패전 후 미군이 접수하면서 지금까지 미군기지로 사용 중이고, 그중 약 3분의 2만 반환된 상태이다. 도쿄에서도 인구 이동이 많은 이곳에서 발생하는 헬기 소음은 주민들에게 막대한 스트레스를 주고 있으며, 폭발물이나 탄약을 실은 차량이 전복되는 등의 대형 사고 위험성도 무시하기 어렵다.

특히 아오야마 공원에 인접한 아카사카 프레스 센터, 그리고 오로지 주일미군과 그 가족들만을 위한 공간인 타마 군 복지 센터(Tama Service Annex)가 군사 지역으로 묶여 주변 지역의 발전을 저해한다는 사실도 시민들의 불만을 자아내는 요소 중 하나였다. 아카사카 프레스 센터에 있는 헬기장(롯폰기)은 시민단체와의 연계를 통해 일부는 반환(2011)되었고, 과거 208곳에 달하던 도쿄도의 미군기지들도 도심지가 아닌 야외로 다수 이전되거나 반환, 폐쇄되어 현재는 8군데만 남아있다. 도쿄 도내에 남아있는 8개 미군기지 면적은 총 1,603헥타르에 이르며, 이는 도쿄돔 320개 정도에 해당하는 규모로 전국의 미군기지에 비하면 절대 면적은 작지만, 도심지 한복판에 소재해 있다는 지점에서 시민들에게 불안과 불편을 안겨주고 있다.

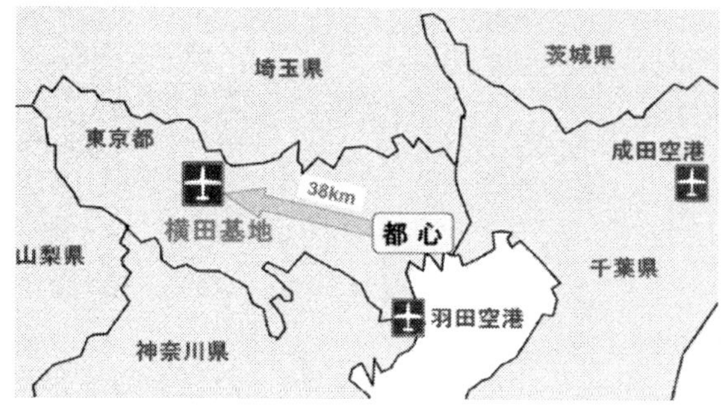

도쿄로 진입하기 위한 국제공항으로 나리타 공항과 하네다 공항이 있지만,
현재 미군이 사용하고 있는 요코다 공항까지 민간항공이 이용할 경우
2030년 목표로 하고 있는 6천만 외국인 관광객을 수용할 수 있을 것으로 전망하고 있다.

[출처: 도쿄도 도시정비국]

그 외 요코다 미군기지 공역(Air space)은 아직 미군의 관제하에 있고 향후 반환에 대해 미군도 어느 정도는 긍정적인 반응을 보이고 있어 언젠가는 반환될 것으로 보인다. 만일 요코다 공역이 반환되면 동경도를 중심으로 주변 8개 현에 달하는 광대한 공역이 개방되기 때문에 항공 수요에도 대응할 수 있다. 현재는 하네다 공항과 나리타 공항에 이착륙하는 민간 항공기들은 이 지역을 피해서 비행하거나 아니면 미군의 허가를 받아 좁은 통로를 이용해야 하기 때문에 시간과 연료가 더 소모되는 구조이다.

일본 정부는 항공 물류의 효율을 높이기 위해 공역의 완전 반환을 요구하고 있다. 만일 이 요구가 실현된다면 3,350m에 달하는 요코다 공군기지의 활주로를 활용하여 타마 지역(多摩地域)과 사이타마(埼玉), 그리고 야마나시(山梨) 등에 이르는 수도권 서부의 광범위한 지역에서 공항 이용이 용이해질 것으로 예측된다. 하네다 공항, 나리타 공항에 이어 요코타 비행장이 개항되면 도심의 복잡한 공항을 분산시키는 효과도 클 것이고, 또한 민간항공 이용으로 기지 주변 지역의 경제 진흥이나 고용 촉진 등을 도모할 수 있다는 지점에서 경제 파급 효과와 고용 창출 효과도 기대할 수 있다.

그러나 오키나와(沖繩)의 미군기지는 다른 이야기다. 일본에서 미군기지로 인해 지역 주민이 고통을 겪고 있는 대표적인 곳이 바로 오키나와이기 때문이다. 인구 비례로 따져도 너무 많은 미군이 오키나와에 거주하고 있다. 일본 전체 면적의 0.6%에 불과하지만 주일미군 전용시설 면적은 70%에 육박한다.

왜 이렇게 오키나와에 집중되었는가? 그건 단순한 우연이 아니다. 오키나와에서 도쿄까지는 1,550km, 평양과 상하이까지는 1,500km, 마닐라까지는 1,480km거리이다. 즉, 오키나와가 대만부터 중국 필리핀, 북한과 한국, 일본을 모두 공군의 작전권에 넣을 수 있는 지정학적

일본 영토 중 대만과 가장 가까운 최서단 오키나와현 요나구니섬의 육상자위대 기지를 시찰한 후에 이시가키섬으로 돌아와 자위대원들을 격려하고 있는 고이즈미 신지로 방위상. 다카이치 총리의 대만 유사시 발언 이후 일본이 중국과 첨예한 대립을 하고 있는 가운데 일본 방위상이 요나구시섬을 방문한 것은 사실상 중국을 겨냥한 행보로 해석되었다.

[출처: 서울신문(2025. 11. 24.)]

요충지라는 점과 전후 역사적 특수성, 그리고 일본 내부의 정치적 역학 관계가 복합적으로 작용한 결과이다.

또한 오키나와는 제1열도선(First island Chain)의 핵심 고리로 중국 해군이 태평양으로 진출하는 골목을 차단하는 역할을 한다. 그래서 다카이치 내각은 대만 유사시를 대비해 오키나와 최남단의 이시가키섬(石垣島)에 자위대 배치를 늘리는 등 남서제도 방위를 안보축으로 강화하는 것이다.

이뿐만이 아니다. 다카이치 총리의 발언 이후 고이즈미 신지로(小泉進次郎) 방위상은 대만에서 불과 약 110km밖에 떨어지지 않은 요나구니섬(与那国島)의 육상자위대 기지를 방문(2025. 11. 23.)하여 2026년에 중거리 지대공미사일도 배치할 것이라며 중일 갈등이 단기간에 끝나지 않을 것이라는 발언을 이어가고 있다.

아울러 일본 내 대부분의 사격장이 오키나와에 있다 보니 주민 피해도 그만큼 심각하다. 쉴 새 없이 다니는 장갑차에 도로가 파손되고, 특히 초음속 기동 훈련 시 인근 주택의 유리창이 파열되는 사고가 벌어지기도 한다. 저공 비행에 따른 소음, 조명탄과 미사일의 오발 및 낙하, 실사격으로 인한 굉음, 잦은 교통 통제가 일상이다. 주민들이 공포감을 느끼는 것은 말할 것도 없고, 지역 내 학생들은 학업마저 방해받기 일쑤다. 오키나와의 고통을 분담해 준다면서 사격장을 다른 곳으로 옮기고 있지만, 이 과정에서 오히려 사격장 규모가 더욱 늘어나고 있어 전체의 고통은 더 커지고 있는 형편이다.

게다가 미군 병사들에 의한 각종 사건 사고는 민간인 및 시민들에게 영향을 끼친다. 실제로 미군에 의한 민간인 성폭행이나, 면식 없는 행인에 대한 미군 병사의 무차별 구타로 피해자가 사망하는 사건들이 일어난 바 있다. 그러나 이런 경우 가해자가 본국으로 송환되어 미국 법에 따라 재판을 받거나, 주둔군 지위 협상에 의해 유리한 입장에서 법정에 서는 경우가 대부분이니 일본인들에게는 더 없이 억울한 일이 다. 특히 1995년 9월 일어난 오키나와 초등학생 성폭행 사건[10]은 오키 나와 주민의 반미 감정에 불을 지폈고, 그 결과는 최대 9만여 명이 참 가한 것으로 기록된 현민총궐기대회로 이어졌다.

오키나와 내 미군 범죄는 법의 보호를 받기 어려운 윤락 여성을 대 상으로 더 빈번하게 일어난다. 문제는 미군기지 주변에 위치한 업소의 치안을 미 헌병대가 담당하기 때문에 이들이 자국 중심적으로 일을 처리하는 경향이 있다는 것이다. 일본인으로서는 이를 지켜보는 일 외 에 별다른 도리가 없다.

오키나와는 그나마 다른 곳에 비해 언론의 조명을 많이 받고 있는 지역이지만, 홋카이도(北海道)나 큐슈(九州) 등에서의 미군 범죄는 지역 사회에서나 문제로 대두될 뿐 알게 모르게 쉬쉬하는 분위기이다.

오이타현(大分県)의 히주다이(日出生台)는 한때 아름다운 고원지대였 지만, 지금은 큐슈 지역 최대 규모의 미군 사격 연습 시설이 있는 곳으

---

10   1995년 미군 3명이 12세 일본 소녀를 납치 후 집단 성폭행한 사건을 계기로 오키나와 전역에서 대규모 반미 시위가 발생했고, 2024년 3월에도 역시 오키나와 주둔 미공군 대원 두명이 10대 소녀를 납치하고 성폭행한 사건으로 체포되는 등 다수의 성범죄가 오키나와에서 발생하고 있다(파이낸셜 뉴스, 2024. 7. 7. 기사 참고).

로 더 유명하다. 미군은 1946년 히주다이를 접수하고 사람들을 강제 추방한 후 중앙부에 동서 15km, 남북 5km, 총면적 약 4,900ha 규모의 미군 사격 연습장을 만들었다. 이곳에서는 소총 사격 훈련뿐만 아니라 155mm 곡사포 실탄 사격 훈련까지 실시하면서 주민들의 수면권을 침해하는 등 아직까지도 지역 주민들의 고통은 여전한 실정이다. 상황이 이런데도 일본 정부는 적극적으로 자국민을 보호하려고 노력하기 보다는 미국의 의지에 따라 움직이려는 경향이 더 강하다.

미군에 관한 혜택은 또 얼마나 많은가? 주일미군은 일본 정부의 배려예산(Host Nation Support)을 통해 경제적 법적 혜택을 맘껏 누리고 있다. 우선 일본 내에서 발생하는 각종 세금과 비용을 면제받는다. 미군기지 내 매장에서는 소비세 10%를 감면받고, 월급에서는 소득세를 제외시켜준다. 주택 전기료와 수도세, 그리고 가스비 등에서도 배려예산 덕분에 일본 정부가 상당 비용을 대신 부담한다. 미군 관계 차량의 등록 대수는 6만 대 정도로, 그중 약 27,000대가 오키나와 넘버이다. 이들 차량은 자동차세와 주유세가 모두 면제될 뿐만 아니라 고속도로나 유료도로의 통행료도 일본 정부에서 지불한다. 또한 미군 관련 차량에 사고가 발생하면 가해자 군인의 신병과 관련한 일차적 재판권(형사 관할권)은 일본이 갖지만, 공무 수행 중 발생하는 범죄나 형사사건은 미국 측이 재판권을 갖게 된다. 일본의 경찰권·사법권·재판권과 관련한 일련의 근거가 바로 일미지위협정 제17조(日米地位協定第十七条)에 있기 때문이다.

미군이 사용하고 있는 토지의 경우도 일본 정부의 국유지가 대부분이며, 미군이 임의로 민간인들과 계약해서 임차한 땅은 비중이 높지 않다. 한번 민간 계약이 성사되고 난 후에는 영어로 소통해야 한다는 불편이 따르기 때문에, 소유주는 자신의 땅임에도 불구하고 원하는 때에 원하는 용도로 변경하는 것조차 쉽지 않다.

또 다른 문제로 자주 지목되는 것은 환경오염이다. 일본은 환경 문제에 특히 민감한 국가 중 하나인데, 미군기지는 일본 환경법의 적용을 받지 않는 치외법권 지대에 가깝다. 한국의 미군기지와 마찬가지로 일본 내 미군기지 인근의 환경오염도 심각한 수준이지만, 군사 시설이라는 특성상 별달리 규제하기 어려운 상태다. 1960년에 체결된 미일지위협정(SOFA)에 환경보호와 관련된 구체적인 규정이 없기 때문이다. 2015년에 와서야 미일 양국은 '환경보충협정'을 체결했지만, 환경 정화 비용 부담 등의 원칙이 명확하지 않아 실무적으로는 여전히 한계가 지적되고 있다.

⸖ 일본의 군사작전권 ⸖

일본은 한미연합사(한미연합방위체제)를 부러워한다. 전 세계 최대 규모인 약 5만 6천여 명의 미군이 일본에 주둔하고 있지만 주일미군사령관은 작전권이 없다. 그래서 유사시에 일본 자위대는 하와이 오아후섬(O'ahu)에서 지구 표면의 약 52%를 관할하고 있는 '인도-태평양사령부(USINDOPACOM; United States Indo-Pacific Command)'와 소통을 해야 한다. 6,200km나 떨어진 곳이고 시차 또한 19시간이나 나기 때문에, 물리적으로 실시간 소통이 어려운 악조건이다. 미군과 달리 자위대는 도쿄의 방위성 지시를 받다 보니 유사시 양국 군대가 서로 협력은 하지만 통합되어 있지 않아 '방기의 공포(Fear of abandonment)'를 느끼고 있다. 그래서 일미 간 군사 협력의 핵심 과제 중 하나가 주일미군사령관과 자위대의 실시간 협력을 위해 상부 지휘 구조를 개편하는 것이다.

2025년 3월, 일본은 미국과의 협력 관계를 최대치로 끌어 올리고 육상·해상·항공 자위대의 상부 작전을 일원화하기 위해 주일미군사령부를 '통합작전사령부(JJOC)'로 격상시켰으며, 이에 따라 사령부 소재지 역시 기존의 요코타(横田) 기지에서 도쿄 중심부 롯폰기(六本木)에 있는 아카사카(赤坂) 프레스 센터로 이전할 것이라고 발표했다. 아직까지는 검토중에 있지만, 만일 전체 이전을 끝마칠 경우 통합작전사령부에서 방위성까지의 거리는 약 40km에서 3km로 줄어들게 되며, 1960년 미일 안보조약 체결 이후 최대 규모의 안보 강화로 이어질 것으로 보고 있다.

또한 일본은 주일미군의 지위를 격상시켜서 자위대의 카운터 파트너로 만들고 미중 전략 경쟁에서 일본의 역할을 끌어 올리겠다는 계획도 세우고 있으며, 이를 위해 3성 장군인 주일미군사령관을 4성 장군으로 격상시켰다.

한국의 시각에서 보자면, 주일미군사령부 구조 개편은 동북아 안보 지형에 변화를 불러올 수 있는 다소 경계해야 할 행보로 보인다. 지금까지는 일본 자위대가 방패 역할을 하고 주일미군이 창의 역할을 해왔지만, 2022년 기시다 내각에서 유사시 적국 기지를 타격할 수 있도록 반격 능력 보유를 명기한 아래의 '3대 안보 문서'를 채택했기 때문이다.

1) 국가 안전 보장 전략(NSS): 외교, 안보의 기본 지침

2) 국가 방위 전략(NDS): 자위대 역할과 방위력 건설의 방향성

3) 방위력 정비 계획(DBP): 구체적인 방위 장비 조달 방침 포함

정유경·남창희(2025)는 이를 일본이 안보에서 기존의 '창'을 미국에 맡기고 일본은 '방패'의 역할을 맡는 역할 분담 기조에서 탈피하여 이제는 미국의 '창'의 일정 부분을 분담하겠다는 질적 변화를 가져왔다고 표현했다.[11]

즉 자위대를 움직이는 전력과 전략을 공세적으로 바꿔 미국이 중국을 견제하는 데 일본이 협력할 수 있도록 하겠다는 것이다. 이는 본토 방위에 한정되어 있던 자위대의 역할을 이제부터는 한반도가 포함되어 있는 동북아로 확장하겠다는 의미이고, 이를 미국이 적극적으로 도와주겠다는 것이다. 미국이 이처럼 일본의 편의를 봐주는 이유는, 세계 질서를 재편하고 중국의 도약과 공산주의를 저지하고자 하는 미국의 목적을 돕는 데 안성맞춤인 나라가 일본이기 때문이다. 일본이 울고 싶었는데 미국이 뺨을 때려준 격이다.

한편, 미일 동맹은 1951년에 '미일안보조약'으로, 그리고 한미 동맹은 두 해 뒤인 1953년에 '한미상호방위조약'으로 체결되었지만 그 중요성은 각기 다르다. 주한미군이 공산 세력에 대항하는 최전방 수호의 역할이라면, 주일미군은 구소련의 팽창을 견제하기 위한 후방 발진 및

---

11   정유경·남창희(2025), p.6

병참기지의 역할이었다. 편성 역시 다르다. 주한미군이 지상군 위주라면 주일미군은 항공모함 중심의 기동함대와 해병대 중심의 기동부대이다. 미일 동맹은 소련의 팽창을 견제하기 위해 후방 병참기지의 역할인 반면, 한미 동맹은 공산 세력에 대항하는 최전방 수호를 목적으로 지상군 위주로 편성되었기 때문이다. 하지만 이제 자위대가 통합작전사령부를 창설하게 되면 전략적 기동군으로 변화되고, 중국을 견제하기 위해 동북아로 활동 범위를 넓힐 수 있게 된다.

그런 점에서 볼 때 아시아 태평양에서의 중심은 주한미군이 아니라 주일미군이다. 2019년도 '인도-태평양전략 보고서'에 의하면, '인도-태평양전략의 근간'은 주일미군이고, '동북아 평화의 핵심'은 한미 동맹이라고 명시되어 있다.[12] 주일미군은 5만 6천 명으로 미국의 해외 파병 부대 중 최대 규모이고, 2만 8천여 명의 주한미군의 두 배에 이른다. 플랫폼의 성격도 다르다. 주일미군기지는 1급 '주요작전기지(Power Projection Hub)'이기 때문에 대규모 전력을 원거리로 보낼 수 있는 기지로서의 중요성이 강하지만, 주한미군기지는 2급 '전력투사중추기지(Main Operation Base)'로 장기 주둔이 가능한 기지일 뿐이다.[13] 무게중심이 일본에 가있다. 그러니 미국 입장에서는 주일미군의 중요성이 주한미군에 비해 훨씬 높을 수밖에 없다.

일본에 주둔하고 있는 미군기지의 역할과 기능도 각양각색이다. 요

---

12   The Department of Defence(2019. 6. 1.), "INDO-PACIFIC STRATEGY RE-FORT-Preparedness, Partnerships, and Promoting a Networked Region" 참고.

13   신동아(2024. 7. 25.), "中도 북-러 방치, 한국 전쟁 이후 최대 안보 위협" 기사 참고.

코다(横田) 공군기지는 주일미군사령부와 미 5공군사령부가 배치되어 있고, C-130 등 다수의 항공 운용이 가능한 기지이다. 요코하마 내의 요코스카(横須賀) 해군기지에는 미 7함대사령부가 배치되어 있고 항공모함과 이지스함, 잠수함 등이 집결되어 있다. 사세보(佐世保) 해군기지에는 미 7함대 예하 상륙함과 소해함 등이 배치되어 있고, 오키나와의 후텐마(普天間) 해병기지에는 중국의 영향력을 막기 위한 유무인 복합 해병대가 주둔하고 있으며 수송 이착륙이 가능한 MV-22 오스프리와 CH-46 수송 헬기 등이 배치되어 있다.

지상전 중심의 주한미군과 달리, 일본에 주둔해 있는 미군기지는 해병대와 공군 위주이기 때문에 전략적으로 신속 대응이 가능한 기동부대가 주를 이루고 있다. 그래서 군사적 관점에서 미국은 일본을 전략적 요충지로 보고 있는 것이다.

미국은 군사 장비도 일본과 공동 개발한다. 2024년 4월 12일 양국 정상회담 후 채택한 선언문과 관련된 기사를 보면, 양국 정부가 미사일 등 무기의 공동 개발과 생산을 논의하기 위한 협의체를 구성하는 데 합의했다고 보도했다.[14] 이유는 명확하다. 중국과 북한의 위협에 신속하게 대응하기 위함이고 이를 위해서는 주일미군과 자위대의 상호 운용성을 향상시켜야 한다는 것이다.

또 하나 주목해야 할 것은 두 국가가 극초음속 비행체 등 저궤도 탐지 추적 협력에 합의했다는 점이다. 최근 북한이 고체 연료 추진체

---

14   YTN(2024. 4. 11.), "미일, 무기 공동 개발·생산 협의체 창설 "글로벌 파트너로"" 기사 참고.

를 이용한 극초음속 미사일 발사에 성공하자, 미국과 일본이 극초음속 미사일 요격 체계를 공동 개발[15]하겠다고 했는데, 이때 필요한 것이 '저궤도 소형 위성 네트워크'이다. 일본 역시 통신 위성과 감시 정찰 위성 등 초소형 위성을 원하고 있다. 중국과 북한에서 미사일 발사 시 가장 빨리 캐치할 수 있는 지리적 요건과 기술력을 갖춘 나라가 일본이다 보니, 미국으로서는 일본의 협력이 필요하고, 이는 일본도 마찬가지다.

현재 요격 체계에 필요한 핵심 기술과 장비 등은 미국의 레이온(Raytheon)사와 일본의 미츠비시중공업(三菱重工業)이 함께 개발해 오고 있다. 만일 극초음속 미사일을 요격할 수 있는 신형 미사일이 개발된다면, 이는 미국이 아니라 인도 태평양의 중심이 되는 일본에 배치될 것이다. 이것이 미국이 일본에 기술을 주려는 이유다.

물론 미국은 미일 동맹뿐만 아니라 한미일 동맹도 강화하겠다는 말을 빼놓지 않고 있지만, 그것이 한국과의 관계를 일본과 동일시하거나 더 우선하겠다는 의미는 아니다. 가능성은 극히 희박하지만, 만약 중국이 한반도 통일을 허용해 주는 대가로 중립을 요구해 온다면, 그리고 한국이 그것을 받아들여서 미군이 한반도를 떠나야 한다면, 미국 입장에서는 아시아의 진입로에서 태평양 경계선을 따라 위도 22도에 걸쳐 위아래로 길게 위치한 일본 열도를 갖는 것이 한반도를 갖는 것보다 우선될 수밖에 없다. 한반도를 갖고 있으면 중국과 러시아를 압

---

15   경향신문(2024. 1. 15.), "북한 "극초음속 미사일 발사 성공"… 한미 요격 체계 뚫리나" 기사 참고.

박할 수 있지만, 일본을 갖고 있으면 태평양 전체를 가질 수 있고, 미 본토를 방어할 수 있기 때문이다.

그렇다면 어느 쪽이 더 중요할까. 답은 이미 나와있다. 미국에는 언제나 일본이 한국보다 중요한 동맹국이다. 한국이 일본보다 더 큰 이득을 주지 않는 이상 이는 바뀌지 않는 명백한 사실이다. 우리나라 사람들은 일본의 지정학적 위치에 대해 이해하려 들지 않는다. 일본이 미국에 딸랑거리는 푸들이어서 미국이 일본을 좋아하는 것이 아니라, 지정학적으로 일본열도가 한반도보다 태평양에 더 가깝다는 점에서 미국에 더 이점이 많기 때문이다. 한반도가 분단된 이유도, 미국이 일본을 아시아 대리인으로 지정한 이유도 지정학적 위치 때문이다. 한반도가 일본보다 동쪽으로 옮겨가지 않는 한, 미국에 있어서 우선순위는 일본일 수밖에 없다.

자, 그래서 결론적으로 일본의 전시 작전권은 누가 갖고 있을까? 사실 이러한 질문은 일본에 중요한 개념이 아닐 수도 있다. 왜냐하면 현재 일본은 한반도처럼 휴전 상태도 아니거니와 주적도 명확하지 않은 상황이고, 또 명목상 군대를 보유하고 있지도 않기 때문이다. 물론 헌법상 자위대는 군대가 아니라 '자위 조직'이지만, 전쟁 시 자위대의 작전 지휘권은 일본 정부의 통제하에 있고, 자위대 최고 통수권자가 총리이기 때문에 최종 통제권은 내각총리대신, 즉 총리에게 있다. 미군은 동맹국의 군대이지 일본군을 지휘하는 것은 아니다. 반대로 주일 미군은 일본에 주둔하고는 있지만 지휘권은 100% 미국이 갖고 있으며, 실제 작전지휘권은 인도태평양사령부(하와이)가 담당하고 있다. 이

점이 한국과 가장 다른 핵심 포인트이다.

⸙ 탈냉전기 미일 동맹의 확대 ⸙

미국과 일본의 외교에서 가장 중요한 과제는, 미국에 의존하는 일본이 자주 노선을 선택할 것인가 아니면 추종 노선을 선택할 것인가 하는 문제이다. 상식적으로 어떤 나라든 자주 노선을 취하고 싶겠지만, 일본 입장에서는 쉬운 일이 아니다. 일본 정치계에서는 자신들이 자주 노선으로 나아갈 경우 미국 측의 암묵적 압박이 있을 것이라는 공기(空気)를 느끼고 있으며, 이미 경험적으로도 그것이 단순한 짐작은 아닐 것임을 알고 있기 때문이다.

일본사회당 출신의 아시다 히토시(芦田 均, 총리재임기간 1948. 3.~1948. 10.) 총리도 그랬고, 하토야마 이치로(鳩山一郎, 총리재임기간 1954. 12.~1956. 12.) 총리도 마찬가지다. 그리고 2009년 자민당 정권이 교체되면서 등장했던 그의 손자 하토야마 유키오(鳩山由紀夫, 총리재임기간 2009. 9.~2010. 6.) 민주당 총리도 그런 케이스이다. 하토야마 유키오의 경우 미국 일변도의 외교 정책을 탈피하고자 동아시아의 평화를 중심으로 동아시아 공동체론을 제시했지만, 결국 1년을 채우지 못하고 총리를 사임해야 했다.[16] 반대로 추종 노선을 택했던 요시다 시게루는 중요한 요직을 차지한 후에 장기간 총리를 역임하면서 일본을 고도 경제성장으로 이끌었다.

사실 샌프란시스코조약이 체결되고 일본의 독립이 공식 승인되던

---

16 이철호(2012), p.101.

시점까지도 미국은 일본의 적국이었다. 인류 최초로 일본 열도에 원폭을 두 발이나 떨어뜨린 미국이 어떻게 지금은 일본의 동맹이자 파트너가 되었을까? 그건 일본의 선택이라기보다는 미국의 선택이었다고 보는 것이 더 정확하다. 다만 일본은 자존심을 내세워 그 선택을 거부하거나 저항하기보다는, 국익을 위해 받아들였을 뿐이다. 아니, 오히려 미국이 그런 선택을 내리기를 내심 바랐을지도 모른다.

그러나 '전쟁 포기와 군대 보유 금지'라는 상징적 조항 때문에 흔히 '평화헌법'이라고 불리는 헌법 제9조를, 일본은 아베 정권 이후부터 아예 드러내놓고 개헌을 위해 공을 들였다. 공식적으로 군대가 아닌 자위대만을 보유하고 있다는 사실 때문에 간과하기 쉽지만, 실질적으로 일본은 세계 5~6위에 해당하는 막강한 군사력을 보유한 군사대국이다. 특히 세계 3위의 경제력과 뛰어난 기술력을 바탕으로 연간 8조 엔(한화 약 75조 원) 이상의 군사비를 투자하고 있으며, 첨단 군사 기술 체계 또한 보유하고 있다. 2026년 일본 방위 예산은 2025년 대비 약 5% 증가한 9조 353억 엔(한화 약 85조 원)으로 역대 최대 규모를 기록했다.

미국의 미래학자이자 지정학 분석가이면서 정치학자인 조지 프리드만(George Friedman, 1949~)은 그의 저서 『The Next 100 Years』에서, 일본이 2020년대에 들어서면 지정학적 역할을 바꾸고 군사 외교적 영향력을 확대하는 방향으로 국가 행보를 바꿀 것이라고 했다.[17] 경제

---

17   조지 프리드만, 『The Next 100 Years: A Forecast for the 21st Century(앞으로 100년: 21세기 전망)』, Anchor Books, 2009. 이 책에서 2020년대에 중국과 러시아가 몰락하고, 2030년대에 한국이 통일할 것이며, 2050년이 되면 일본과 터키 등이 다시 부활할 것이라는 분석을 내놓았지만, 어디까지나 예측은 예측일 뿐이다.

력을 갖추었는데 군사력이 없다는 건 있을 수 없는 일이라는 것이다. 이렇게 전환기에 접어든 일본이 설정한 목표가 바로 정상 국가, 즉 보통 국가로의 도약이었다. 그래서 다카이치 총리가 '대만 유사시 위협'이라는, 포장조차 되지 않은 생생한 발언을 철회하지 않겠다고 우기고 있고, 이에 대해 일본 국민은 다카이치 총리에게 80%를 상회하는 역대 최고치의 지지율로 응답해 주었다. 열화와 같은 국민들의 지지에 힘입어 최근 자민당은 총선에서 전체 465석 중 68%에 해당하는 316석을 차지하는 압승을 기록했다. 이는 개헌 발의에 필요한 전체 2/3석(310석)을 넘어서는 것으로, 이제 자민당이 단독으로 헌법을 개정할 수 있는 첫 번째 관문은 가볍게 통과할 수 있게 되었다. 이 기세로 헌법 개정을 하고 일본 자위대가 자위군으로 재편되는 날이 온다면, 한반도 유사시 미 육군 대신 일본 육군이 한반도에 상륙하는 것도 가능해질 수 있다.

21세기 들어 일본은 미일 군사동맹 강화 및 주일미군의 전면적 재편을 꾸준히 추진하고 있다. 한반도 남단에서 200여 km밖에 떨어져 있지 않은 야마구치현(山口県)에 동양 최대의 이와쿠니(岩国) 미군기지를 확장했던 것도 유사시 한반도를 겨냥한 것이다. 주민 약 90%의 거센 반대에도 불구하고, 현재 이와쿠니 미군기지는 아츠기(厚木) 기지보다 넓은 공간과 시설로 확장하여 훈련을 지속하고 있다. 반면 미국은 주한미군을 한강 이남인 평택으로 이전시켜 대북 공격, 대중국 포위 전략을 구축하고 주한미군의 전략적 유연성에 따라 전 세계 침략의 교두보로 삼고자 하고 있다.

아베는 다양한 측면에서 기록이 많은 인물이다. 우선 총리를 두 차례나 지냈다. 2006년 고이즈미 총리가 사임한 후 후임으로 올라간 아베는 당해 9월부터 이듬해인 2007년 9월까지 약 1년 동안 젊은 총리로서 기대를 모았지만, 연금 기록 누락 파문과 정치적 권력 기반 미비라는 한계에 부딪힌 끝에 건강 문제를 핑계로 조기 사임하였다. 그 후 절치부심한 아베는 2012년 12월 총리직에 재당선되었고, 2020년 9월에 이르기까지 약 7년 9개월간 재임했다. 1차와 2차 내각을 합하면 약 8년 8개월에 이르는 전후 최장기 집권 기록이다.

사실 아베는 호불호(好不好)가 가장 극단적으로 갈리는 총리이기도 하다. 이전까지는 거의 매년 총리가 바뀌는 수준이었는데 그 흐름을 끊고 오랜만에 들어선 장기 정권이다 보니 외교·관료·기업 입장에서는 흐름을 예측할 수 있다는 점과 트럼프와의 개인적인 친분으로 미일 동맹을 강화했다는 부분에서 좋은 평가를 받는 편이다. 비록 모리토모학원(森友学園)[18] 및 가케학원(加計学園)[19] 스캔들을 비롯한 부정적 이슈로 인해 불명예스럽게 중도 사임해야 했고, 그의 아베노믹스 정책마저 엔화를 풀기만 했을 뿐 일본의 경기 침체 완화에는 도움이 되지 않았다는 비판을 받기도 했지만, 아베가 일본 전후 보수 우경화의 분기

18　2017년 2월, 아베 수상의 부인 아키에 여사가 자신의 측근이 운영하는 학교법인 모리토모학원에 국유지를 헐값에 넘겨주는 특혜를 주기 위해 국가 고위 공무원들이 공문서를 직접 조작한 것이 밝혀진 대표적인 부정부패 스캔들이다.

19　에히메현(愛媛県) 이마바리시(今治市)의 오카야마 이과대학 수의대 신설 계획을 놓고, 학교법인 가케학원의 이사장 가케 고타로(加計孝太郎)와 친구 관계인 아베 총리가 문부과학성을 압박해 학부 신설 인허가에 영향을 준 것이 아니냐는 의혹이 있었다.

점을 만든 총리라는 평가는 지금도 유효하다. 그렇다면 미국은 그를 어떻게 평가하고 있을까?

아베가 트럼프와의 공통분모를 찾아낸 것이 골프였다. 트럼프의 대통령 임기가 시작되기도 전인 2016년 11월 17일, 아베는 트럼프의 드라이버 스펙에 맞춰 로프트 9.5도, 5S ARMRQ 인피니티 스티프 샤프트를 장착한 혼마의 프리미엄 모델인 베레스 S-05 골프 드라이버를 들고 비행기 트랩에 올랐다. 아베가 건넨 대략 50만 엔 전후의 가벼운 선물 꾸러미에 대한 트럼프의 화답은, 취임 후 다른 정상들을 제치고 아베를 가장 먼저 백악관에 초대하는 것이었다. 두 정상은 첫 만남에서 오전에 18홀을 돌고 점심 후에 9홀을 더 돌아 총 27홀 골프를 쳤고, 연장된 시간만큼 미일 동맹 관계도 더 가까워졌다. 이후 두 정상은 임기가 겹친 3년 8개월간 14차례나 대면 회담을 가졌고, 그 사이 다섯 번의 골프 라운딩을 즐겼으며, 이외 36회의 전화 회담도 가졌다.[20]

아베의 골프채 외교는 이때가 처음이 아니다. 2013년 2월 22일, 워싱턴에서 만난 버락 오바마 미국 대통령과의 정상회담 때도 혼마 골프 퍼터를 선물한 경력이 있다. 전 세계 소비자들에게 혼마 골프의 이미지를 각인시키면서 일본인의 장인정신이 깃든 고품격 기술력을 알리는 세일즈 외교까지 덤으로 한 것이다.

여하간 이렇게 쌓은 친분을 발판 삼아, 아베는 2019년 4월 26일에

---

20   동아일보(2025. 2. 17.), 월요 초대석 "남편은 트럼프 대통령이 좋아할 화제 찾으며 꽃을 안겼다" 기사 참고.

도 멜라니아 여사의 생일 만찬 자리에 부부 동반으로 초청받아 백악관을 방문해 트럼프와 정상회담을 가졌다. 방미 당일 저녁 양국 부부 4명이 만찬을 나눴고, 그다음 날인 4월 27일 트럼프 내셔널 골프 클럽에서 두 정상은 골프를 쳤다. 이게 회담의 전부이다.

그로부터 한 달이 지난 2019년 5월 25일, 이번엔 트럼프가 일본을 국빈 방문했다. 나루히토 천황이 즉위하면서 미일 동맹 강화가 다시 화려하게 부활한 것이다. 천황을 만난 트럼프는 미일 관계가 '보물 같은 동맹'이라며 추켜세웠고, '동북아 안보의 반석'이라고 호칭하기도 했다. 대한민국에는 그런 표현을 쓴 적이 없다. 트럼프는 남북한 문제도 아베와 상의했고, 2019년에는 미국의 우주군 창설에 일본이 협력을 강화하기로 했다. 그리고 다음 해인 2020년에는 일본에서도 항공 자위대 내에 '우주작전대'를 창설했다. 아베는 이러한 우호 관계를 기반으로 미국의 등에 올라타 세계로 뻗어나가는 전략을 구축하고자 했던 것이다.

아베는 이러한 친분을 과시하듯 치바현(千葉県)의 모바라컨트리클럽(茂原カントリー倶楽部)에서 트럼프와 함께 찍은 셀카를 페이스북에 게시했

자신의 카메라를 들고 골프장에서 셀카를 찍으며 즐거워하는
트럼프 대통령과 아베 신조 총리

다(수상관저 트위터 2019. 5. 26.). 하루 세끼 식사를 함께하며 남자 둘이 저렇게 가까운 거리에서 셀카를 찍는 건 어지간한 친구가 아니고서야 불가능한 일이다. 그것도 한 국가의 정상들 사이에서 말이다. 이 사진 덕분에 트럼프와 아베의 '브로맨스'라는 키워드가 언론을 장식했고 일미 우호 관계는 절정에 이르렀다.

일본이란 나라가 그렇다. 넘버 원이 될 가능성이 없다고 판단하면 철저히 넘버 원 밑으로 들어가는 전략을 따른다. 아베가 2022년 7월 8일, 참의원 선거를 앞두고 나라시(奈良市) 야마토사이다이지(大和西大寺)역 근처에서 유세 중 야마가미 데츠야(山上徹也)가 직접 만든 사제 총에 맞아 암살되는 바람에 트럼프와의 브로맨스가 성과도 없이 사진만 남긴 단순 해프닝에 그쳤다고 자조한 평론가들도 있지만, 꼭 그렇게 무의미하다고 평가절하할 일은 아니다. 아베와의 친분이 트럼프 집권 2기에까지 영향을 주었다는 점을 부인할 수는 없기 때문이다. 트럼프가 미망인이 된 아베의 부인 아키에 여사를 초대하는 것으로 의리 있는 모습을 보여주자, 전 세계 언론은 이를 미국이 일본과 지속적으로 관계를 맺을 것이라는 의미로 해석하였다. 아베의 초기 투자 비용을 생각하면 본전은 물론이고 이자까지 챙긴 셈이다.

우리는 어떨까? 유교와 체면을 중시하는 사회에서 국가 지도자가 아베처럼 행동했다가는 '너무 나댄다', '깃털처럼 가볍다', '촐랑거린다', '촐싹댄다'라는 냉혹한 비판을 감수해야 한다. 골프장에서 트럼프 뒤꽁무니 따라가다 덥석 넘어지기라도 하면 그야말로 설상가상(雪上加

霜)일 것이다. 그러니 국내에서 이 정도의 퍼포먼스를 보여줄 정치인을 찾아보기는 쉽지 않다. 혹시나 그렇게 한다 해도 이를 높게 평가해줄 언론이나 신문사 주필(主筆)을 찾기 어려울 수도 있다.

김동현 기자[21]는 그의 저서를 통해 한국 외교의 민낯을 직시하며 현실성 부재 문제를 지적했다. 한국인들이 일본은 우리가 과거사를 들어 큰소리치면 언제든 사과해야 하는 나라여야만 하고, 중국은 땅덩어리나 클 뿐 기술을 도둑질하고 모조품이나 만드는 삼류 국가여야만 한다고 인식하고 있다는 것이다. 미국에 대한 생각도 마찬가지다. 그는 미국이 혈맹이니 당연히 우리 편이라고 생각하는 '한반도 천동설', 즉 한반도를 중심으로 태양계가 돌고 있다는 착각 때문에 우리나라의 외교 판단력이 흐려진다고 날카롭게 비판했다. 그래서 일본 외교를 살펴보고 필요할 때마다 때로는 반면교사(反面敎師)로, 때로는 정면교사(正面敎師)로 삼았으면 한다.

⸹ 트럼프 집권 2.0 미일 관계 ⸹

2024년 11월 5일, 재선에 성공한 트럼프는 고인이 된 아베 신조의 부인 아키에를 초대해 저녁 식사를 함께 했다. 실제로 그가 아베와 얼마나 긴밀한 관계였는지까지는 몰라도, 아베가 사망한 지 2년이나 지난 시점에서 아키에 여사를 불러 환대한 것은 상징성이 크다. 마치 일본을 제외한 전 세계 200여 개 국가들 앞에 '너네들 잘 봐. 나에게 잘

---

21   김동현, 『우리는 미국을 모른다』 부키, 2003.

보이면 이렇게 대접받지만 밉보이면 알지?'라고 주지하는 듯한, 일종
의 경고성 퍼포먼스로 받아들여질 수도 있기 때문이다.

사실 이때만 해도 한국 여론은 한국이 일본보다 더 잘 나가는 줄 알
았다. 트럼프가 윤석열 대통령과의 전화 통화에서 조선업 협조를 요청
한 것을 두고 국내 언론은 마치 트럼프가 일본을 제치고 한국을 더 중
요시하고 있다는 듯이 보도[22]했고, 국민들도 이를 자랑스럽게 여겼으니
말이다. 그러나 말이 앞서는 한국과 달리 일본은 행동을 우선시했다.
이시바 시게루(石破 茂, 총리재임기간 2024. 10.~2025. 10.) 전 총리는 당시 정치적
파워를 잃어버린 상황이었음에도 먼저 나서서 아키에 여사 편으로 미
국에 선물을 보냈는데, 이는 '우리는 고개를 숙이고 있으며, 미국을 자
극하지 않을 것'이라는 의미를 띠고 있었다. 트럼프는 이에 대한 답변
으로 아키에 여사에게 '일본은 매우 중요한 국가'라며 추켜세웠다.

아키에 여사를 플로리다주 사저에 초대하여 함께 식사한 트럼프 대통령 부부

[출처: 日本経済新聞(2025. 12. 16.), "トランプ夫妻、安倍昭恵さんと面会、フロリダ州の私邸で"]

---

22   MBC(2024. 11. 11.), ""한국 조선업 도움 필요"…트럼프 요청한 이유는?" 기사 참고.

트럼프 당선인과 손 마사요시 소프트뱅크 회장의 공동 기자회견

트럼프 2기 출범으로부터 한 달가량 지난 2024년 12월 16일, 소프트뱅크그룹 손 마사요시(孫正義) 회장은 트럼프의 자택인 플로리다주 팜비치 마러라고 리조트에서 트럼프를 만난 뒤 미국에 1천억 달러(한화 약 145조 원)를 투자하겠다며 환심을 샀다. 이로부터 얼마 지나지 않아 트럼프와의 정상회담을 앞둔 이시바 총리는 손 회장을 찾아가 정보와 조언을 구했다.

"미일 관계가 중요하니 여러 가지 가르쳐주시기 바랍니다. (미국의) 새 정권이 경제 등에 어떤 생각을 갖고 있는 것 같습니까?"

트럼프는 당선 후 첫 기자회견에서 "소프트뱅크의 투자에 힘입어 최소 10만 개의 미국인 일자리를 만들 것"이라고 발표했다. 국민일보(2024. 12. 17.)는 이 같은 소식을 전하면서, 트럼프가 이와 더불어 우크라이나전 등 외교 현안에 대한 구상도 드러냈지만 한국에 대해서는 언급이 없었다며 아쉬움을 표했다. 같은 날 아주경제는 트럼프가 '소프트뱅크는 내 첫 임기 때도 500억 달러 투자를 발표했고, 그 약속을 지켰다'라며 손 마사요시를 치켜세웠다는 기사를 보도했고, 조선일보는 "1,000억 달러 쏜 손정의, 美 AI 데이터센터·칩에 집중 투자"라는 제목으로 소프트뱅크의 투자가 미일 간 정치나 외교적 관계를 돈독히 한다는 내용보다는 투자 본연의 내용에 집중해 보도했다.

2025년 8월, 트럼프가 미국의 반도체 재건을 위해 인텔에 지원사격을 하겠다고 밝혔을 때도 인텔과 소프트뱅크 그룹은 미국에서 첨단 기술과 반도체 투자를 한층 강화하기 위해 20억 달러(한화 약 2조 9천억 원)를 출자해 인텔 주식을 취득할 것이라고 밝혔다. 일본이 이렇게 적극적으로 미국 행정부와 어떻게든 보조를 맞추려 하고 환심을 사기 위해 노력하는데 트럼프도 그렇고 미국이 일본을 싫어할 하등의 이유가 없다.

반면 대한민국은 윤석열 대통령 탄핵과 관련한 일련의 사건들로 인해 국내 정치가 엉망인 상황이었으니 외교는커녕 집안 단속하기도 힘든 상황의 연속이었다. 게다가 이재명 대통령 당선에 따른 정권 교체로 인해 외교 전략 및 외교 노선마저 처음부터 다시 다져야 하는 번거로움이 있는 마당이니, 이런 한국에 비하자면 일본은 그 시간에 외교 무대에서 정치와 경제가 하나 되어 그야말로 날아다녔던 것이다.

그렇다면 미국은 그냥 일본이 좋아서 그런 걸까? 단순히 혼마 골프채를 선물받았다고 해서 일본을 좋아하는 게 아니다. 과거의 아베가, 지금의 다카이치 총리가 트럼프 앞에서 재롱떨듯 아부하고 방방 뛴다고 해서 좋아하는 게 아니다. 왜 일본이 미국에 보석 같은 존재일까를 생각해 봐야 한다.

가고시마현(鹿児島県) 남단에는 8km²에 불과한 무인도 마게시마(馬毛島)가 있다. 일본 정부는 여의도 땅만 한 이 작은 섬을 미국의 함재기 이착륙 훈련(FCLP)을 위한 기지로 제공하기 위해 부동산 회사로부터 약 160억 엔(한화 약 1,500억 원)을 들여 인수했고, CNN은 이렇게 군사시설화된 마게시마가 미국의 불침항모가 될 수도 있다고 보도했다. 동중국해 가장자리에 자리 잡은 마게시마가 아시아 유사시 미 해군의 불침항모로 사용되는 날이 올 수도 있다는 예측이다. 그리고 불침항모는 이때 처음 나온 말도 아니다.

앞서도 설명했지만, 미소 냉전이 격화되었던 80년대, 소련은 태평양 진출 확대를 원했고, 미국은 일본을 군사적으로 더 활용하고 싶다는 속내를 품고 있었던 시절. 이러한 정세를 간파한 나카소네 야스히로 총리는 미국을 안심시키면서 일본의 전략적 가치를 강조하기 위해 "일본은 태평양에 떠있는 미국의 불침(不沈) 항공모함이다"라고 표현했다. 이로써 일본은 소련을 견제하기 위한 전략적 전진기지이자 미국을 위한 침몰하지 않는 고정 항모로서, 일본 열도 전체가 하나의 군사 플랫폼이라는 인식을 미국에 각인시켰다. 물론 이는 일본국 헌법 제9조의 정신에 위반된다는 논란과 반발을 일으켰고, 한국과 중국 등 과거 일본의 제국주의에 대한 아픈 기억을 갖고 있는 국가들의 경계심을 고조시켰지만, 미국으로서는 환영할 만한 발언이었다. 그러니 미국이 일본을 좋아하지 않을 수 없다.

대한민국이 신안 앞바다에 떠 있는 1,004개의 섬 중 하나를 미군에 기지로 쓰라고 제공할 수 있을까? 우리나라 국민 정서를 고려하면 보수 정부에서조차 결정하기 어려운 일이다. 일본에도 반미 세력이 전혀 없다고는 할 수 없지만, 한국과는 사뭇 결이 다르다.

미국 주도의 유인 달 탐사 프로그램인 아르테미스 계획(Artemis Plan)은 어떤가. 2017년부터 화성을 탐사한다는 계획에 일본은 초기부터 파트너로 참여했다. 우주인 거주에 필요한 항목과 물류 공급에 기여하는 것이 일본이 맡은 역할이다. 이에 일본은 2020년 5월에 '우주작전대'를 창설해 합류했다. 달에서 희토류를 채굴해 지구로 가져온다는, 실로 엄청난 구상에 대한 미일 간 협의를 토대로 진행된 일이다. 물론 일본은 그 이전인 2014년에도 지구에서 약 3억 km 떨어진 소행성인 '류큐'에 탐사선 하야부사 2호(Hayabusa 2)를 파송했고, 여기에 실제로 인공 웅덩이(crater)를 만들어 6년 만인 2020년에 사료를 채취하는 데 성공해 귀환하기도 했다. 향후 일본인 우주비행사가 일론 머스크의 우주선을 타고 화성에 착륙할 수도 있고, 미국이 일본과 우주 식민지를 공동 개척할 수도 있다. 우리나라 기술로 6억 km 떨어진 곳에서 사료를 갖고 왔다고 생각해 보라. 어린아이들에게 얼마나 큰 꿈을 심어줄 것이며, 대한민국 청년들에게는 또 얼마나 많은 벤처기업 창업의 희망을 품게 할 것인가.

대한민국은 문재인 정부 당시인 2021년에 와서야 한국항공우주연구원이 뒤늦게 아르테미스 계획의 파트너로 참여할 수 있었다. 그러나 이후 대한민국은 정상 궤도에 진입하지 못했다. 윤석열 전 대통령이 국제 정치와 외교에 대해 잠시라도 생각했다면 비상식적인 비상계엄은 시도조차 하지 않았을 것이다. 우물 안 개구리에 불과한 국내 정치에 함몰되어 대한민국이 어디로 갈지도 모르는 상황에서, 트럼프가 굳이 한국과 상의하면서 미래를 계획하길 바라는 것은 어불성설이다. 어쩌면 트럼프는 미국의 동맹국 리스트에서 한국이 정상 궤도에 오를 때까지 기다려주기는커녕 to do 리스트에서 한국을 배제할 가능성도 있다.

과거의 미일 동맹은 미국이 시키는 대로 일본이 움직이는 형국이었다면 지금은 다르다. 일본이 미국의 배후에서 미국이 눈치채지 못할 정도로 조종하며 끌고 가는 모습이 보일 때가 있다. 인도 태평양 정책이 대표적이다. 아베 전 총리는 2006년에 『美しい国へ(아름다운 나라에)』라는 책을 출간[23]했는데, 여기서 말하는 "아름다운"은 벚꽃이 만발하는 봄 풍경이나 복지, 문화적 색채의 아름다움이 아니다. 오히려 국가 정체성과 권위의 아름다움이라는 표현이 더 가까울 것이다. 전후 체제를 끝내고, 자존심 있는 '보통 국가 일본'을 만들겠다는 것이 핵심이기 때문이다. 아베는 이 책에서 일본이 전쟁에서 진 게 아니라 '정신적으로 패배한 채' 살아가고 있고, 그래서 전후 헌법과 교육은 일본인에게 자학과 패배 의식을 주입했으니, 이제는 전후 체제(戦後レジーム)에서 탈각하기 위해 미군 점령기에 강요된 일본국 헌법의 개정이 필요하다고 주장하는 것이다.

---

23   『美しい国へ』(2006), 文藝春秋, 이후 2013년 다시 완전판으로 재출판하였다.

아베 신조, 『美しい国へ(아름다운 나라에)』

이 책은 아베 2기(2012~2020) 정책의 설계도이자 훗날 집단적 자위권 해석 변경의 사상적 출발점이 되었다. 아베는 일본·호주·인도·미국 4개 나라가 주축을 이루어 인도 태평양을 끌고 가야 한다고 제안하기도 했는데, 이때 당장 중국을 견제하는 입장이었던 미국이 이를 흔쾌히 받아들이면서 백악관에 인도 태평양 정책을 담당하는 부서가 생겼고, 하와이에 있는 미 태평양 사령부 또한 인도 태평양 사령부로 바뀌게 된다.

과장하여 표현하면, 미국이 눈치채든 말든 지구본을 돌려가면서 만든 일본의 설계도에 미국이 관심을 기울인 것이다. 바이든은 트럼프와는 견원지간임에도 불구하고 일본이 제안한 인도 태평양 정책을 그대로 가져와서 조금 더 정교하고 세련된 구조로 만들었다. 윤석열 전 대통령의 계엄은 잘못된 판단(badly misjudge)이자 심각한 위법 행동이라고 공개적으로 비판했던 커트 캠벨(Kurt Michael Campbell)이 바이든 행정부에서 인도 태평양 정책 조정관(2021. 1.~2024. 2.)이었다. 일본이 만든 지구본에 미국이 올라탄 것이다. 미국의 입장에서 태평양의 방파제는 한국이 아니라 일본일 수밖에 없다.

10.

일본 천황가의 실리 외교

10.
일본 천황가의 실리 외교

1945년 패전 후 제정된 일본국 헌법(1947) 제4조에는 '① 천황은 이 헌법이 정하는 국사에 관한 행위만 하고 국정에 관한 권능은 갖지 않는다 ② 천황은 법률이 정하는 바에 의하여 그 국사에 관한 행위를 위임할 수 있다'라고 명시되어 있다. 이에 따라 일본의 역대 모든 정권은 천황 및 황실의 정치 관여를 배제해 왔고, 또 황실 역시 일체의 정치적 권한과 외교권이 없다는 것을 충분히 인지하고 있다.

한편 제1조 천황의 지위와 국민 주권에서는 천황의 역할을 다음과 같이 규정하고 있다.

"천황은 일본국의 상징이며 일본 국민 통합의 상징으로서, 이 지위는 주권을 가진 일본 국민의 총의에 기초한다."

즉, 천황은 신격화되었던 통치자에서 이제는 국민 통합의 상징적인 존재일 뿐 정치적 권한을 갖고 있지 않기 때문에 외교와 관련한 권한은 없이 상징적·의례적 역할만 수행할 뿐이지만, 천황이 할 수 있는 국사 행위(국가적 의례 행위)에서의 외교와 관련된 일은 의외로 중요하게 진행되고 있다.

첫째, 조약 및 외교문서를 인증한다. 외교문서에 서명하거나 인증은 하지만, 실질적 권한은 내각(총리+각료)이 가진다.

둘째, 대사의 신임장을 접수한다. 외국에서 파견된 대사를 맞이하고, 일본 대사를 임명할 때 의례적으로 관여한다.

셋째, 외국 국빈 방문 시 환영과 면담을 한다. 외국 정상이나 왕족이 일본을 방문하면 의례적으로 접견한다.

그러나 이 모든 역할은 외교권 행사와는 무관할 뿐 일본의 실질적인 외교 권한은 내각, 특히 외무성과 총리에게 있다. 조약 체결과 외교 협상, 그리고 대외 정책 수립 등은 모두 내각이 결정하며 천황은 단지 형식적인 공포나 의례적인 역할만 담당할 뿐이다.

그럼에도 불구하고 지금까지 천황 및 황족의 해외 방문 등 일본의 황실 관련 외교는 고도의 정치적인 전략으로 기능해 왔다. 오히려 황실의 외교 활동 자체가, 천황이 가진 전통적 권위를 정치나 외교에 이용하기 위한 일본 정부의 정교한 계획이라고 보는 것이 더 타당할 것이다. 나아가 천황의 해외 방문은 공적 행위이기 때문에 모든 일정은 황실이 아닌 일본 정부가 최종 결정하며 그에 대한 책임도 내각이 진다.

예를 들어 일본 정부는 2019년 10월 22일, 나루히토 천황(德仁)의 즉위식에 참석한 영국의 찰스 3세(당시 왕세자)와 한국의 이낙연 총리, 미국의 일레인 차오(Elaine Chao) 교통부 장관 등 세계 각국 대표들을 황궁에서 접견하도록 준비하였다. 다른 예로, 이번에는 2023년 5월 6일 웨스트민스터 사원에서 찰스 3세 대관식이 치러졌을 때 아키시노노미야 후미히토 황태자(秋篠宮文仁, 일본 왕위 계승 서열 1위)와 황태자비 기코(紀子) 여사가 영국을 방문하기도 했다. 이런 식으로 외국 정상들을 상대할 때 황실을 내세우는 것은, 국빈 예우를 제공함으로써 외교적 친선을 상징적으로 보여주려는 의도이다.

향후 천황이 한국을 방문한다면, 이 역시 일본 각의의 조언과 승인을 얻어야 하기 때문에 천황 개인의 자격이 아니라 '기관'의 자격으로 방한하는 것이 된다. 즉 황실 외교는 내각의 결정에 의해서만 수행 가능하기 때문에, 황실의 독립성이나 자립성은 존재하지 않으며 명백히 일본 정부의 의도가 반영된 결과라고 보는 것이 타당하다. 그런 점에서 향후 일본 천황 또는 황실가의 방한이 성사된다면 그건 단순히 한일 간 우호의 상징 및 관계 개선을 상징하는 정도의 성질은 아니다. 더군다나 한일 양국은 과거 식민지-식민국 관계였다는 배경이 있으니, 천황이 다른 국가를 방문하는 것과 한국을 방문하는 것이 같은 무게일 수는 없다. 즉 역사 청산의 정점에 천황가가 있다는 측면에서 천황의 방한은 타국 방문에 비해 정치적, 외교적 의미가 더 강하게 작용하는 행위이며, 이것이 한일 양국 모두 천황의 방한 결정에 신중을 기하는 이유다.

해방 후 우리의 역사를 돌아보면, 천황의 방한 초청은 최근 들어 새로이 등장한 이슈는 아니다. 우리나라가 천황의 방한을 요청한 적이 있다는 점은 국민 입장에서 지극히 자존심 상할 수도 있는 부분이지만, 전두환 전 대통령 시절부터 최근에 이르기까지 일본 측에 꾸준히, 그것도 긍정적이고 적극적으로 천황의 방한을 요청해 왔다. 차례로 살펴보자.

전두환 대통령은 1984년 9월, 나카소네 수상이 한국을 방문했을 때 한일 과거사 문제를 청산하기 위한 상징적인 조치로 쇼와 천황의 방한 이슈를 언급한 바 있고, 그 다음 해 전두환 대통령이 방일했을 때는 반대로 우리 측에서 아키히토 황태자(현 일본의 상황)의 한국 초청을 제안한 바 있다. 이어 1986년 3월에도 아시안게임이 끝나는 10월 중순경 '한일 신시대의 초석을 다지기 위한' 목적으로 아키히토 황태자의 방한을 추진하겠다고 한일 양국의 외무장관이 동시에 발표한 적이 있다.

아베 신조의 아버지인 아베 신타로(安倍晋太郎, 1924~1991) 외무장관은 전두환 대통령의 방일에 대한 답례라는 의미를 포함하여 "황태자의 방한은 국민 간 상호 이해의 폭을 넓혀 양국의 협력 관계를 더 공고히 다지는 기회가 될 것이다"라며 황태자 방한을 긍정적으로 받아들였고, 한국의 이원경 외무부장관 또한 "내년에 일본 황태자가 중국을 방문한다는 말이 있는데, 그보다 먼저 한국을 방문하는 것은 의미 있는 일이다"라며 희색을 띠었다. 그러나 일본에서 중·참의원 동시선거에서 자민당이 압승하면서 황태자 방한과 관련해 신중한 입장 태도를 보였고, 또 황태자의 건강을 이유로 분위기가 바뀌면서 실현되지는 못했다. 아울러 한국에서도 일본의 역사 교과서 검정 문제로 황태자의 방한 반대 여론이 일어나면서 결과적으로는 한일 모두 무기한 연기하는 방향으로 돌아섰다.

노태우 대통령은 1990년 5월 26일, 일본을 방문해 헤이세이 천황에게 직접 한국 방문을 제안한 바 있으며, 김영삼 대통령은 1994년 3월 24일, 방일 당시 천황 주최 만찬회에서 천황 내외를 한국에 초청하겠다고 제안했고, 다음 해인 1995년 11월에는 일본 정부가 종전 50주년과 한일 수교 30주년을 맞아 상징적인 차원에서 아키히토 천황의 방한을 적극 희망한다고 한국 측에 전하였지만 실현되지는 못했다.

김대중 대통령은 천황 방한의 환경을 조성하기 위해 역대 정권에서 사용해 온 '일왕'이라는 호칭을 버리고 '천황'으로 공식 전환하였다. 김대중 대통령은 1998년 10월 7일, 일본에 국빈 방문했을 때 천황의 한국 방문을 요청하였고, 2002년 한일 월드컵 공동 개최 전에 양국 원수의 상호 방문이 실현되어야 한다고 말하며 적극적으로 천황의 방한을 추진하겠다는 뜻을 밝혔다. 비록 이때도 천황이나 황태자의 방한은 이루어지지 못했지만, 대신 천황의 사촌인 다카마도노미야 노리히토(高円宮憲仁, 1954. 12.~2002. 11.) 친왕이 방한하였는데, 이때가 패전 후 일본 황족이 대한민국의 땅을 밟은 첫 케이스였다.

노무현 대통령 또한 2003년 6월 방일에서 천황의 방한에 대해 언급했다. 이와 관련하여 "이번 방일 결과가 좋고 한일 양국 간 우호적 관계가 지속되면 적당한 시기에 아키히토 일왕을 초청할 수 있을 것"
이라는 분석 기사가 나왔고, "노무현 대통령이 영빈관에서 천황 내외
와 작별 인사를 나눌 때 한국에서 다시 만나고 싶다며 일왕에 대한 초
청 의사를 밝혔다"라는 보도도 있었지만, 이후 일본 측의 구체적인 움
직임이 없어 무산되었다. 하지만 노무현 대통령은 2005년 1월 연두
기자회견에서도 "천황이 방문한다면 언제든 최고의 예우를 다해 환영
할 준비를 갖추었다"라고 발언하며 우호적인 입장을 드러냈다.

2008년 4월 방일한 이명박 대통령 역시 "천황이 굳이 한국을 방문
하지 못할 이유는 없다"라며 천황 방한을 긍정적으로 언급하였다. 그
는 다음 해인 2009년 9월 교도통신(共同通信)과의 기자회견에서는 "한
일 병합 100년째 되는 해에 천황이 방한하기를 희망한다"라면서 "한
일 관계에 과거 문제가 없다는 의미는 아니지만, 천황의 방한이 양국
간 거리감에 종지부를 찍는 계기가 될 것"이라고 발언했다.

문재인 정부 시절인 2017년 9월에는 이낙연 국무총리가 일본 언론
과의 인터뷰에서 일왕의 퇴위 전 한국 방문을 제안했다. 당시 이 총리
는 아사히신문(朝日新聞)과의 인터뷰에서 "일왕이 퇴위하기 전에 한국
을 방문해 그동안 양국이 풀지 못했던 문제에 대한 물꼬를 터준다면
양국 관계에 큰 도움이 될 것"이라고 언급했다. 이와 관련해 아사히신
문 측은 한일 관계의 중요성에 대해 언급해 온 일왕이 한국에 방문한
다면, 양국 관계 개선에 큰 진전이 있을 것이라는 기대가 한일 양측에
서 들려오고 있다고 설명했지만, 역시 실현되지는 못했다.

이재명 대통령은 일본 천황가 방한에 대해 아직까지 직접적인 언급은 하지 않았지만, 대통령 당선 이후 사실상 과거사 문제를 차분하게(low-key) 다루고 있기 때문에 굳이 반대하지는 않을 것으로 보인다. 이 대통령은 오히려 한일 관계 개선과 실용적 협력 강화를 강조하는 입장을 고수해 오고 있고, 대통령 취임 후 전례를 깨고 첫 방문국으로 미국 대신 일본을 택한 것도 한일 양국에서 모두 높게 평가받고 있다. 그 외에도 일본과의 관계에서 '국익 중심의 실용 외교'를 확인할 수 있는 장면이 여러 곳에서 포착되고 있다는 점에 비추어 볼 때 역대 대통령들의 입장과 크게 다르지 않을 것이라고 충분히 유추할 수 있다. 물론 외교 체력을 키우기 위해 한미 관계를 중요하게 여겨야 한다는 점은 두말할 필요도 없지만, 자유민주주의와 시장경제의 가치를 공유하던 미국이 트럼프 행정부 2기에 들어서면서 자국 이익 최우선으로 태도를 바꾸었다는 점에 비추어 볼 때, 한국도 새로운 돌파구를 마련하기 위해서라도 일본과의 과거사 청산 과제는 조금 후순위로 미루고, 대신 일본과의 미래 협력에 집중하는 것이 한미 동맹과 한미일 안보협력이라는 외교 체력을 다지는 데 더 도움이 될 것으로 보인다.

이재명 정부 이후 한일 정상 간 셔틀 외교가 활발히 진행되는 과정을 볼 때, 한국이든 일본이든 어느 쪽이든 천황의 방한과 관련한 주제가 나올 가능성이 높다. 그리고 그러한 시점이 된다면 과거사와 관련한 의제와 쟁점이 부각되면서 조금 더 선명하고 구체적으로 솔로몬의 지혜와 같은 해결책을 모색하겠지만, 그것이 다툼이나 논쟁으로 가는 것이 아니라 항상 그렇듯 관리 방안 차원에서 진척되어야 할 것이다.

이처럼 일본 천황의 방한이 중요한 이유는 한일 간 거리감을 좁히는 동시에 양국의 협력 관계를 확실히 하는 기회가 될 것이기 때문이다. 뿐만 아니라 양국 간 역사 문제를 청산하는 마지막 절차가 천황의 방한이라는 점에 높은 의미를 부여할 수 있을 것이다.

⸘ 일본 천황가의 실리 외교 ⸘

1) 쇼와 천황(재위 기간: 1926~1989)[1]

쇼와 천황(昭和天皇)의 해외 방문은 1964년 '국사 행위의 임시 대행에 관한 법률'이 제정되고 나서부터 본격적으로 시작되었다. 이와 관련해 1968년에는 다나카 가쿠에이(田中角榮 총리재임기간 1972. 7.~1974. 12.) 수상과 닉슨 대통령이 미일 경제 마찰을 타개하기 위한 완화 수단으로 쇼와 천황의 방미를 추진한 적도 있지만, 이때는 성사되지는 않았다.

쇼와 천황의 첫 외국 방문은 1971년 9월 27부터 약 14일간 진행된 유럽 7개국 순방이었다. 벨기에, 독일, 영국 등 3개국은 공식 방문이었고 프랑스, 네덜란드, 덴마크, 스위스 등 4개국은 비공식 방문이었다. 그러나 영국의 엘리자베스 여왕의 환영 인사에 대한 쇼와 천황의 답변에는 자신의 황태자 시절을 추억하고 양국이 세계 평화를 위해 노력해야 한다는 답사만 있을 뿐 역사와 관련한 반성의 '오코토바'[2]가 없

---

1 일본에서는 천황이 재위 중일 때는 본명을 사용하고, 사망이나 퇴위할 경우는 그가 통치했던 기간의 연호로 천황을 호칭한다. 따라서 지금의 일본은 레이와 천황이 아니라 나루히토 천황이라고 칭하는 게 맞다.

2 통상적으로 영어 표기는 'Acknowledge'로, 일본어 표기는 'お言葉'로, 그리고 우리나라에서는 '천황의 발언'으로 주로 사용하고 있다(이수빈(2021), p.242).

다 보니 엘리자베스 여왕과 함께 심은 기념식수가 뽑히는 비난이 일었고, 네덜란드에서는 자동차에 보온병이 투척되어 앞 유리가 깨지는 수난을 당했다. 영국, 벨기에, 네덜란드는 특히 일본과 같은 입헌군주국이기 때문에 환대해 줄 것이라고 기대했지만, 일본의 침략전쟁과 일본군의 포로 학대를 문제삼아 퇴역군인과 시민들의 항의를 받았던 것이다. 독일에서도 환영의 기대는 어긋났다. '히틀러의 맹우'라는 현수막이 걸리면서 전쟁 책임에 대해 질타를 받았다.

1975년 9월 30일부터 약 14일 간, 이번에는 천황이 미국을 방문하면서 낭독했던 '오코토바' 덕분에 유럽 방문 때와는 달리 계란 투척이나 방미 반대 현수막 등은 찾아보기 힘들었다. 일본 정부와 궁내청, 그리고 주미대사관의 신중한 준비하에, 한때 양국이 불행한 시기가 있었지만 시련을 이기고 우호 친선의 인연을 쌓은 것과 전후 미국의 일본 재건 원조에 대한 감사함을 전했다. 이로써 미일 군사동맹 관계를 발전시키는 계기를 만들었다는 평가를 받았고, 이것이 쇼와 천황의 마지막 해외 방문으로 기록되었다.

1975년 10월 2일, 역대 천황으로는 처음으로 미국을 공식 방문한 쇼와 천황이 워싱턴 화이트하우스에서의 공식 만찬에서 포드 대통령과 인사를 나누고 있다.
[출처: 47News(https://www.47news.jp/11565019.html)]

2) 헤이세이 천황(재위 기간: 1989~2019)

현재 상황(上皇)으로서 생존 중인 헤이세이 천황(平成天皇)은 자신이 황태자였던 시절부터 황실 외교에 전념해 왔다. 1954년 영국 여왕의 대관식 참석을 시작으로 본격적인 외교에 뛰어들었으며, 이후 미일수교 100주년 기념으로 1960년 미국을 방문하였고, 1981년 제2차 오일쇼크 당시에는 아랍 국가들로부터 안전하게 석유를 공급받고자 하는 일본 산업계의 요청에 따라 사우디아라비아를 방문하기도 했다. 일일이 열거할 수는 없지만, 1989년 천황 즉위 직전까지 총 22회 37개국을 방문할 정도였으니, 그야말로 황태자의 위치에서 황실 외교를 이끌었다고 평가해도 과언이 아니다.

1989년 천황 즉위 이후부터는 황태자가 아닌 천황의 자격으로 황실 외교는 계속되었다. 그가 즉위 후 처음 방문한 곳은 1991년 9월, 과거 일본군에게 피해를 입었던 태국, 말레이시아, 인도네시아 등 동남아 3개국이며, 모두 황태자 시절에 방문했던 곳이기도 하다. 쇼와 천황이 즉위 후 첫 해외 방문지로 유럽을 택했던 것에 비해 헤이세이 천황의 첫 해외 방문지가 아시아였다는 점도 그래서 인상적이고 의미있다. 이는 일본 기업들의 해외 진출 및 투자처가 주로 아시아를 중심으로 이루어졌기 때문이기도 하고, 또 일본의 공적개발원조(ODA)에서 밀접한 경제적 관계를 유지해 왔던 아시아 국가를 중요시한다는 의미도 포함되어 있다.

1992년 10월 23일, 중국은 중일 국교 정상화 20주년이라는 대의명분으로, 그리고 일본은 거대한 중국 시장을 개척하기 위한 수단으로 헤이세이 천황은 황실 외교를 활용하여 베이징을 방문해 '오코토바'

를 낭독했다. 일본 천황의 중국 공식 방문과 관련하여 중국 내 반발이 없었던 것은 아니지만, 그럼에도 불구하고 중국 정부가 적극적으로 추진할 수 있었던 이유는, 공산당이 의도대로 여론을 조성할 수 있는 정치체제가 형성되어 있고, 중일 국교 정상화 20주년이라는 의미를 부여하면서 이미 여론을 조성해 놨기 때문이다. 또한 천황의 공식적인 방문을 계기로 중국의 천안문 사태 이후 일본이 중국에 대해 중단했던 ODA를 다시 재개하기로 했고, 또 일본의 선진 기술과 자금을 도입할 수 있었기 때문이다. 더 중요한 것은 중국이 천안문 사태 이후 국제적 고립을 탈피하기 위한 돌파구로서, 그리고 개혁, 개방의 경제적 요인을 고려하여 일본과의 관계 개선이 반드시 필요한 상황이었다는 점이다. 결정적으로 중국 정부가 천황에게 과거사와 관련한 발언을 요구하지 않기로 했고, 또 일본의 PKO법 통과에 대해서도 비판을 삼가하겠다고 전달하면서 일본 역시 큰 짐을 내려놨기 때문에 거부할 이유가 없었다.

그렇다면 일본 내에서의 평가는 어땠을까? 일본에서도 반발이 없었던 것은 아니다. 이야기가 오가던 초기에는 중국에서 전쟁 책임에 대한 천황의 사죄를 요구하거나 민간 배상 문제가 부상될 가능성이 재기되면서 천황의 방중에 대한 신중론이 퍼졌다. 게다가 중국이 일본의 PKO 문제를 꾸준히 비판해 왔기 때문에, 혹시라도 베이징에 도착하자마자 계란이 투척되는 사태라도 발생할 경우 양국 간 보이지 않는 외교갈등이 수면 위로 올라올 수도 있다는 이유에서 반대론이 대두되었다. 헌법 위반이라는 문제도 피할 수 없는 반대 이유였다. 즉,

일본 국가 공무원법 102호 1항 '공무원은 직종과 직무 권한 여하를 불문하고 본래는 사적인 시간, 즉 근무시간 이외에도 국가의 시설을 이용하건 이용하지 않건 관계없이 상당히 광범위한 범위에 걸쳐 엄격하게 정치적 행위의 제한이 부과되어진다'에 따르면 천황의 방중은 '정치적 중립성'을 위반한다는 것이다.[3] 물론 천황에게 주어진 중립성은 국가 공무원법에서 요구하고 있는 것보다는 관대하지만, 이러저러한 반대론을 종합하여 학자와 문화인 등 약 110명이 산케이신문(産経新聞)에 천황의 방중을 반대하는 전면 광고를 실었다고 한다.

그러나 한편으로는 천황 방중을 통해 공식적으로 중국과의 과거사는 일단락되었다고 해석할 수 있는 기회이기도 했다. 천황이 중국을 방문했을 때 전제군주로서의 천황에 대한 어두운 과거의 역사 이미지가 일정 부분 청산될 수 있기 때문이다. 여기에 더하여 일본 정부가 얻을 수 있는 최고의 성과는, 중국이 반대했던 PKO 파견 문제가 해결되

1992년 10월 24일, 중국 북경을 방문한 헤이세이 천황 부부와 강택민 총서기의 만찬회 모습
[출처: 아사히신문 유료 기사(2023. 10. 20.)]

---

3   이수빈(2021), p.249.

면서 자위대의 해외파병이 가능해졌고 이로써 일본이 '보통 국가'로 재탄생할 수 있었다는 점이다.

이후 헤이세이 천황은 2006년 6월, 고령의 나이에도 불구하고 미치코 황후를 동반하여 싱가포르와 말레이시아, 태국 등 동남아 3개국을 국빈 방문했다. 싱가포르는 일본과 싱가포르 수교 40주년 기념으로 초청받았으며, 싱가포르 대통령궁에서의 공식 환영식 외에도 일본 정원과 국립도서관을 방문하고 싱가포르의 지도자들과 회담하는 일정을 소화했다. 말레이시아는 제12대 국왕인 투안쿠 사이드 시라주딘(Tuanku Syed Sirajuddin)이 일본을 국빈 방문한 뒤 일본 천황 부부를 답례 형식으로 초청한 것이며, 태국은 국왕 푸미폰 아둔야뎃(Bhumibol Adulyadej)의 즉위 60주년 기념 행사에 참석하기 위해서였다. 이것이 헤이세이 천황의 마지막 해외 순방이다.

3) 나루히토 현 천황(재위 기간: 2019~)

나루히토 천황은 황태자 시절부터 한국에 오고 싶어 했다. 2004년 7월, 필자가 일본에 머물렀을 때 한일 우호를 기념해 도쿄에서 열린 특별음악회에서 나루히토 황태자가 비올라를, 정명훈 지휘자가 피아노를 연주하는 장면을 TV로 보며 한일 관계가 상당히 가까워졌다고 생각했던 기억이 지금도 새삼스럽기만 하다. 2007년 한중일 합동 실내악 연주회 때에도 나루히토 황태자는 정명훈 지휘자와 함께했다.

2023년 7월 13일 일본 여성지 『여성자신(女性自身)』에는 일본이 나루히토 천황의 2025년 한국 방문을 추진 중이라는 보도가 나왔다. 일본 궁내청 및 수상관저 관계자의 인터뷰에 기초한 이 기사는 2025년에 천황의 방한을 실현시키고 이 방한을 "일한 관계의 최종 마무리"로 만들기 위한 준비 작업이 진행되고 있다고 전달했다. 역사 문제에 마침표를 찍고 새로운 한일 관계를 지향하는 것이 2025년 천황 방한의 목표라는 것이 기사의 핵심이었지만, 실현되지는 못한 채 2026년으로 넘어왔다.

사실, 아직 천황의 방문을 받아들일 준비가 안 되어있는 한국 국민들에게 갑작스러운 천황 방한은 부담일 뿐이다. 2023년 3월 6일 강제동원 피해자 할아버지들의 대법원 판결에 대한 해결책으로 윤석열 정부가 제3자 변제 해법을 제시했을 때도 상당한 공격을 받았는데, 한일 수교 60주년이라고 해서 2025년에 사전 작업과 준비 단계도 없이 천황이 방한했다면, 자칫 야당뿐만 아니라 시민단체와 일반 국민들까지 이재명 정부가 친일 정권으로 갈아 탔다고 비난했을 것임에 틀림없다. 따라서 향후 천황의 방문을 추진할 경우 사전에 천황의 외동딸인 아이코 공주의 방한을 먼저 추진하여 천황가에 대한 긍정적인 분위기를

현 일본 천황 부부

[출처: 마이니치신문(每日新聞, 2026. 3. 12. 궁내청 제공 사진)]

조성한 후에 천황의 방한을 추진하는 것도 고려해 봄직하다.

4) 아이코 공주(2001~)

현 천황의 무남독녀인 아이코(愛子) 공주는 경기 침체로 인해 어려워진 민생을 돌보고 싶다며 대학 졸업 후 예정돼 있던 영국 유학도 취소하고 일본적십자사 청소년 자원봉사 부서에 취직을 하는 등 귀감이 되는 행보를 보이며 한일 양국 모두에서 호감을 얻고 있다.

또한 자신의 티아라(왕관) 제작에 상당한 거금이 들어가는 것을 고려해 고모의 티아라를 빌려 쓰는가 하면, 10여 년 전에 자선 물품으로 800엔(약 7,000원)에 구입했던 텀블러를 지금까지 갖고 다니는 등 서민적인 행보와 겸손한 자세 덕분에 긍정적 이미지가 강하다. 이 때문에 일본 국민들 사이에서는 남자 왕족만이 왕위를 계승할 수 있도록 한 황실전범을 개정해서라도 나루히토 천황의 직계인 아이코 공주가 차기 천황 자리를 물려받아야 한다는 여론조사 결과가 나올 정도여서,

2025년 12월, 일본 정부는 궁내청의 의향에 따라 일본의 고물가를 고려하여 천황가의 사적 비용인 '내정비(内廷費)' 증액을 보류하기로 했다. 일본인들이 아이코 공주를 존경의 눈으로 바라보는 이유는 보석 장식을 새로 만들지도 않았을 뿐더러 황실비를 절약해야 한다는 궁내청의 의향을 수긍하고 있기 때문이다.

[출처: **女姓自身**(2025. 12. 21.)]

이른바 '아이코 공주 대망론'도 언급되고 있다. 물론 현재 후계 1순위는 천황의 남동생 후미히토(文仁親王)이고 2순위는 후미히토의 아들 히사히토(悠仁親王)여서 아이코 공주는 왕위 계승 대상이 아니지만, 일부 진보층에서는 여성 천황 계승을 허용해야 한다는 주장도 나오고는 있다. 한국 입장에서도 식민지 원죄론에서 벗어나 있는 아이코 공주가 방한을 한다면 특별히 반대할 명분도 없기 때문에 천황의 방한 이전 분위기를 살피는 데 있어 부담이 크지 않다.

지금의 한국 MZ 세대들은 이러한 일본 황실가에 대한 거부감이 거의 없다. 오히려 자녀의 군 면제, 뇌물 수수, 아파트 부정청약 등을 아무렇지 않게 하고 있는 한국 정치인이나 상류층과 대조하면서 소탈한 일본 황실가에 대해 관심을 기울이고 있다. 그렇기 때문에 아이코 공주가 한국을 먼저 방문한다면 일본 황실가에 대한 거부감은 완화될 수 있으며, 야당 역시 MZ 세대를 의식하여 아이코 공주의 2026년, 혹은 그 이후의 방한에 대한 적극적인 반대 논리를 만들어내기 어려울 것이다. 따라서 나루히토 천황이 어느 날 갑자기 한국을 방문하는 것보다는 대리자로서 공주의 방한을 우선 추진하는 것이 좋겠다.

사실, 비록 성사되진 않았지만 과거에도 비슷한 기획을 추진했던 사례가 있다. 1986년 3월 11일, 당시 일본 외상인 아베 신타로가 기자회견을 통해 '전두환 대통령의 방일에 대한 답례의 의미도 포함하여 일본 황실의 방한이 실현된다면, 쇼와 천황의 대리로서 황태자(아키히토)의 방한을 추진하는 방향으로 검토하고 있다'라고 발표한 적이 있다. 따라서 일본에서도 역시 아이코 공주의 방한에 대한 부담감이 없을 것이고, 어쩌면 한국인들의 관심을 '과거 직시'에서 '미래 지향'으로 돌리는 전환점이 될 수도 있어 고려해 볼 만하다.

⸸ 한국에 천황이 올 수 있다면? ⸸

그러나 한국은 아직까지는 국민 정서상 일본과의 관계 개선보다 과거사 청산을 우선순위로 두고 있다는 점에서 중국과는 상황이 다르다. 한일 관계에서 천황의 방한은, 친선 목적이나 관계 개선으로서의 의미가 강한 다른 나라와는 달리 정치적·역사적 의미가 더 크게 작용하기 때문이다.

현 일본의 상황(上皇)은 과거 천황 재위 기간 동안 방한은 하지 못했지만, 한국인들에게는 긍정적인 평가를 받았으며 평화의 상징적 인물로 인식되어 왔다. 이는 다음과 같이 과거에 대한 반성이라는 메시지로 상징되는 상당한 사례와 행보가 있었기 때문이다. 예를 들어 2001년 자신의 생일(12. 23.)을 앞둔 기자회견에서 "간무천황의 생모가 백제 무령왕의 자손이라고 『속일본기』에 기록되어 있다"라는 점을 상기시키며 한국과의 인연을 느끼고 있다고 발언했다. 2002년 월드컵 개회식 참가 가능성을 염두에 두고 한국 내 거부감을 불식시키려는 의중이었다는 해석이 있기는 하지만, 그렇다 하더라도 일본 천황이 공식 석상에서 한일 간 역사적 연원을 언급했다는 점에서 상징적 의미를 지닌다.

2005년 1월 13일 신년 기자회견 당시 노무현 대통령은 "한일 관계를 한 단계 올리기 위해서 대통령께서 임기 중에 일본 천황 방한을 추진하실 생각이 있으신지"라는 질문을 받았을 때 "우리 정부의 입장은 이미 초청 상태일 것"이라고 답변했다. "방한은 방한이고 또 처리할 문제는 처리할 문제로 병행해 나가겠다", "언제든지 방한하신다면 최고의 예우를 다해서 환영할 준비를 갖추고 있다"라는 입장을 밝히기도 했다. 노 대통령이 언급한 '처리할 문제'는 당연히 과거사 청산이다. 언제든지 최고의 예우로 환영할 준비가 되어 있기는 하지만 '처리할 문제'를 그냥 덮지는 않겠다는 원칙적 입장을 드러낸 것이다.

헤이세이 천황은 이러한 노무현 대통령의 발언을 염두에 둔 듯, 2005년 사이판을 방문했을 때 한국인 전몰자 위령탑을 찾아가 헌화하기도 했다. 2012년 9월 일본 여성주간지 『여성자신(女性自身)』에는 천황이 "언젠가 우리가 한국을 방문할 수 있으면 좋겠다"라는 의사를 밝혔다는 보도가 실렸다. 2015년에는 제2차 세계대전 때 일본과 미군이 치열한 전투를 벌인 팔라우를 방문했는데, 이곳은 조선인들이 강제 노역으로 다수가 사망한 나라이기도 했다. 그리고 2016년에는 필리핀을 방문하여 필리핀 내 반일 감정을 완화시키기 위해 무명용사의 묘를 참배했다.

헤이세이 천황은 2018년 사이타마현(埼玉県) 히다카시(日高市) 고마신사(高麗神社)를 방문한 적도 있다. 이곳은 1,300여 년 전 고구려 난민들을 불러 모아 마을을 세운, 고구려 왕족으로 알려진 약광(若光)을 신으로 모시는 곳으로서 특별한 의미가 있는 신사이다. 국민대 이원덕 교수는 헤이세이 천황이 퇴위를 1년 앞둔 시점에 이곳에 참배한 이유에 대해 "현직에 있을 때 과거에 대한 반성과 화해의 메시지를 보내려는

것"이라고 해석했다.[4]

이밖에도 헤이세이 천황은 일본의 제2차 세계대전 패전일 희생자 추도식에서 "과거를 돌이켜보며 깊은 반성과 함께 전쟁의 참화가 다시 반복되지 않기를 간절히 바란다"라는 반성의 메시지를 보냈으며, 1989년 천황 즉위 이후 야스쿠니 신사에는 한 번도 참배하지 않았다.

또 하나, 현 상황은 제2차 세계대전 시기에 일본을 통치했던 쇼와 천황과는 입장이 좀 다르다. 다시 말해, 과거 일본에 점령당했거나 전쟁의 피해를 입은 아시아 국가 입장에서도 현 상황의 방문을 거부할 명분이 그렇게 뚜렷하지는 않았다는 것이다. 한국 입장도 크게 벗어나지 않는다. 과거 그의 재위 기간(1989~2019)에 한국에 대한 과거사의 반성뿐만 아니라 2019년 천황의 자리를 그의 아들 나루히토에게 물려주고 난 후에도 한국 방문을 원했던 적이 있을 정도이다. 그러나 그가 고령(1933년생, 한국 나이 94세)의 나이임을 감안할 때, 혹시라도 한국 방문 시 건강 상태의 변화가 있을 경우 한일 양국 모두 엄청난 부담을 안게 되기 때문에 현 상황의 한국 방문보다는 그의 아들 나루히토 천황의 방한이 진정한 의미를 부여할 수 있을 것이다.

﹟ 천황의 방한 시기는 언제가 좋을까? ﹟

필자는 한·일 간 역학 관계를 적절히 반영하는 이벤트 중 하나가

4　　YTN(2017. 9. 20.), "일왕, 일본 내 고구려 신사 첫 참배… 화해·반성 메시지?" 기사 참고.

천황가의 방한이라고 보고 있다. 천황의 방한은 역사 문제가 봉합됐음을 보여주는 상징적 이벤트로서의 성격이 강하기 때문이다. 2023년 3월 6일 강제징용 노동자 할아버지들에 대한 대법원 판결에 대해, (물론 말도 많고 탈도 많고, 많은 시민단체와 학계의 염려가 있었다는 점은 차치하고) 결과적으로는 '제3자 변제안'이라는 '과감한' 해결 방법 덕분에 얽혀있던 과거사 실마리를 푸는 타결책이 되었듯이, 나루히토 천황의 방한 역시 어느 날 갑자기 이루어질 수도 있다.

이제는 '한일 수교 60주년'도 지났고, 한일 양국 모두 새로운 정부가 들어서면서 셔틀 외교도 복원되며 성숙한 단계로 접어들고 있는 시점이어서, 천황이 언제 한국을 방문하더라도 거부할 명분이 점점 줄어들고 있다. 사람으로 치면 환갑을 훌쩍 넘어선 세월이 흐른 것이다. 정치적으로 접근하더라도 다카이치 내각의 지지율이 70%를 상회하기 때문에, 다카이치 총리가 결심만 한다면 자민당 입장에서는 천황의 방한이라는 이벤트를 만들어 추진할 명분도 충분하다.

그러나 한일 양국 정부는 과거사 문제가 해결되지 않은 가운데 천황이 한국에 발을 디디는 장면이 연출되기보다는, 방한 이전에 역사 문제가 말끔히 봉합되기를 원할 것이다. 그래서 천황의 방한을 계기로 과거사 문제가 완전히 종식되고 한일 관계가 새로운 단계로 접어드는 상징적 장면으로 기억되기를 원할 것이다.

한국 입장에서는 어떨까? 우리도 중국처럼 적극적으로 천황의 방한을 추진할 수 있다. 어차피 일본의 입장은 어떠한 선택을 하더라도 딜레마에 빠지게 되기 때문에 도덕적 명분은 한국에 있다. 무슨 말인고 하면, 만일 일본이 우리 정부의 천황 초청에 응하지 않을 경우 한일 과거사 인식에 대한 일본의 유효성이 없어질 뿐만 아니라 결과적으로 한국을 비난할 대의명분도 잃게 된다. 뒤늦게 일본 황실이 방한을 원한다 해도 일본으로서는 대응 논리가 없기 때문에 한국이 외교적 주도권을 잡고 협상할 수 있다.

반대로 우리의 초청에 일본이 응할 경우 천황이 그냥 올 수는 없다. 거듭 강조하지만, 한국이 천황의 방문에서 원하는 부분이 무엇인지 파악해야 하고, 한일 간 과거사를 매듭지을 수 있을 만한 어떤 종류의 선물이든 갖고 와야 한다. 중국 방문 때와 마찬가지로 과거사 문제에 대해 결착을 보았다는 평가를 받기 위해서는 그에 걸맞은 천황의 '오코토바(발언)'가 있어야 한다. 그렇지 않을 경우 입국과 동시에 공항에서부터 망신을 당할 우려가 있고, 이는 결국 한일 관계를 더욱 어색하게 만들어 아니 온 것만 못하게 된다. 따라서 한국은 새로운 이재명 정부의 탄생을 계기로 일본 천황의 방한을 적극 추진하고 있다는 점을 언론을 통해, 외교 루트를 통해 한일 양국에 홍보하며 일본 정부에 보이지 않는 부담을 주어야 한다.

그러나 여전히 문제는 남아있다. 향후 천황이 방한한다면, 그건 양국의 정치적 합의로 인한 방한이지 양국 국민의 합의가 이루어지고 난 후의 방한은 아닐 것이다. 즉 양국 국민들이 수긍할 정도의 분위기를 형성한 후에 천황의 방한이 진행되는 것이 아닐 수 있기 때문에, 가능한 지속적으로 여론을 수렴하는 것이 중요하다. 왜냐하면 일본에서조차 천황의 방한에 모두가 찬성하는 것은 아니기 때문이다. 과거 천황의 중국 방문 때에도 천황의 방중 반대 의견이 있었고, 일본 정부 역시 천황의 방한과 역사 문제가 엮이는 것을 싫어한다. 천황이 방한할 때 혹시라도 극히 소수의 한국인 시위대가 공항에 나타나 반대 피켓을 든 것을 언론이 침소봉대(針小棒大)하여 크게 보도할 수도 있고, 반대로 한국 언론들이 메인 기사로 다루지 않고 차갑게 보도할 경우 방한의 의미가 희석될 수도 있다. 그러니 일본 측에서도 역사 문제가 깔끔하게 봉합된 뒤에 천황이 방한하는 장면을 연출하고 싶어 할 것이다.

따라서 이러저러한 사소한 잡음이라도 발생하지 않도록 과거사에 대해 어떻게 정리할지 사전 조율을 해두어야 한다. 예를 들어 방한 전 한국 언론과의 사전 인터뷰로 분위기를 완화해 볼 수도 있다. 이때 천황의 인터뷰 발언은 일본 정부의 외교적 목표 달성의 수단이기 때문에 궁내청과 외무성, 그리고 일본 정부에 의해 사전에 협상되어 작성된 것이어서 개인적인 생각이 아닐 수도 있겠지만, 그럼에도 불구하고 그 상징성은 크다고 할 수 있겠다. 따라서 방한에 앞서 수 차례 한국 및 일본 언론과 인터뷰를 진행하는 것이 한일 양국의 반대 정서를 완화시키 데 도움을 줄 수 있을 것이다.

그렇지만 우리 정부가 천황가의 발언이 어떤 내용일지 미리 통보해 줄 것을 요청한다면, 이는 좋은 외교 전략이 아니다. 혹시라도 외교부나 국정원이 이재명 정부의 체면을 세우고 싶어하는 문장을 요청할 경우, 향후 한국 야당뿐만 아니라 일본 측에도 빌미를 잡힐 수 있기 때문이다. 따라서 전적으로 일본에 맡겨야 한다.

이런 염려를 하는 이유는 이미 비슷한 전례가 있었기 때문이다. 일본이 김영삼 대통령의 방일을 앞두고 천황의 만찬사를 논의할 당시 한국 측에 사과의 적절한 수준에 대한 지침을 요청했던 적이 있는데, 이에 대해 한국 정부는 "사과는 일본이 알아서 해야 할 일"이라는 입장을 표명했다(동아일보 1994. 3. 25.). 바람직한 사례라고 할 수 있다. 따라서 향후 천황의 방한과 관련된 메시지 또한 일본 측의 견해만으로 나오도록 해야 하며, 여기에 대해 한국 정부는 가타부타 평가를 하기보다는 여유를 갖고 유연한 자세를 취하면 된다. 그래야 품격 높은 선진 강국처럼 보이지 않겠는가?

이야기가 조금 다르긴 하지만, 예를 들어 중국은 일본과 국교 수교 당시 배상청구권을 포기하여 중국으로서는 관대함과 도덕적 우위를 확보했고, 반대로 일본으로 하여금 빚을 지게 만들어 일본을 부채 의식에서 벗어나지 못하게 하였다. 결국 일본은 배상청구권 포기에 대한 감사와 놓칠 수 없는 중국 시장의 미래에 대한 투자의 개념으로 324억 달러라는 천문학적인 경제 원조를 약속했고, 차관 명목으로 2018년까지 지원했다. 한국의 무상 3억, 유상 3억과 상업 차관 2억이라는 쥐꼬리만 한 배상 규모와는 차원이 다르다.

우리도 2026년, 아니 이후 언제라도 천황의 방한을 성사시켜 일본에 부채 의식을 안겨줘야 한다.

11.

독일의 사례는 선(善)인가?

11.
독일의 사례는 선(善)인가?

⟨⟨ 양국의 박자가 맞아야 한다 ⟩⟩

독일[1]은 어두운 과거를 극복하기 위해 '기억과 반성'이라는 키워드로 이웃 국가들과의 상호 이해와 화해를 유지하는 기본 자세를 유지해 왔다. 그러나 이는 독일이 자발적으로 그렇게 했다기보다는, 자의 반 타의 반의 선택이었다는 해석이 더 적절할 듯싶다. 우선 독일은 지정학적으로 아홉 개 나라들과 국경을 접하고 있기 때문에 과거사를 미온적으로 처리할 수가 없는 입장이다. 만일 일본처럼 주변국을 무시한 채 나몰라라 했다면, 당장 베를린과 프랑크푸르트의 독일인 가정 식탁에 지중해의 신선한 야채를 올려놓기 어려울 수도 있다. 반면 이웃 국가들과 국경을 마주하지 않는 섬나라 일본은, 전후 미국이라는

---

1   당시에는 서독이었지만, 서독과 독일을 구별해서 사용하는 대신 가독성을 높이기 위해 현재의 독일로 단일화하여 기술하고 있음을 밝혀둔다.

든든한 동맹국과 후견-피후견 관계(Patron-Client Relationships)를 유지해 왔기 때문에 굳이 죽의 장막(bamboo curtain) 중국이나 가난한 분단국인 대한민국과 껄끄러운 역사 문제를 청산하면서까지 화해할 유인(誘因)이 크지 않았다. 따라서 독일의 사례를 일본에 동일하게 적용하는 것은 여러 정황상 맞지 않는 부분이 있다.

역사 교육에서의 접근 방법도 독일은 일본과 다르다. 독일은 나치의 범죄 행위를 전적으로 공개하고 이를 교육의 장으로 활용하면서 "우리는 전범 국가이다"라고 먼저 인정했고, 이것이 나치의 핵심 세력들이 독일 사회에 복귀하지 못하도록 막는 데 효과적이었다는 평가를 받고 있다. 국가배상과 별도로 개인 배상에 대해서도 나치 시절 강제 노역으로 이득을 본 6천 5백여 민간 기업들이 적극 나섰다. 이들 기업은 100억 마르크의 재원을 마련하여 '기억·책임·미래재단(기억하지 않고 책임지지 않으면 미래는 없다)'을 설립하고 강제 노동 피해자들에 대해 보상했다. 반면 일본은 과거사에 대해 '종결의 시간'을 보내면서 "우리가 전범인가?"라며 역사를 부정하려는 교육을 시도해 왔다.

일본은 한국의 식민지 지배기간 동안에 일어난 위안부 문제, 강제 노동 문제 등에 대해서 독일과 달리 이를 부정하고 책임을 회피하려는 방향으로 확실히 다른 길을 걸어왔다. 이는 '냄새나는 것에는 뚜껑을 덮어라(腐るものは蓋を閉じる)'라는 일본 속담에서도 알 수 있듯이, 과거에 대한 문제를 제기하기보다는 지금의 상황을 더 우선시하려는 일본 문화에 기인(起因)한 것이기도 하다.

국기(国旗)도 마찬가지다. 독일에서는 형법 86조에 근거하여 하켄크로이츠(Hakenkreuz)뿐만 아니라 나치 문양의 휘장이나 배지, 깃발 등을 공공장소에 전시하면 '반헌법조직 상징물 금지법'에 따라 3년 이하의 금고나 벌금형을 선고받을 수 있다.[2] 반면 일본의 욱일기는 1870년 공식적으로 일본 육군기로 채택되어 패전 후에는 사용이 중단되었지만, 1954년부터 일본 해상자위대가 기존의 햇살 16개를 그대로 사용하기 시작했고, 육상자위대가 8개로 변경한 뒤 사용을 유지해 오면서 우파 세력들의 표를 끌어들이고 있다. 욱일기는 전범 상징물로 인정하지 않는다는 특혜 때문에 국제법에서도 일본 국내법에서도 금지되지 않고 있어, 각종 스포츠 경기에 등장하는 것을 제재하기 어려운 것이 현실이다. 최근 도쿄돔에서 WBC 한일전(2026. 3. 7.)이 진행될 때 일본 응원가들이 욱일기를 펼쳐들은 것이 포착되면서 주최측에 항의하기는 했지만 법적 제제는 불가능하다.

도쿄돔에서 열린 '2026 월드베이스볼클래식(WBC)' 한일전에서 우려했던 욱일기 응원이 또다시 등장해 서경덕 교수가 WBC측에 항의 메일을 보냈다고 했지만 독일의 하켄크로이츠와 달리 법적 제제를 할 근거가 없다.

[출처: JTBC 뉴스(2026. 3. 8.)]

---

2   영화나 예술 작품 및 학술적 목적일 경우 예외적으로 사용할 수 있다.

결과적으로 독일은 과거사에 대해 탈나치화를 시도해 '정상적인 국가'가 되었고, 유럽 역시 '독일이 지속적으로 과거사를 반성하는 한 다른 국가들은 독일의 과거사를 정치적으로 이용하지 않는다'라는 암묵적 합의를 지켜왔다.

﹨ 화해의 또 다른 배경 ﹨

독일이 이런 과정에 도달하기까지는 또 다른 힘이 작용했다. 1963년 1월, 프랑스의 드골 대통령과 독일의 아데나워 총리는 양국 간 화해 및 협력을 위해 '엘리제 조약(Élysée Treaty, 1963. 1. 22.)'을 맺었다.[3] 이때까지만 해도 두 나라의 국민들은 과거사의 앙금을 가라앉히지 못하고 여전히 서로를 잠재적 적성국으로 여기며 불신과 의혹을 감추지 않았다. 그럼에도 불구하고 양국이 극적으로 화해하게 된 배경을 세 가지 키워드로 요약해 보자.[4]

첫째, 국가이익론(Theory of national interests)이다. 국가이익론적 측면에서 보면 각 국가는 외부 위협으로부터 공동의 안보 이익을 침해당할 위험이 있거나 경제적으로 손해를 볼 가능성이 있을 때는 가해 국

---

[3] 엘리제 조약은 1963년 1월 22일 프랑스 드골 대통령과 서독 아데나워 총리가 프랑스 엘리제궁에서 서명한 프독 우호조약으로, 양국 간 적대 관계를 청산하고 외교와 국방, 교육과 문화 등 전 분야의 협력을 강화하며 국가원수 및 각료들이 정기 화합하는 내용을 담고 있다.

[4] 심성은(2022), p.78.

가가 참회나 반성을 하지 않더라도 화해가 가능하다. 프랑스와 독일이 그런 케이스이다. 프랑스는 독일을 수용하는 대신 석탄과 철강 자원을 안정적으로 확보하면서 독일에 대한 공동 관리라는 목적을 달성할 수 있었고, 독일은 전범국 그늘에서 벗어나 국제기구에 가입할 수 있는 정상 국가로서의 위상을 회복하고 다른 유럽 국가들과 경제, 정치적 협력을 도모할 수 있는 입지를 갖게 되었다. 독일과 프랑스의 화해 자체가 자국의 이익과 부합했다는 의미다.

둘째, 제도론(Institutional Theory)이다. 독일이 프랑스를 위시한 서유럽 국가들과 화해를 하고 안보 협력까지 도모했던 시기는 1950년부터였다. 독일은 1950년 4월 1일 유럽평의회 가입을 제안받았는데, 이는 종전 후 독일이 정상 국가로 회귀한 이후 처음으로 국제기구에 가입 권한을 인정받은 순간이었다. 같은 해 5월 9일 프랑스는 독일을 비롯한 주변 유럽 국가들에 석탄과 철강의 생산을 독립적인 기관의 관리하에 두는 유럽석탄철강공동체(European Coal and Steel Community, ECSC, 1950)를 창설했다. ECSC가 경제적 목적 외에도 군수산업 통제를 통한 전쟁 방지도 겨냥하고 있었다는 점에서 프랑스와 독일은 다른 유럽 국가들과 함께 ECSC를 창설해 양국의 화해 및 관계 개선을 제도화함으로써 양국의 화해를 지속적으로 발전시킬 수 있었다. 이것이 1957년 유럽 경제공동체(EEC)와 유럽원자력공동체(Euratom)라는 새로운 제도를 완성시키는 기반으로 작용했고, 이후 독일의 지도자들이 서독 정부를 국제 질서 속에 편입시키기 위해 나치 청산에 눈을 돌리면서 이로부터 점진적으로 진화한 결과 오늘날의 EU가 탄생한 것이다.

셋째, 새로운 경쟁자의 등장이다. 유럽 대륙에서 패권국을 자처하던 프랑스와 독일은 미국과 소련이라는 초강대국이 등장하자 패권국 지위에서 상대적으로 약해지면서 서로를 필요로 할 수밖에 없는 상황이었다. 이는 지금의 한일 관계를 떠올려 보면 충분히 납득된다.

현재 미국은 트럼프 2기 행정부가 들어서면서 동맹국에도 비용 분담을 압박하고 있고, 그래서 한국이나 일본은 더 강력해진 미국의 패권주의를 살펴가며 '한미일' 대 '북중러'[5]라는 신냉전 체제로의 재편 과정에서 나타나는 편입과 국제 질서의 유동화라는 지정학적 변화에 직면해 있다. 따라서 한일 양국의 국가적 생존과 글로벌 공급망 정책의 비전이 서로를 필요로 하고 있기 때문에, 상호 전략적 측면에서 양국이 긴밀한 우호 관계를 맺어야만 한다는 당위성이 있다.

독일과 프랑스의 극적인 화해에서 우리가 참고할 만한 점은, 이것이 국민 여론이나 지지 위에서 이루어진 것이라기보다는 양국의 정치 엘리트들이 주도한 화해라는 점이다. 독일과 프랑스의 화해와 협력이라는 양국의 비전이 제시되었다 하더라도, 이를 실질적으로 실현할 리더십이 부재했다면 양국 간 우호 관계가 그렇게 빨리 현실화되지는 못했을 것이다. 프랑스 외무부 장관 로버트 슈만(Robert Schuman)과 EU

---

5 '북중러'가 밀착하면서 '북방 삼각동맹'이 부활하고 있다. 특히 2024년 6월, 북한과 러시아는 어느 한쪽이 침공당하면 지체 없이 군사원조를 제공한다는 '포괄적 전략 동반자 조약'을 체결하였고, 이에 따라 북한이 러우전쟁에 1만여 명 규모의 병력을 파견해 혈맹 수준의 협력을 과시했다. 2025년 9월 3일, 베이징에서 열린 대규모 군사 퍼레이드에서 북중러 3국 정상이 나란히 선 모습은 신냉전의 상징적인 장면으로 평가받기도 했다.

창설의 아버지로 불리는 장 모네(Jean Monnet), 그리고 아데나워(Konrad Adenauer)와 발터 할슈타인(Walter Hallstein) 등 양국의 정치인들이 프랑스와 독일의 화해를 최우선 과제로 인식하지 않았다면 오늘날 유럽의 판세는 또 다른 모습일 가능성이 높다. 슈만 선언(Schuman Declaration, 1950. 5. 9.)은 매년 유럽의 날(Europe Day)로 기념되고 있고, 아데나워는 프랑스와의 화해를 위해 엘리제 조약 체결을 주도했으며, 할슈타인은 나중에 '할슈타인 독트린(Hallstein Doctrine, 1955. 9. 22.)'을 통해 서독의 외교적 독점성을 주장하기도 했다.

프랑스와 독일 양국의 정상들이 체결한 우호 조약의 가장 핵심적인 내용은 양국 국민들의 교류뿐만 아니라 정기적인 정상회담과 그 외 외무장관 및 외무부 고위직 공무원 등 관료 모임의 정례화를 규정했다는 점이다. 이를 통해 양국 간 외교 업무뿐만 아니라 국방과 교육 전반에 걸친 협력과 제도적 틀을 갖추어 나갔다. 무엇보다 엘리제 조약의 규정에 따라 독일 프랑스 청소년 사무소를 설립하여 청소년 교류의 터전을 마련하였고, 그 결과 60여 년에 이르는 동안 일천만 명 이상의 청소년들이 각종 교류 프로그램에 참여해 왔다. 이와 더불어 1997년에는 약 200여 개의 양국 대학이 참여한 '프랑스-독일대학교(Franco-German University)'도 설립해 공동 학위를 주고 연구를 지원하고 있다는 점도 역사 청산에 큰 힘으로 작용했다. 이 기관은 유럽 통합의 교육적 상징으로 높게 평가받으며, 지금도 양국 청년층의 상호 이해 증진과 전문 인재 양성에 크게 기여하고 있다.

그런 점에서 독일의 4대 총리 빌리 브란트(Willy Brandt, 재임기간 1969.

10.~1974. 5.)를 소개하지 않을 수 없다. 그는 대학 진학을 앞둔 청소년들에게 20세기 독일 역사에 대한 교육을 총 2년간 받게 하였고, 독일의 범죄 행위에 대해 죄책감과 책임감을 강조하는 수업뿐만 아니라 옛 포로수용소와 홀로코스트 기념관으로의 수학여행까지 의무화하였다. 그가 총리였을 때 과거 독일이 저지른 만행을 사과하기 위해 폴란드 바르샤바의 게토봉기기념비를 방문(1970. 12. 7.)한 것은 너무도 유명하다. 당시 각국 언론은 "무릎 꿇은 것은 한 사람이었지만 일어선 것은 독일 전체였다"라며 그의 용기에 찬사를 보냈다. 독일 사회의 역사 인식 변화에 일대 전기를 마련할 만큼의 상징성이 컸고, 그 여파로 빌리 브란트는 이듬해 노벨평화상을 수상했다. 그것이 비록 고도의 정치적 연출이라 할지라도 유럽 사회에서 독일을 바라보는 시각이 전환되는 결정적인 계기를 만든 장면임은 두말할 필요가 없다.

하토야마 유키오(鳩山由紀夫, 총리재임기간 2009. 9.~2010. 6.) 전 총리도 우리나라에 방문해 서대문형무소역사관 순국선열 추모비 앞에서 무릎을 꿇고 사죄와 추모의 뜻을 표한 적이 있다. 2015년 8월 12일, 일제강점

나치 독일에 맞서 싸운 유대인들을 기리기 위해 폴란드 바르샤바에 세워진
게토봉기기념비 앞에서 무릎을 꿇은 빌리 브란트(1970. 12. 7.)

구두를 벗고 헌화한 뒤 무릎을 꿇고 합장한 자세로
약 7초간 고개를 숙여 사죄한 하토야마 전 총리
[출처: 한경코리아마켓(2015. 8. 12.)]

기 동안 한국의 독립운동가와 애국지사들이 투옥·고문·사망했던 장소로서 서대문형무소가 갖는 역사적 의미를 직시하고, 피해자들에 대한 사죄와 존중을 표현하기 위한 것이다. 하토야마 전 총리는 당시 현직 총리였던 아베 신조가 며칠 후에 발표할 예정이던 전후 70주년 담화에 대해 "진심 어린 사과가 담겨야 한다"라고 촉구하며, 일본이 과거 침략과 식민지 지배에 대해 성찰하고 책임을 져야 한다고 공개적으로 말했다. 문재인 전 대통령은 2025년 12월 19일, 경남 양산 평산책방에서 하토야마 전 총리를 만나 한일 관계와 미중 패권 경쟁, 북한의 핵 보유와 러시아-우크라이나 전쟁 등에 짓눌린 동북아의 평화와 안정을 위해서는 한일의 주도적 협력이 필요하다고 강조하기도 했다.

역사 문제에서 화해한다는 것이 특정 지도자들에게는 정치적 이익을 가져다줄 수도, 그 반대일 수도 있겠지만, 한국과 일본 역시 동북아 공동체라는 큰 틀에서 양국의 관계를 재설정하기 위해서는 어떤 방법으로든 과거사를 정리하는 것이 맞다. 그러나 문재인 전 대통령도, 하토야마 전 총리도 현역일 때 그렇게 했어야 했다. 현역일 때 서대문형무소를 방문했다면, 그곳에서 무릎을 꿇었다면 노벨평화상까지는 아니더라도 최소한 한일 간 갈등의 굴레를 10년은 일찍 끝낼 수 있었을 것이다. 전(前) 자가 들어가면 언론에서도 가십 정도로 취급할 뿐 아무런 힘을 발휘하지 못한다. 빌리 브란트와 다른 점이 여기에 있다.

이제 남은 숙제는 다카이치 총리가 해결해야 한다. 최초의 여성 총리라는 타이틀에 이어, 한국의 식민지 지배에 대한 한일 간 갈등을 해결할 수 있는 최초의 현역 총리로서의 결단을 내려야 한다.

⁂ 한일 간 공동 역사책은 가능할까? ⁂

이토 히로부미와 안중근에 대한 한일 양국의 평가가 다르듯, 독일과 프랑스에서도 제2차 세계대전 때까지 나폴레옹 1세와 비스마르크 수상은 각각 자국의 교과서에서나 영웅으로 평가받을 뿐 상대국 교과서에서는 원흉으로 기술되었다. 상대가 시작한 전쟁은 침략 전쟁이고, 자국이 시작한 전쟁은 정당한 전쟁으로 묘사하는 건 당연했다. 그렇지만 엘리제 조약(1963) 이후, 양국은 과거사 인식을 위한 공동 역사 교과서의 필요성을 공유하고 역사 교육 합의를 위한 오랜 노력 끝에 마침내 공동 역사 교과서를 만들어냈다. 2003년, 엘리제 조약 40주년을 기념해 독일과 프랑스의 청소년들이 독일 총리 슈뢰더(Gerhard Fritz Kurt Schröder, 1944~)와 프랑스 대통령 시라크(Jacques René Chirac, 1932~2019)에게 두 나라가 함께 배울 수 있는 공동 역사 교과서를 편찬해 줄 것을 요청하면서, 2006년 가을 신학기에 역사상 처음으로 공동 역사 교과서가 탄생했다. 양국의 역사 교원이 한자리에 모여 논의와 수정을 거치면서 함께 집필한 『역사(Histoire, Geschichte)』가 각각 프랑스어판과 독일어판으로 동시에 출판된 것이다. 어려운 이슈에 대해서는 두 나라의 견해를 모두 제시하기 위해 각 단원의 말미에 '교차 시각'의 장(章)을 두어 양측의 관점을 나란히 병기하는 방식을 채택하여 논쟁을 최소화한 결과, 2008년에 두 번째 권이, 2011년에 세 번째 권이 출판되면서 이제 두 나라의 고등학생들은 같은 역사책을 공부하게 되었다.

독일과 프랑스의 사례를 보면 국가 간 화해는 국내 정치와 법 제도를 보완해 나갈 때 지속 가능하다는 것을 알 수 있다. 특히 피해국인 프랑스가 나치에 희생된 독일인도 같은 피해자 입장으로 받아들였을 뿐만 아니라 프랑스의 적은 독일인이 아니라 독일을 짓눌렀던 권력과 이념이라고 이해했다는 점, 가해국인 독일 또한 역사적 갈등 현장에 공동 참여하면서 과거를 망각하지 않고 생생하게 기억하고 반성하는 모습을 보여줬다는 점, 그리고 양국이 역사 교과서를 공동 집필했다는 점 등 두 국가 모두의 적극적인 노력이 있었기 때문에 화해가 성립될 수 있었던 것이다.

공동 역사 교과서는 자국민 중심주의의 협소한 시각에서 벗어나 다양한 관점에서 역사를 해석하는 데 기여한다. 그렇다고 오늘날 모든 사안에서 프랑스와 독일의 의견이 일치하는 것은 아니지만, 그럴 때마다 양국이 조율과 협력을 거듭하며 관계를 지속하기 위해 노력해 왔다는 점은 일본이나 우리에게 참고할 만하다.

한일 간에도 역사 공동 연구 사업을 시도한 적이 있다. 2001년 한일 정상회담 합의에 따라 출범한 제1기 한일 역사 공동 연구 위원회가 3년에 걸친 공동 연구를 통해 최종 보고서를 발간한 적이 있고, 제2기 한일 역사 공동 연구 위원회도 2년 6개월 동안 공동 연구를 수행한 후 2010년 최종 보고서를 발간하기도 했다. 그러나 독일-프랑스 사례와 달리 정부 주도가 아닌 민간 주도로 진행되다 보니, 아쉽게도 한일 간 역사 문제의 화해를 촉진할 정도의 효과를 내지는 못하였다. 이는 어쩌면 처음부터 예상된 결과이기도 하다. 이렇게나 짧은 시간에 좋은 결과를 얻을 수는 없기 때문이다. 독일-프랑스 공동 교과서의 경우 1920년대부터 2000년대 초반까지 장장 80여 년 동안 추진해 온 결과이다. 결코 짧은 시간에 급하게 만들어진 것이 아니다. 따라서 한일 공동 역사 교과서 역시 서두르지 말고 긴 안목에서 장기 과제로 추진되어야 할 역사 화해 프로젝트라는 점을 양국이 인식해 나간다면 충분히 달성 가능하다.

그러나 사례는 사례일 뿐, 서두에 언급했듯이 프랑스와 독일의 역사는 한국과 일본의 역사와는 다소 맥락이 다르기 때문에 병치하는 것이 쉽지만은 않다. 프랑스와 독일은 서로 전쟁은 했지만 일방적으로 식민지 지배를 한 것이 아니고, 또 프랑스와 독일이 엘리제 조약(1963) 이후 조약대로 실천을 했는지, 또 지금까지 신뢰를 쌓을 만큼 조약을 제대로 지켰는지에 대해서도 결과를 찾아보기는 쉽지 않다. 그럼에도 불구하고 전체적으로 볼 때 엘리제 조약은 양국 간 관계 개선의 의지를 보였다는 점에서 높게 평가받고 있으며, 그중에서도 가장 의미 있게 받아들이고 있는 키워드는 양국 간 청소년 및 대학생들 간의 인적교류였다. 따라서 한일 간에 독일 프랑스 사례를 직접 적용하기는 어렵지만, 그래도 실천적인 사례를 적용한다면, 역시 활발한 인적교류의 중요성을 배우는 것이 우선시되어야 한다.

지난 2025년에는 한일 양국의 방문객이 1천만 명을 넘어섰다. 이것도 괄목할 만한 성과라고 볼 수는 있겠지만, 여기에 집계된 숫자의 대부분은 단순 여행객일 뿐이다. 일본을 여행하는 한국인이 많아진 이유역시 저가 항공사의 경쟁적인 할인 티켓 판매와 엔저로 인해 가성비 좋은 해외여행의 길이 열렸기 때문이다.

하지만 필자가 언급하는 인적교류란 방문의 양이 아니라 교류의 질이 우선시되는 교류다. 제대로 된 인적교류가 오월동주(吳越同舟) 같은 한일 관계의 경계를 허물 수 있기 때문이다. 즉, 한일 양국 국민들이 서로의 사회적 가치를 공유하고 구조적 연대를 강화할 수 있다. 예를 들어 저출생 고령화, 지방 소멸, 청년 취업난 등 한일이 공통적으로 직면한 구조적 위기에 대해 양국 청년들이 머리를 맞대고 대안을 제시하거나, 또는 양국의 청년 창업가들이 만나 스타트업 협력 모델을 만들면서 유대감을 형성하는 교류는 어떨까? 정상 간 셔틀 외교가 복원되었으니 지자체 간 교류에서 기업 간 공급망 교류에 이르기까지 민간 셔틀 외교도 활성화된다면 가능하다. 이러한 질적 교류가 확장된다면 정치적 갈등이나 과거사 문제 등의 외부 변수에도 쉽게 흔들리지 않는 한일 관계가 정착될 것이라고 확신한다.

마무리

어린 시절 나에게 역사란 하나의 옛날이야기를 듣는 듯한 재미로 다가왔었다. 대한민국의 역사는 아름답게 포장되어 있었고 그 역사의 배경인 경주나 부여에 수학여행을 가면 자랑스럽기까지 했다. 그런데 한국의 문화유산이나 오래된 건축물, 그리고 영화나 소설 등을 접하면, 대부분 일본과 관련이 있다는 것을 뒤늦게 눈치챘다. 그럴 때마다 '일본이 이 정도로 우리나라의 역사에 깊숙이 관여되어 있었던 거야?' 라는 생각이 들었는데, 이 '관여'라는 것이 보통은 부정적인 측면으로 이어져 있어 별로 기분이 좋지는 않았다. 예를 들어 소실되었다가 새로 복원된 사찰이나 조선시대의 건축물들은 대부분 임진왜란과 관련이 있고, 영화나 소설 등은 일제 식민지와 관련되어 있다.

우리나라는 "역사란 기득권자의 이야기이다", "역사의 기록은 당시의 권력을 잡은 자들이 자기들 권력을 정당화하기 위한 자기 입장에서의 기록이다", "역사란 가위와 풀에 의해 얼마든지 조작된다" 등의 말이 무색할 정도로 피해자의 입장에서 역사를 기록하고 있다. 어쩌면 실체를 드러내기보다는 수치스러웠던 역사를 변명하고자 '일본'이라는 키워드를 내세워 포장하고 싶어 하는 것일지도 모른다.

역사를 기록할 때는 그 시대의 다양한 철학과 가치관이 반영되기 때문에 기록자 및 당해 국가의 주관주의를 피할 수는 없다. 특히 국가 단위의 역사관은 더 다양하고 복잡한 이해관계가 얽혀있고, 그것이 논의와 조정 과정을 거쳐 합의에 도달하기까지는 많은 시간을 필요로 하기 때문에 더욱 그렇다. 따라서 우리는 "현재는 과거의 결과물이며 역사는 또 다른 미래"라는 E. H. Carr의 말에 걸맞게 지나온 역사를 통하여 새로운 미래에 펼쳐질 일들을 만들어나가야 한다.

한일 간에 펼쳐진 과거 역사에 대한 인식은 어떨까? 제2차 세계대전이 종식된 지 벌써 80년이나 지났건만, 일본은 가해자이고 한국과 중국으로 대표되는 동아시아는 피해자라는 게 기본적인 전제로 밑바닥에 깔려있다 보니, 같은 사건을 놓고도 서로 상반된 인식을 갖게 된다. 이는 자신의 관점에서 자신에게 유리한 방향으로 역사 인식을 주장하려는 경향이 강하기 때문이다.

일본은 90년대 초반부터 경기 침체가 이어지면서 역사 청산과 전후 처리 문제에서 우경화 행보를 멈추지 않고 동아시아 국가들과 마찰을 빚어 왔다. 한국은 역사 청산과 전후 처리 문제에 기대한 만큼 성과를 얻지 못했다며 일본 탓을 하고, 일본은 노력한 만큼 결과를 얻지 못했다고 서운해하고 있다. 그렇지만 때로 국내 정치는 한일 양국 모두 국경에서 멈춰야 한다.[1]

---

1   제2차 세계대전 후 트루먼 행정부 때 야당인 공화당 상원의원 아서 반덴버그(Arthur H. Vandenberg)가 한 발언으로, 국익이 걸린 외교 안보 분야에서만큼은 여야가 따로 없어야 한다는 말이다.

교토(京都)에 가면, 27살의 젊은 나이에 억울하게 옥사한 윤동주 시인의 시비(詩碑)를 세 곳에서 발견할 수 있다. 그가 숨진 지 50년이 되는 해인 1995년, 그가 다니던 도시샤대(同志社大学) 캠퍼스 안에 첫 시비를 세웠고, 이곳에서 매년 그가 숨진 2월 16일에 추도 모임이 열리고 있다. 11년 뒤인 2006년, 그의 하숙집이 있던 교토예술대학 다카하라 캠퍼스(高原キャンパス) 정문 앞에 '윤동주 유혼의 비(「尹東柱留魂の碑」)'라는 이름의 시비가 세워졌다. 그리고 이로부터 다시 11년 뒤인 2017년에는 그가 학우들과 마지막 소풍을 갔던 교토 남쪽의 우지강(宇治川)에 '기억과 화해의 비(詩人尹東柱 「記憶と和解の碑」)'가 세워졌다. 1943년 7월, 그가 일본 경찰에 체포되기 전에 마지막으로 학우들과 소풍을 갔던 곳이다.

정토신종 본원사파가 운영하고 있는 교토의 류코쿠대학(龍谷大学)은 안중근 의사가 옥중에서 남긴 4점의 붓글씨와 사진 등 88점을 소장하고 있다. '민이호학 불치하문(敏而好學 不恥下問)' 등 안 의사가 옥사하기 전에 남긴 3점의 붓글씨와 기타 관련 자료가 1997년에 이 학교에 기증되었다. 오카야마현(岡山県)의 세이신지(淨心寺) 주지이자 이 학교 졸업생인 마츠다 가이쥰(津田海純)이 자신이 갖고 있던 유품을 이 학교 도서관에 기탁한 것이다.[2] 그리고 2013년 4월에 사회과학연구소 부속기관으로 안중근 동양평화연구센터를 발족하고 안중근 의사에 관한 연구, 학술 교류 활동을 활발하게 하고 있다.

---

2   한겨레신문(2009. 3. 31.), "안중근 의사 유묵 3점, 일 교토서 첫 공개" 기사 참고.

1971년에 세워진 오사카경제법과대 교정에는 광개토왕비 복제품이 우뚝 서있다. 한국인이 학교법인 이사장을 맡고 있는 사립대이다.

오사카시 텐논지구(天王寺區)에 있는 통국사(通国寺)에는 '제주 4.3 희생자 위령비'가 있다. 오사카에 제주 출신 교포들이 많이 살고 있어서 의미가 깊다.

이는 단적 사례에 불과하지만, 한일 간의 복잡한 역사 속에서도 깊은 인연을 간직했던 인적교류와 기억의 흔적을 통해 일본에서도 한국을 기억하고 이해하려는 다양한 시선과 노력이 존재함을 보여준다. 우리는 역사를 재실험할 수 없지만, 대신 과거를 성찰하여 현재를 측정하고 그 힘으로 미래를 예측할 수는 있다. 2013년 천백만 명의 관객을 동원한 영화 〈변호인〉에서는, 극 중 배우 임시환이 E.H.Carr의 『역사란 무엇인가』라는 불온서적을 읽었다는 이유로 잡혀간다. 그를 변호하게 된 배우 송강호가 이 책이 불온서적인지, 아니면 영국 대사관에서 추천한 도서인지를 증명하며 법정에서 변호하는 장면이 나온다. E.H.Carr는 '현재는 과거의 결과물이며 역사는 또 다른 미래'라고 했다. 우리도 지나온 역사를 통하여 새로운 미래에 펼쳐질 일들을 만들어나가야 한다.

지속 가능한 한일 관계를 위해서 해야 할 일은 무엇일까? 과거사를 접근하는 방법과 해석을 통일시키는 작업이 필요하다. 경쟁과 충돌의 반복이 아니라 책임 있는 협력 관계로 도약하기 위해서이다. 지난한 시간을 요하지만 서두르지 않으면서도 구조적인 갈등 요인을 선제적으로 관리해 나가되 한일 간의 과거사 인식 차이를 인정하고 이것이 한일 협력과 선린외교를 제약하지 않도록 관리해 나가야 한다.

다행히도 한일 양국 정부는 국익 중심의 실용 외교를 강조하고 있고, 일본이 여기에 호응을 해준다면 한일 협력의 선순환구조는 서서히 정착해 나갈 수 있을 것이다. 상호 의존성과 산업 연계성을 바탕으로 실질적 이익을 공유하고 미래 과제를 함께 해결해 나갈 수 있는 나라가 우리에게는 일본이고, 일본에는 한국이기 때문이다.

지금 국제 질서는 그 어느때보다 큰 변화를 맞이하고 있다. 한일 양국 모두 국내 정치의 한계를 넘어선 실용 외교를 내세우고 있고 통상 안보 관점에서 한일 관계는 단순한 양자 관계를 넘어 동북아 안보와 글로벌 전략 질서의 핵심축이기도 하다. 이런 국제 질서의 격변기에 우리나라의 외교 안보 전략과 경제협력의 방향을 정립하는 데 있어 가장 가까운 일본은 우리와 마주앉아 과제를 논할 수 있는 이웃 국가이기도 하다. 지금은 과거의 관행이나 방식에 머무를 것이 아니라 외교 안보와 경제 통상, 그리고 첨단 기술 등 다양한 분야에서 능동적이고 유연한 대응과 중장기 비전에 바탕한 새로운 외교 전략이 필요한 시점이다.

참고 문헌

강응구(2023), "한일관계와 신시대 동북아 국제관계 발전 과제", 한국과국제사회 제7권 1호

강태훈(2000), 『일본 외교정책의 이해』, 오름

강철구(2012), 『일본에 교회가 안 보이는 진짜 이유』, 어문학사

강철구(2020), 『일본정치 고민없이 읽기』, 어문학사

기타오카 신이치 지음·조진구 옮김(2009), 『유엔과 일본외교』, 전략과문화

김동현(2023), 『우리는 미국을 모른다』, 부키

김성철(2000), 『일본의 외교정책』, 세종연구소

김영수(2023), "아베담화의 역사인식과 공동 역사교과서", 한일관계사연구 제83집

김유경(2002), "기억을 둘러싼 갈등과 화해-독일·프랑스 및 독일·폴란드의 역사교과서 협의-", 역비논단

김재한(2023), "독일-프랑스 역사 화해의 회고 그리고 동북아시아의 미래", 동북아역사리포트 Vol.33

김태환(2019), "가치외교의 부상과 한국 공공외교의 방향성", 외교 130호

김호섭(2009), "한일관계 형성에 있어서 정치 리더십의 역할", 일본연구논총 Vol.29

김희교(2022), 『짱깨주의의 탄생』, 보리

남기정(2021), "문재인 정부의 대일 외교와 한일 관계의 대전환, 장기 저강도 복합 경쟁의 한일관계로", 동향과전망 112호

남상구(2014), "고노담화 수정론에 대한 비판적 검토", 한일관계사연구 제49집

동아시아연구원(2024. 9.), "2024 EAE 동아시아 인식조사: 일본편 결과", EAE여론브리핑

박경민(2023), "한일관계의 '과거직시/미래지향'에 대한 시론적 고찰-노태우, 김영삼, 김대중, 노무현 정권기-", 동북아법연구 제17권 2호

박영준(2020), "일본의 전쟁기억과 대외정책 구상: 전후 70년 담화(2015. 8. 14.)에 나타난 역사인식과 외교론", 日本研究論叢 51

박철희(2020), "한일간 역사수정주의의 대립을 넘어서야", 관정일본리뷰 6호, 서울대 일본연구소

박철희(2022), "1965년 체제에 대한 세 가지 해석과 한일협력의 길", 관정일본리뷰 44호, 서울대 일본연구소

박철희(2022), "한일관계: 50년의 경험과 교훈", 한국과국제정치 제38권 제1호

박홍규(2020), "한일 역사화해의 전개과정-책임론적 화해에서 포용론적 화해로-", 일본사상 제39호

박훈(2010), "吉田松陰의 대외관-'敵體'와 팽창의 이중구조", 동북아역사논총 30

방광석(2008), 『근대일본의 국가체제 확립과정 -이토 히로부미와 '제국헌법체제'-』, 혜안

방광석(2025), "메이지유신 지도자의 대외 인식과 국권확장론", 일본연구 제43호

배성동(2006), 『21세기 일본의 국가개혁』, 서울대학교출판부

서영민(2025), "러일 간 쿠릴열도 영토분쟁의 역사적, 법적, 국제정치적 측면과 국제법의 역할", 국제법무 제17집 제1호

신상목(2017), 『학교에서 가르쳐주지 않는 일본사』, 뿌리와이파리

심기재(2006), "메이지 초년 일본의 동아시아 외교 개편과정", 일본역사연구 제23권

심기재(2008), "메이지 초년 기도 타카요시의 대외 인식", 일어일문학연구 66-2

심성은(2022), "프랑스와 독일의 화해와 유럽통합-국가이익론과 제도론의 시각에서-", 프랑스사연구 Vol.46

우준모·김종헌(2014), "쿠릴열도를 둘러싼 러시아와 일본의 영토갈등 쟁점과 함의", 중소연구 제37권 제4호

오승희(2018), "아베 내각의 아시아 정책: 강한 일본을 위한 아시아의 타자화", 일본연구 75

오코노기 마사오(2013), 「일본과 한국 - 진정한 '화해'는 가능한가?」; 문정인·서승원, 『일본은 지금 무엇을 생각하는가?』, 삼성경제연구소

윤석정(2019), "1990년대의 한일관계와 한일공동선언-한일관계의 구조변동에 의한 탈냉전기 협력과 제도화 시도-", 일본학보 제120권

이기완 외 공저(2005), 『현대 일본의 정치와 사회』, 도서출판 매봉

이기태(2021), "아베 외교는 무엇이었는가-안보강화와 과거사와의 단절-", 현대일본학회 No.08

이수빈(2021), "아키히토(明仁) 천황의 '황실외교'에 관한 연구-중국 방문을 중심으로-", 일본학연구 제48호

이오키베 마코토(1999), 『일본 외교 어제와 오늘』, 다락원

이원덕(2021), "한일관계 65년 체제의 성격과 한일 신시대의 과제", 일본학보 제127권

이종국(2016), "일본정부의 역사인식의 '합의' 형성과 한계 -중요 담화를 소재로-", 한일군사문화연구 제21권

이철호(2012), "일본의 동아시아공동체론과 중국", 일본비평 6호

이태진(2014), 「요시다 쇼인(吉田松陰)과 도쿠토미 소호(德富蘇峰) - 근대 일본 한국 침

략의 사상적 기저」, 韓国史論 60

이현주(2021), 『일본발 혐한 바이러스』, 도서출판 선인

정미애(2024), "한일 국교정상화 60주년:한일파트너십 신선언 필요한가?", EAF PD 제
    223호

정현아(2018), "화용론적 관점에서 본 사죄담화의 한일대조연구: 물질적 신체적 정신적
    피해상황을 중심으로", 인문과학연구논총 제39권 4호

조명철(2023), 「메이지기 일본의 대외전략과 '이익선' 논리」, 아세아연구 66(3)

조세영(2018), "김대중-오부치 공동선언 탄생 과정과 그 의의", EAI이슈브리핑

조윤수(2014), "일본군 위안부문제와 한일관계", 한국정치외교사논총 36권 1호

조진구(2019), "74명의 일본 학자들이 발표한 성명 「전후 70년 총리 담화에 대하여」, 한일
    민족문제연구소 36

진창수(2013), "아베 총리 정권의 외교 정책 특징과 한계", 수은북한경제 여름 호

진창수(2023), "한일정상회담: 과연 제2의 김대중·오부치선언이 될 것인가?", 고시계 4
    월 호

최덕수(2014), 「야마가타 아리토모의 제국주의론과 조선」; 이근욱 외, 『제국주의 유산과
    동아시아』, 동북아역사재단

최은미(2018), "갈등과 협력의 한일관계, 20년의 변화와 성찰(1998-2017)", 평화연구 가
    을 호

최은미(2018), "김대중-오부치 공동선언 20주년의 의의와 한일관계-21세기의 새로운 한
    일 파트너십", 주요국제문제분석 2018-33

최은미(2025), "20·30세대가 견인하는 한일관계의 미래: 제1회 한미일 국민 상호인식조
    사로 본 한일관계의 새로운 여론 지형", EAI 이슈브리핑

최은석(2010), "사토 노부히로의 대외관-구제와 침략-", 동북아역사논총 30, 동북아역사

재단

한해정(2015), "1차세계대전에 관한 독일-프랑스 공동역사교과서 분석: 독일 역사교과서
　　와의 비교", 역사교육 134

함동주(1995), "명치기 일본의 아시아주의와 국권의식", 일본역사연구 2집

황선혜(2006), "독일-프랑스 청소년 교류가 동북아에 주는 시사점", EU연구 제19호

寺田輝介著;服部竜二, 若月秀和, 庄司貴由[共]編(2020), 『竹下外交·ペルー日本大使公
　　邸占拠事件·朝鮮半島問題 : 外交回想錄』, 吉田書店

木村幹(2014), 『日韓歷史認識問題とは何か』, ミネルヴァ書房

日本史籍協会偏(1967), 『木戸孝允日記』, 東京大学出版会

吉見義明(2014), 『河野談話検証は何を検証したか』, 世界9月

21世紀構想懇談会編(2015), 『戦後70年談話の論点』, 日本経済新聞出版社

木宮正(2021), 『日韓関係史』, 岩波書店

伊藤博文関係文書研究会編(1981), 『伊藤博文関係文書』(全9卷), 塙書房

春畝公追頌會編(1943), 『伊藤博文傳』(全3卷), 統正社

日本史籍協會編(1935), 『岩倉具視關係文書』(全8卷), 日本史籍協会

立教大学日本史研究室編(1971), 『大久保利通関係文書』(全5卷), 吉川弘文館

日本史籍協会編(1933), 『木戸孝允日記』(全3卷), 日本史籍協会

日本史籍協会編(1966), 『山縣有朋意見書』, 原書房

德富蘇峰編述(1967), 『公爵山縣有朋傳』(全3卷), 原書房(復刻)

尙友倶樂部(2008), 山縣有朋関係文書編纂委員会, 『山縣有朋関係文書』(全3卷), 山川
　　出版社

山口縣教育会編(2012), 『吉田松陰全集』(全10卷), 大和書房

奈良本辰也(2013), 『吉田松陰著作選留魂録·幽囚録·回顧録』, 講談社

芝原拓自·猪飼隆明·池田正博校注1988), 『対外観』(日本近代思想大系12), 岩波書店

日本外務省編(1938), 『日本外交文書』第3巻, 日本外務省

奈良本辰也(1951), 『吉田松陰』, 岩波新書

藤村道生(1961), 『山縣有朋』, 吉川弘文館

遠山茂樹(1973), 「明治初年の外交意識」, 『論集日本歴史』第4巻, 有精堂

毛利敏彦(1979), 『明治六年政変』, 中央公論社

高橋秀直(1990), 「維新政府の朝鮮政策と木戸孝允」, 『人文論集』(京都大) 26-1·2号

高橋秀直(1993), 「征韓論政変の政治過程」, 『史林』(京都大)76(5)

木村直也(1995), 「幕末期の朝鮮進出論とその政策化」, 『歴史学研究』679号

奈良本辰也(2013), 『吉田松陰著作選』, 講談社

川田稔(1998), 『原敬と山県有朋-国家構想をめぐる外交と内政』, 中公新書

毛利敏彦(2002), 『明治維新政治外交史研究』, 吉川弘文館

伊藤隆 編(2008), 『山縣有朋と近代日本』, 吉川弘文館

伊藤之雄(2009), 『山縣有朋-愚直な権力者の生涯』, 文春新書

井上壽一(2010), 『山縣有朋と明治国家』, NHKブックス

桐原健眞(2009), 『吉田松陰の思想と行動』, 東北大学出版会

그 외 웹사이트 참고

일본 외교사 150년

초판 1쇄 발행일 2026년 4월 20일

지은이 강철구

펴낸이 박영희
편 집 조은별
디자인 김수현
마케팅 김유미
인쇄·제본 제삼인쇄

펴낸곳 도서출판 어문학사
주 소 서울특별시 도봉구 해등로 357 나너울카운티 1층
대표전화 02-998-0094 **편집부1** 02-998-2267 **편집부2** 02-998-2269
홈페이지 www.amhbook.com
e-mail am@amhbook.com
등 록 2004년 7월 26일 제2009-2호

X(트위터) @with_amhbook
인스타그램 amhbook
페이스북 www.facebook.com/amhbook
블로그 blog.naver.com/amhbook

ISBN 979-11-6905-060-9(03910)
정 가 18,000원

이 저서는 2025학년도 배재대학교 교내 학술연구비 지원에 의하여 수행된 것입니다.